떨림과 열림

몸 · 음악 · 언어에 대한 시론

하이브리드 총서 14
떨림과 열림
몸 · 음악 · 언어에 대한 시론

© 박준상, 2015

초판 1쇄 인쇄일. 2015년 1월 27일
초판 1쇄 발행일. 2015년 2월 6일

지은이. 박준상
펴낸이. 강병철
주간. 정은영
편집. 임채혁
디자인. 워크룸 김혜원
제작. 이재욱
마케팅. 이대호 최형연 전연교 이현용
홍보. 김선미

펴낸곳. 자음과모음
출판등록. 1997년 10월 30일 제313-1997-129호
주소. 121-840 서울시 마포구 서교동 396-33
전화. 편집부 02. 324. 2347 / 경영지원부 02. 325. 6047~8
팩스. 편집부 02. 324. 2348 / 경영지원부 02. 2648. 1311
홈페이지. www.jamo21.net
독자카페. cafe.naver.com/cafejamo
이메일. inmun@jamobook.com

ISBN 978-89-5707-840-2 (04300)

하이브리드 총서 14

떨림과 열림
몸·음악·언어에 대한 시론

박준상

자음과모음

떨림과 열림: 몸·음악·언어에 대한 시론

일러두기

* 인용된 책들의 경우 각 책의 서지사항은 처음 인용될 때 한 번만 밝혔으며, 같은 책이 두 번째 인용될 때부터는 밝히지 않았다.
* 인용문에 '[ ]' 기호가 들어갈 경우, 인용자가 필요에 따라 부가하거나 삭제한 부분을 가리킨다.

머리말

이 책은 몇몇 철학자에 대한 해석이며, 그 배경이 되는 생각의 맥락은 여러 예술가(특히 1부 1장 「몸의 음악」의 절들 앞에 놓인 제사題辭들을 제공해주었던 예술가들)에 의해 암시되면서 직조되어 있고, 그 사상적 기점에 매우 오래된 개념인 미메시스가 놓여 있다. 먼 과거로부터 내려와 여러 다른 방식과 표현으로 변주된 이 개념이, 보다 정확히 말해 서로 다른 각도들에서—설사 '미메시스'라는 단어로 직접 지시되지는 않았을지라도—조망된 그 '사건'이 여러 철학자(그 중심에 니체Nietzsche와 모리스 메를로-퐁티Maurice Merleau-Ponty가 있다)와 예술가의 사유와 창조의 현장들에 개입하는 경로와 궤적을 이 책은 추적하고 있다.

그러나 여기에 호출된 철학자들을 해석하고 때로는 비판적으로 되돌아보는 과정에서 필자가 주시했던 것은 그들이 썼었던 일군의 텍스트만은 아니다. 그 이전에, 그보다도 그들의 사유들이 자신의 의식과 정서 안에 남긴 파장이었다. 그 파장에 떠밀려가면서 여기에 주어진 세 물음(몸·음악·언어)에 다가가고자 했고, 그 물음들이 가리키고 있는 경험들 안으로 들어가보고자 했다. 말하자면 필자는 스스로 텍스트들을 경험들로 이어주는 여과 장치이고자 했다. 하지만 이는 물론 하나의 의도나 바람에 불과할 뿐이다.

그러나 여기서 논의될 몸·음악·언어 자체가 사실상 한 텍스트나 몇몇 텍스트 안에, 즉 문자들 안에 남김없이 포착되고 고정되어 하나의 '진리'로 제시될 수 없거나 제시되기를 거부하는 종류의 것들이다. 다시 말해 우리의 의식 안에 박혀서 어떤 경험들을 미리 규제하고 규정하는 결론이나 답으로 군림할 수 없거나 군림하기를 거부하는 종류의 것들이다. 몸·음악·언어 이 셋은 인간 바깥(객관성의 영역)에서든 인간 내부(주관성의 영역)에서든 양자가 종합된 절대의 영역에서든 의식에 확고하게 정립될 수 있다고 여겨지는 대상들이 전혀 아니다. 그 셋은 모두 주객 비분리 지대에 놓여 있다. 보다 정확히 말해 그 셋은 주객 비분리의 실상實狀('리얼리티')을, '존재'를 실행시킨다.

이 책 안에서 몇몇 철학자를 거쳐 보다 더 자세히 해명되고 조명되어야 하겠지만, 보이는 것이 아닌 그 몸은 감각기관들(가령 오감)과 무관하지 않지만 그것들과 분리되어 외부(사물들·공간·타인들, 객관적 바깥이 아닌 주객 비분리의 공동 영역을 '구성하는' 그 모든 것)를 향해 나아가는 정념情念, passion의 비구체적인―어떠한 감각기관 내로도 분할되지 않고 환원되지 않는―움직임이다.

들리는 것이 아닌, 들리는 음악 이전의, 들리는 음악뿐만 아니라 모든 예술의 모태가 되는 그 음악은 인간이 공간·사물들·타인들과 대면하고 서로가 서로에게 침투하고 얽히는, 주객 비분리 지대에서의 사건을 가리킨다. 그것은 어떠한 의식·인식 내에로도 흡수되지 않고 모든 의식·인식을 비껴나가는, 의식·인식 이전인 정념의 몸에 떨림으로 자신을 현시現示시킨다. 그것은 오직 몸의 음악으로 자신을 알린다. 자신을 '울린다'.

여기서 몸과 음악이 때로 우리가 이해하는 일반적인 의미에서의 보이는 몸과 우리가 듣는 음악을 말하기도 하지만 근본적으로는 그것들 배면에 놓여 있고 그것들에 대한 차이를 거쳐 주어지는 것들을 가리키는 것과 마찬가지로, 여기서 언어는 때때로 일반적인 관점에서 표현과 소통의 수단인 기호들의 집합을 의미하기도 하지만 궁극적으로는 그 차이 또는 변위變位를 지시한다. 기호들 안에 갇혀 있을 수 없는 그 언어는, 기호들이 위상 격차를 일으켜 비非객관적이자 비주관적인 주객 비분리의 지대로 이동해서 촉발시키는 어떤 작용의 흔적이다. 그것은 기호들(보다 넓게 보면 언어의 기호들뿐만 아니라 몸짓과 목소리, 예술 가들의 표현 수단들인 음音과 이미지)을 발판으로 실행되는 정념의 움 직임이 남기는 추상적인―보이지도 들리지도 읽히지도 않는―자취, 어 떤 인간의 현전을 알리는 탈존脫存의 자취, 즉 '말'이다(그 사실에 대해 우리는 1부 5장 「에로스의 말」에서 보다 더 자세히 해명해보고자 했다). 그러나 어떤 인간의 자취 또는 '말'로서의 그 언어는, 이 점을 강조할 필 요가 있는데, 그 인간의 주체를 보장해주거나 확증해주기는커녕―어떠 한 주체의 장소도 아닌, 어떠한 주체도 전유專有할 수 없는 장소인―'어 디'(하나의 사물이나 공간이나 타인의 '어디')로의 열림의 표식인 동시 에 타인과의 관계를 열겠다는 표식(호소)이다. 그것은 가리킬 수 있는 어떠한 것도 아니고, 오직 타인에게 소통됨으로써만 현시된다.

*

이렇게 말하면서, 객관성이라는 것과 객관적 현실을 간과하는 듯한 몸 짓을 내비치면서 우리는 비합리주의나 낭만주의나 심지어는 신비주의 의 테두리 안으로 즉시 떨어지게 되는지도 모른다. 그러나 가령 몸의 '존재'를 증명하지는 않지만 실행시키는 것으로 여기서 제시된 정념은 어떠한 방식으로도 주체의 주체성을 추구할 수도 지향할 수도 없을 뿐 만 아니라 전시展示할 수도 없고, 주체 내부에서 그 동일성을 보장하지 도 않는다. 또한 그 정념은 주체성의 상실을 전제하는 어떤 '일자一者' 와의 합일을 추진하면서 결국은 주체성을 확대시키는 동인動因도 아니 다. 비합리주의와 낭만주의와 신비주의에 대한 비판의 근저에는, 그것 들이 객관성과 합리성을 무시하면서 감정의 차원에서 주체의 주체성 또는 주체성의 확장과 다르지 않은 주체성의 상실을 과도하게 중시하고 과장한다는 의심이 놓여 있다. 그러나 여기서 문제되는 정념은 주체 안에 머무르거나 고여 있지 않고, 오히려 타자—그것이 어떠한 것이든, 한 사물로서의 타자이든 공간으로서의 타자이든 타인으로서의 타자이든—로 이행함으로써만 실현되는 동시에 현시될 뿐이다. (따라서 '정념'이 아니라 움직임이라는 의미가 함의된 한국어 단어인 '정동情動'을 쓰는 것이 나을는지도 모른다.) 정념의 이행이 바로 탈존이며, 따라서 정념이 '어디'로 향해 나아가지 않는다면 탈존은 불가능하게 되고, 우리에게 어떠한 타자와의 만남도 불가능하게 된다. 정념은 결코 '내' 안에 고여 있는 어떠한 감정도 어떠한 감정적 상태도 아니다. 어떤 감정을 '내' 안에 고이게 만들고 지속적으로 장악하고 있는 것은, 바로 모든 것을, 존재를 내재화하는 발판인 언어(단어들과 명제들)이다. 이 점은 이 책에서 반복적으로 조명될 것이다.

여기서 열광이나 도취나 흥분이나 황홀이 가리키는 모든 종류의 감정은 의심의 대상이 된다(니체의 디오니소스적인 것 역시 의문의 대상이 되었는데, 우리의 의심이나 의문은 1부 2장「디오니소스적인 것과 숭고」에 드러나 있다). 어떠한 감정도 아닌 정념은 인식의 정확성(관념과 대상의 일치adaequatio)과는 질적으로 다른 엄밀성(엄격성, 엄정함)을 요구한다. 정념은 예를 들어 해가 지는 광경을 바라보면서 자기가 자기를 느끼는 자기감응自己感應, auto-affection과 거리가 멀며, 오히려 한 사격 선수에게, 표적을 마지막으로 주시하는 동시에 '더 이상 보지 않으면서' 방아쇠를 당길 수밖에 없게 되는 지점 또는 시점을 부여하는 힘과 같은 것이다. 주체의 능동성에 기초한 힘이 아니라 자기 망각의 수동성으로부터 나오는 역설적인 힘, 힘 아닌 힘과 같은 것이다. 어떤 인식의 대상을 정립시키지 않기에 객관화하는 의식의 힘에 지나지 않는 것도 아니지만, 즉 언어적이기에 합리적이고 객관적인 질서 내에 있지도 않지만 주체를 벗어나기에 주관적이지도 않은 힘과 같은 것이다.

정념은 '어디'로 향해 있으면서, 그 '어디'에서 최종적으로 현시되는 보이지 않는 것과의 관계를, 어떤 타자와의 관계를 적시^{摘示}하게 하는 동시에 붙들고 있게 하는 압력이다. 이는 타인으로서의 타자와의 관계에서도 마찬가지이다. 그 관계에서 중요한 것은, 타인을 통해 '내'가 어떠한 방식으로든 '나 자신'을 느끼는 것(그러나 그것은 불가피한 것이기도 하고, 전적으로 배제될 수도 없다)이 아니라, 정념의 방향성에 따라 보이지 않는 것을 향하고 거기에 '나 자신'을 엄밀하게 위치시키는 데에 있다. 자기 망각 또는 자기 상실 가운데 '두 발로 서 있는' 데에 있다. 정념의 엄밀성은 언어와 보이는 것을 탈각시키며, 관계(한 사물, 공간 또는 타인과의 관계)를 주시하게 하고 붙들고 있게 하는 동시에 긍정하게 한다. 정념은 어떤 상황에서 우리로 하여금 보이지도 않고 언어로 정식화되지도 않는 것을 관통^{貫通}하게 하며, 그에 따라 그 상황의 한복판을 관통하게 한다. 보이지 않는 동시에 언어를 벗어나는 비어 있는 허^虛를 관통하는 것과 상황의 중심(한가운데)을 관통하는 것은 정확히 동일하다. 정념은 관계 내에로 엄정하게 들어가기를, 나아가 탈존의 외재화 운동을 한계와 불가능성에 이르기까지 밀어붙이기를 요구하는 압박의 힘이다. 바로 정념이 자기로 되돌아오지 않는 탈존을 추진하며, 그러한 한에서 자기감응과는 다른 바로 그것이 예술에 국한시켜보면 진정한 예술적 창조와 소통을 추진한다(이는 이 책 전체에서 관건이 되었다).

*

이 시론^{試論}, 즉 아직 완성되지도 완결에 이르지도 못한 생각과 글쓰기의 이 시도는 몸, 음악 그리고 '말'을 인간과 사물들 사이의, 인간과 공간 사이의, 인간과 타인들 사이의 길·통로로 제시한다. 그러나 주객 비분리의 이 모든 사이에 엄청나게 강고한 어떤 관념적인 벽이 뿌리박고 있는 것이 현재의 상황 아닌가? 그 가로막힌 벽으로 인해 인간 그리고 사물들·공간·타인들이 돌이킬 수 없이 단절된 것이 우리의 상황 아닌가? 물론 원칙적으로 본다면 그 모든 사이의 간격이 넓어져서 생존과 평화와 안정을 위해 어느 한도 내에서 분리가 실현될 필요가 있으며, 그 필요를 충족시키기 위해 언어가 만들어낸 관념의 체계들인 과학과 법이 제대로 정립되어야만 한다. 최대한의 다수의 생존과 평안을 보장할 수 있는 합리적 방향으로 두 담론이 구축되어야 한다. 인간과 자연 그리고 인간과 인간 사이에 합당한 거리가 필요하며, 또한 그러한 거리를 보장해줄 관념적 구성물들인 과학과 법이 더 온전하고 더 완벽하게 구성되어야 한다.

그러나 현재 우리는 그러한 필요와 필연을 훨씬 초과해서, 보다 정확히 말해 그것들과 거의 무관하게 어떤 관념의 공간 안에 매몰된 채 살아가고 있지 않은가? 대수롭지 않고 사적인 한 개인의 공상의 공간이 전혀 아닌, 과학과 법 위에 군림하면서 각 개인의 의식과 집단적 사회 체제의 근본적 틀을 이루는 그러한 '현실적인' 관념적 공간 내에 우리 자신도 때로는 모르게 억류된 채 살아가고 있지 않은가? 그 관념적 공간은 각 개인 내에서 끊임없이 스스로 복제됨에 따라 현재의 사회가 구성된다. 역으로 현재의 사회는 그 관념적 공간 내에서 각 개인의 의식을 규정하고 구성한다. 그 관념적 공간과 상호 공속의 관계에 따라 유지되는 것이 현재의 개인의 내면이자 현재의 사회적 공간이다. 인간과 자연 그리고 인간과 인간이 회복 불가능해 보일 정도로 단절되어버린 현 사회 자체, 말하자면 개인들 모두가 객관성을 참칭할 뿐인 관념적 기준들(능력과 실적과 에고의 가치를 증명해주는 숫자들·징표들·이미지들, 성공과 부를 증명해주는 표식들, 국가나 한 집단 내에서 주목하는 성장의 신호를 알려주는 지표들, 모든 것을 자본을 기준으로 균질화·등가화시키는 이 모든 기호들은 사회를 통제하고 지배하는 '현실적인' 것들이지만, 바로 사회적 의식과 각 개인의 의식에 뿌리내리고 있다는 점에서 관념적인 것들이다)을 통해서만 통합(통합? 허위의 통합)되어야 한다고 줄기차게 강조하는 이 사회적 공간 자체.

이 공간의 주도적 흐름을 몸·음악 그리고 '말'은 역류하면서 사실상 아직 완전히 사라지지 않았고 사라져서도 안 되는 주객 비분리의 지대를 가리키고자 한다. 이는 물론 하찮은 것일 수도 있고, 분명 정치적·경제적·사회적 차원에서 이 사회의 긴급하고도 실질적인 수많은 문제에 대한 직접적인 해결책이나 답을 제시할 수 있는 방안일 수도 없다. 그러나 현재 우리의 이 사회 자체가 당연히 '자연'이 아닐뿐더러, 긍정적인 의미에서의 어떤 '유물론적'·실제적 기반 위에 서 있지도 않고, 역사에서의 여느 전체주의와 마찬가지로 전적으로 하나의 지배적인 관념적 토대 위에 구축된 현실적인—관념적인 한에서 현실적인, 어떤 관념적인 것이 사회 내에 공통화되어버림으로써 현실적으로 되어버린—구조물이라는 것이 사실이라면, 몸·음악 그리고 '말'은 그 견고한 의식적 토대를 흔들기를 시도할 수밖에 없다. 설사 성공하지 못한다 할지라도. 그러나 몸·음악 그리고 '말'이 가리키고자 하는 우리의 그 주객 비분리의 지대가 완전히 폐허화되고 나아가 소멸된다는 것은, 이 사회에 변혁을 가져올 수 있는 불가결의 필요조건인, 어떠한 개인의 주체성도 아닌 '우리의 주체성' 또는 '우리로의 주체성'을 포기한다는 것과 다르지 않다. 언어(기호들이 집합)가 아니라 몸·음악 그리고 '말'을 통한 소통에 따라 실행되는 '우리의 주체성'이 전제되지 않은 '자연적'이거나 역사의 법칙을 따르는 어떠한 변혁이나 혁명도 존재하지 않는다.

*

이미 지나치게 늘어진 머리말에 또 한마디 덧붙이는 것을 용서해주시기 바란다.

철학적 언어는 단어들과 명제들이 만들어내는 하나의 합리적이고 논리적이며 체계적인 구성물에 지나지 않는 것인가? 그 자체 내에 고유한 진리를 품고 있고, 그 자체 내에서 완결되고 완성에 이르는 객관화될 수 있는 것인가? 이제 우리는 합리적이고 논리적인 철학적 언어를 포기하고, 보다 자유롭고 보다 시적이고 문학적인 '촉촉한' 글쓰기를 시도해야 한다는 말이 전혀 아니다. 논리적이고 정확하고 엄밀한 철학적 언어가 갖는 가치가 부정될 수 없다. 다만 그 언어가 하나의 언어인 한에서 객관적 대상으로 머무를 수 있는 한계가 있고, 궁극적으로는 주객 비분리의 지대로 이행할 수밖에 없으며 거기서 모든 것이 결정될 수밖에 없다는 것이다. 한마디로 철학적 언어도 하나의 언어인 한에서 결국 '말'로 변형되고, '말'로 생성될 수밖에 없다. 이는 또 다른 새로운 주장이 아니고, 지금까지 철학적 언어가 그 자체의 공간인 텍스트 내에서가 아니라, 타인들이 입회하는 공동의 장에서 유통되고 전수되고 전통을 이루어왔다는 사실을 다시 한 번 확인해줄 뿐이다. 철학적 언어는 다른 언어들과 마찬가지로 단순히 단어들과 명제들의 개념적 집적물에 불과한 것이 아니고, 객관적으로 입증되고 검증될 수 있는 데에 한계가 있다. 그것은 영원히 고정된 어떤 것이 아니고, 공공의 장에서 이루어지는 실제의 어떤 사건에 직접 개입하거나, 공공의 어떤 상황이나 제도를 실제로 바꾸려는 행동은 아니지만, 하나의 행위이다(2부 마지막 장 「(정치적) 행위」의 주제). 말하자면 그것은 어떠한 감정도 아닌 정념의 투척을 통해 '실행된다'. 어떤 주관적인 감정을 투영하는 것이 아니라, 단어들과 명제들을 발판으로 타인(독자)과의 관계를 열려는 실행이다. 단어들과 명제들을 정념으로 수렴시켜 타인과의 관계의 통로로 변형시키려는 행위, 한 인간의 탈존을 공동의 영역에 의탁하고 공동화해보겠다는 호소의 실행. '우리'를 설명하는 것이 아니라 '그려내고 울리게' 하려는 행위, 한 인간의 탈존을 '우리'의 흔적으로 볼 수도 읽을 수도 없게 각인시켜놓으려는 일종의 실천. 철학적 언어 역시 인간들 사이에서 꿈틀대고 요동치는 객관화될 수도 없지만 주관적이지도 않은 일종의 '말'이다. 이 또한 새롭게 주장될 수 있는 명제가 아니며, 여러 철학자가 아마 스스로도 모르게 염두에 두고 글쓰기를 통해 우리에게 증명해 주었고 증명해주고 있는 사실일 뿐이다. 그 사실이 사실이기에, 우리로 서는 한 철학자를 제대로 이해하기 위해 그의 사상에 대한 요약이나 해 설이나 해석을 읽는 것만으로는 불충분하고, 그 자신의 글을 읽을 수 밖에 없게 된다. 또한 아주 가끔씩 일어나는 일이기는 하지만 한 철학 자의 글이 너무나 큰 감동을 주었을 때 왜 그랬는지 자신이나 다른 사 람에게 정확하거나 충분하게 설명할 수 없게 된다.

철학적 언어는 일종의 '말'이며, 그러한 한에서 실행이자 행위이 다. 따라서 그 언어가 제출하는 단어들과 명제들도 타인들이 이미 들어 가 있는 공동의 상황과, 간단히 상황과 분리될 수 없다. 분리된다는 것 은, 그 단어들과 명제들이 분비해내는 관념들이 상황과 분리된다는 것 과 정확히 동일하다. 그러나 너무나 많은 경우 철학자가 자신도 모르 게 스스로 그러한 분리를 전제하고 기도하고 공고히 해오지 않았는가? 너무나 많은 경우 철학자가 자신이 제시하거나 전수받은 언어를 상황 이전에 상황을 남김없이 포섭할 수 있다는, 상황 위에 군림할 수 있다 는 '진리'의 체계로 제시해오지 않았는가? 특히 근대에 적지 않은 경우 철학은 법(실정법이 아니라 원칙적 의미에서의 법, 즉 그 주체가 반드 시 복수의 민중이어야만 하고, 민중의 구체적이고 실제적인 문제들과 요구들의 해결 방안들을 제시해야만 하는 법, 그 완전한 정립이 불가능 하기에 항상 열린 틈들을 항상 포함하고 있어야만 하는 언어)보다 상 위에 놓인 '사회의 법전'이 될 수 있다고 자임하면서 사회뿐만 아니라 개인의 내면과 실존까지도 규제하고 통제하기를 원했다. 그러한 의미 에서 근대는 철학이 종교를 대신하고, 철학이 궁극적으로 장악하려 했 던 정치의 영역이 종교화되었던 시기였다.[1]

그러나 당연한 말이지만 철학적 언어는, 원칙적으로 모든 상황에 앞서는 보편적 기준이 되어야 하고 모든 사람이 따라야만 하는 법이 아닐뿐더러, 하나의 일상적 상황에도 앞서지 못한다. 물론 그 언어가 완전히 무능하거나 거짓만을 말한다는 것이 아니다. 그 언어가 일차적으로 하나의 언어일 수밖에 없기 때문이다. 단어들과 명제들의, 즉 관념들의 공간일 수밖에 없기 때문이다. 그 공간과 상황 사이에는 질적인 차이가 엄존한다. 지도를 보는 것과 실제로 지도가 가리키는 한 지역을 가보는 것 사이의 차이와 같은 것이 존재한다. 그러나 철학적 언어는 하나의 언어인 한에서 또한 '말'이다. 그 사실은 철학적 언어의 궁극적 과제, 그 자체가 실행할 수 있는 과제를 우리에게 알려준다. 모든 사람으로부터 완벽한 동의를 얻어낼 수 있을 정도로 객관적이자 보편적인 언어가 될 수 없는 철학적 언어(과연 그것이 실제로 그러한 순수하게 보편타당한 언어였던 적이 있는가)는 '말'로 전환되면서 우리 각자가 어떤 상황 속으로 들어갈 수 있도록 각자의 등을 떠밀어야 한다. 물론 이 책에 주어진 단어들과 명제들은 그러한 과제가 실현되는 장소로부터 한참 멀리 떨어져 있다. 그러나 그것들은 그러한 먼 거리를 도리 없이 자각하면서, 철학의 그 과제가 수행되기 위해 적어도 하지 말아야 할 것이 무엇인지를 끊임없이 염려하면서 씌어졌다.

2015년 1월
박준상

---

1   그 점을 필자는 법의 문제와 결부시켜, 장-자크 루소Jean-Jacques Rousseau를 참조하고 모리스 블랑쇼Maurice Blanchot에 대한 어느 정도 비판적 관점을 따르면서 논의해보고자 했다. 「한 어린아이」, 『바깥에서』, 그린비, 2014.

1부

몸, 음악 그리고 언어

1 몸의 음악:

예술에서의 모방과 반-모방에 대한 물음

현대 예술과 반-모방

> 모든 것이 리듬이다. 인간의 운명 전체는 천상의
> 단 하나의 리듬이며, 마찬가지로 예술 작품은 어
> 떤 유일한 리듬이다.
>
> ―횔덜린

> 다른 어떠한 것에서보다 음악에서, 주체―즉 소
> 재가 되는 대상―와 그 변모들을 시적으로 만드
> 는 것이 바로 단 하나의 정신이라는 사실이 놀랍
> 고 분명하게 드러난다. [……] 음악가는 바로 자신
> 에게서 예술의 본질을 끌어낸다. 그에게 아주 작은
> 모방의 혐의조차 둘 수 없다.
>
> ―노발리스

현대 예술과 현대 예술 이론 전체에서는 아닐지라도 전반에서 빈번하게 표명된 강령들 가운데 하나는 모방에 대한 거부일 것이다. 예술에서 종사해온 여러 작가·이론가·비평가가, 또는 그렇지 않다 하더라도 예술에 주목해온 많은 사람이 적지 않은 경우 그 강령을 이러저런 방식으로 주장해왔다. 말하자면 회화의 궁극적 목적과 존재 이유는 보이는 것 자체를, 외현外現, apparence을 그대로 복사하는 데에 있지 않으며, 문학의 본질은 사실 그대로의 현상들과 사회 현실에 대한 단순한 묘사와 반영 그 너머로 나아가는 데에 있다는 것이다. 예술의 핵심은 보이는 것들과 드러난 사실들을 단순히 복제하는 데에 있지 않다는 것이

다. 모방에 대한 부정 또는 재현再現, représentation에 대한 부정, 그렇게 요약되고 귀결될 수 있는 주장과 권유를 우리는 문학의 장에서든 회화의 장에서든 오래전부터 자주 들어왔다.

그러나 먼저 모방(재현)에 대한 부정이 정확히 무엇을 의미하는지 생각해볼 필요가 있다. 예술이 보이는 세계와 보이는 것들을 참조하지 않아야 한다는 것인지, 예술이 우리가 마주하고 있는 객관적 사실들·현상들에 대한 반영에서 벗어나서 어떤 주관성·내면성이나 관념적 추상성을 표현해야 한다는 것인지, 예술이 자연이든 사회든 현실이든 인간이든 어떠한 대상도 모델로 삼아 묘사하지 않아야 한다는 것인지, 예술이 우리가 일상에서 구체적으로 경험하는 것들로부터 등을 돌려야 한다는 것인지, 그 규범이 정확히 무엇을 말하는지 먼저 살펴볼 필요가 있다. 도대체 어떠한 관점에서 예술이 모방을 거부하거나 벗어나야 하는지 먼저 그 물음에 대해 검토해볼 필요가 있다.

모방에 대한 부정이 모든 보이는 것과 우리의 사실적 경험 세계 전체를 문자 그대로 전혀 참조하지 않아야 한다는 것을 의미한다면, 회화의 경우 그 기준에 부응할 수 있는 것은 추상회화밖에 없어 보인다. 그러나 추상회화도 보이는 세계 바깥의 어떤 순수 관념에만 근거해서 창조될 수 있는지 생각해보아야 한다. 분명 추상회화는 어느 초월적 세계에서나 존재할지도 모를 선의 원형, 형의 원형, 색의 원형을 어떻게든 가시적으로 드러내려는 시도가 아니고, 보이는 것에 근거해서 다시 해석된 감각을, 즉 일종의 '새로운' 감각을 현시現示시키려는 시도일 것이다.[1] 추상회화도 보이는 세계에 대한 경험에 기초하고 있고, 그 경험에서 추출되어 해석된 감각을 표현하고자 하며, 보이지 않는 초월적 관념 또는 감각에 오염되지 않은—즉, 보이는 것에 대한 경험과 무관한—어떤 '순수 추상 관념'에 근거할 수 없다. 반면 소위 구상화로 분류되는 수많은 작품들은 다만 보이는 것에 대한 충실한 복사copy에 따라, 단순히 '구체적具體的'인 것에 대한 복제를 통해 만들어졌는가? 그것들은 전적으로 재현에 의존하고 있는가? 가령 이미 고전이 된 고흐나 세잔의 구상화들과 그 이후의 수많은 현대 화가의 구상화들은 분명 자연이나 현실의 보이는 것에 대한 충실한 모방적 묘사가 아니다. 그것들은 분명 보이는 것을 모방하고 있지만—예를 들어 고흐가 그린 해바라기의 이미지는 현실의 '실제' 해바라기를 가리키고 있지만—모방을 넘어서서 모방이 줄 수 없는 어떤 다른 효과를 불러일으킨다(그 효과가 무엇인지 이후에 다시 밝혀야 할 것이다). 모방에 기초하고 있는, 소위 구상화로 분류되는 그림들 가운데 모방을 넘어서는 요소가 있다면, 그것은 무엇인가?

문학의 경우를 생각해보자. 문학에서 모방으로부터 벗어난다는 것은 무엇을 의미하는가? 문학에서 모방에 대한 부정은, 문학이 단순히 현실이나 사회를 반영하지 않는다는 믿음 아래 반사실주의(반리얼리즘)의 노선에 서 있는 작가들에게 대체로 잘 부합하는 입장처럼 보인다. 그러나 어떠한 종류의 문학이라 할지라도, 한 작품에서 처음부터 끝까지 현실의 사실들을 모방하지 않는다는 것은 당연히 불가능하다. 사실주의 전통과 급진적으로 단절하려는 의도를 갖고 쓰인 아무리 실험적인 한 현대 문학작품이라 하더라도, 그것이 언어로 이루어져 있는 한 사실들과 현실에 대한 모방으로부터 완전히 벗어난다는 것은 불가능하다. 왜냐하면 문학이 의존할 수 있는 유일한—아니면 거의 유일한, 왜냐하면 문학작품에 이미지가 삽입될 수도 있고, 가령 아폴리네르Apollinaire의 칼리그람calligramme이나 이상李箱의 회화시(예를 들어 「시제4호詩第四號」와 「선線에 관關한 각서覺書」)의 경우, 시가 조형적 요소 위에

---

1   회화에서 추상과 구상의 구별 자체가 결정적인 중요성을 갖지 않을뿐더러 "가짜 딜레마faux dilemme"를 가져올 뿐이라는 앙리 말디네Henri Maldiney의 성찰을 참조할 필요가 있다: H. Maldiney, "Le Faux dilemme de la peinture: abstraction ou réalité", *Regard Parole Espace*, L'Age d'Homme, 1973, 1994.

놓여 있기 때문이다—매체인 언어 자체가 예술적 모방을 비롯한 모든 종류의 모방(재현)의 토대이기 때문이다. 우리가 '사과'라는 단어를 쓰자마자 그 단어는 현실에 존재하는 보이는 사물(노랗거나 빨갛고 둥그스름한 '그것')을 되돌려서—재현해서—모방한다. 우리가 사과를 그린다면, 어떠한 형식에 따라 그리든 이미 우리는 '사과'라는 단어를 통해 이해된—재현된—'사과'에서 출발해 '그것'을 그릴 수밖에 없다. 또한 세잔이 그린 사과 이미지를 볼 때, 그것이 아무리 낯설고 새로운 것으로 다가올지라도 어쨌든 우리는 그것을 사과라고 이해한 후 감상하는 것이다. 언어를 사용한다는 것이 바로 재현 자체이며, 언어는 모든 재현의 근원이다.

　　물론 전적으로 언어에 의존하고 있는 문학이 어떠한 경우라도 재현을 넘어설 수 없다고 단정하려는 것이 아니다. 오히려 우리의 의도는, 문학이 재현의 토대인 언어에 매달려 있음에도 불구하고 오직 재현을 초과하는 곳에만, 재현 내에서 재현을 넘어서는 곳, 따라서 재현을 통과해서 재현 바깥으로 나아가는 곳에만 자리 잡을 수 있다고, 즉 언어예술인 문학이 언어를 부정할 때에만 성립할 수 있다고 말하는 데에 있다. 그만큼 문학이 역설의 예술이라고 말하는 데에 있다. 그렇다면 언어의 집적물인 문학작품을 재현을 초과하는 지점까지 이르게 하는 그것, 그것은 분명 언어에 '절대적으로' 외재하지 않으며 오히려 언어가 생산해내는 어떤 것일 텐데, 그것은 무엇인가? 그러한 것이 있을 수 있다면 그것은, 설사 한 작가가 자신의 언어를 오직 사실들에 대한 충실하고 '객관적인' 묘사를 위해서만 사용한다 할지라도(가령 일체의 주관적 감정에 대한 표현이 제거된 '보고서'이기를 원하는 어떤 소설, 예를 들어 자연주의를 충실하게 따르려고 하는 어떤 소설의 경우), 그의 언어를 불가피하게 반-모방 또는 비-재현으로 내몰 것이다.

모방 이전의 미메시스

> 음악이 모방하는 대상이란 전혀 없다.
>
> —니체

따라서 모방이라는 물음과 관련해, 우리에게는 추상화와 구상화, 사실주의 문학과 반사실주의 문학을 구분해서 고찰하는 것이 문제가 아니라, 예술의 양식이나 사조가 문제가 아니라, 언어 자체와 이미지 자체가 문제이다. 정확히 말해 언어 자체와 이미지 자체가 모방을 넘어서는 지점을 탐색해보는 것이 관건이다.

앞에서 우리는 현대 예술과 현대 예술 이론 '전반'에서 모방에 대한 부정이 표명되고 있다고 말했다. 그러나 그 부정은 현대 예술과 현대 예술 이론에만 고유한 것은 아니다. 그것은 이론적으로 표명되고 주장되기 이전에 사실은 예술가들이 언어와 이미지를 통해 보이지 않고 재현될 수 없는 어떤 것을 현시시키면서 자신들도 모르게 실천해왔던 것이다. 그들은 어떠한 예술 사조 아래에 놓여 있었든지 간에, 근본적으로 보면 그들의 신념과 의도에 무관하게 모방에 대한 부정을 실행에 옮겨왔다. 어떤 예술 작품이나 문학작품에서 우리가 감지하게 되는 모방에 대한 부정은 근본적으로 보면 의도적이거나 의식적인 것일 수 없다. 그 부정은 원칙적으로 작가의 이러저러한 미학적·예술적 신념이나 입장과는 무관하며, 다만 그가 만들어낸 언어나 이미지가 들어가게 되는 모방 그 너머에서 비의도적으로(원칙적으로 보면 비의도적으로) 작동된다. 모방의 문제와 관련해 현대 예술과 그 이전의 예술, 사실주의(리얼리즘)와 반사실주의(반리얼리즘), 구상과 추상을 구분하는 것이 일차적 중요성을 갖지 못한다. 여기서 우리가 살펴보려고 하는 반-모방은 아주 먼 과거의 한 작품에서라도, 아무리 극단적인 사실주의를 추구하는 한 소설에서라도, 더할 나위 없이 확고한 구상에 대한 신념 위에서 그려진 한 회화에서라도 우리가 어느 순간 감지할 가능성이 있는 움직임이다. 반-모방은 다만 예술에 대한 감식안이 있거나 특별하게 감수성이 예민한 소수의 사람만 감지하는 것이 아니며, 더욱이 주관적 착각이나 환영 속에 주어지는 것이 아니다. 그것은 모든 사람이 객관적으로 받아들일 수 있을 만한 것도 아니지만, 주관적 오해나 왜곡이나 과장의 산물도 아니다. 먼저 우리는 여기서 예술과 관계된 그 어떠한 것도 예외 없는 보편성이나 완벽한 객관성을 확보할 수 없다는 사실을 받아들인다. 반-모방은 그렇다고 작가의 특별한 주관성의 산물도 아니고, 독자나 감상자의 주관적 착각에 포착되지도 않는다. 그것은 작품을 매개로 이루어지는 창작자와 수용자 사이의 소통의 산물(그것을 우리는 흔히 '상호주관적' 소통의 결과라고 부른다)이며, 특정 시대나 특정 사조가 추구해왔던 가치가 아니고 역사에서 지속적으로 확인되어왔던 움직임이다. 먼저 우리는 역사를 거슬러 올라가보면 반-모방이 플라톤 이전 사람들을 매혹시켰던, 모방과는 다른, 모방 이전의 미메시스에 부응한다는 사실을 살펴보고자 한다.

우리는 이어서 미학사의 몇몇 장면을 되돌려보고, 몇몇 관점을 재구성해보려고 한다. 그러나 이는 전통에 하나의 해석을 덧붙이기 위해서가 아니고, 새로운 하나의 이론적 입장을 갖기 위해서도 아니며, 다만 하나의 문제를, 아니 하나의 문제이기 이전에 하나의 경험(모방 또는 반-모방)을 비추어볼 수 있는 준거점을 마련하기 위해서일 뿐이다. 우리는 잠시 이론적 해석의 장에 머무르다 곧 그 경험(또는 문제)으로 되돌아갈 것이다.

미메시스와 이미타티오(모방)

> 아울러 생각하는 것은 더 이상 마멸하는 것이 아
> 니고, 그리고 생각하는 것도 더 이상 존재하지 않
> 고, 이제 몸을 모을 일만 남은, 말하자면, 몸을 차
> 곡차곡 쌓는 일만 남은 경지.
>
> ─앙토냉 아르토

그리스어 미메시스^{mimesis}는 이후에 라틴어 이미타티오^{imitatio}로 번역된 단어이다. 이미타티오가 오늘날 모방^{imitation}이나 재현^{représentation}이 나타내는 바와 같은 의미를 갖는다면, 즉 자연이나 현실의 사실들에 대한 복사를 의미한다면, 미메시스는 그러한 의미와 상당히 거리가 먼 것을 말했다.

그 이후에 미메시스라는 용어가 예술을 통한(드라마에서, 특히 회화와 조각에서) 현실의 재현을 의미하게 되었던 반면, 그리스 문화의 여명기에 그것은 춤을 가리키는 데에 사용되었고, 전혀 다른 어떤 것을, 말하자면 동작·소리와 말을 통해 감정을 표현하는 것과 경험을 표출하는 것을 의미했다. 그 원래적인 의미는 이후에 변하게 된다. 초기 그리스에서 미메시스가 모방을 의미했다면, 복사^{copying}가 아니라 행동^{acting}을 가리켰다는 점에서 그렇다. 미메시스는 거의 확실히 디오니소스 숭배 의식과 연관되어 처음으로 나타난 말이며, 거기서 제사장들이 보여준 흉내와 의식儀式에서의 춤을 의미했다. 델로스 찬가에서, 그리고 핀다로스에게서 미메시스라는 단어는 춤을 의미한다. 고대의 춤, 특히 의식에서의 춤은 표현적이었지 모방적이지 않았다. 그것은 감정을 모방한다기보다는 표현했다. 이후에 미메시스는 배우들의 예술을 의미하게 되었고, 이후에 여전히 음악을 가리키는 데에 사용되었으며, 한참 이

후에 시와 조각을 가리키는 데에 사용되었다. 그 점에서 그 최초의 의미가 변경되었던 것이다.[2]

미학사가 블라디슬로프 타타르키비츠Wladyslaw Tatarkiewicz는 모방의 기원인 미메시스에 대해 같은 해명을 반복해서 전해주고 있다.

미메시스μίμησις라는 단어는 호메로스 이후의 것이다. 이 단어는 호메로스나 헤시오도스에게서 나타나지 않는다. 그 어원은 언어학자들이 말하고 있듯이 모호하다. 그러나 거의 확실한 점은, 그 단어가 디오니소스 숭배 의식과 성찬 의식으로부터 유래했다는 것이다. 미메시스-모방mimesis-imitation은 제사장이 행했던 숭배 행위―춤, 음악, 노래―를 나타냈다. 이를 스트라보뿐만 아니라 플라톤도 확인해주고 있다. 이후에 조각과 연극예술에서 현실의 복제를 가리키게 되는 이 단어는 당시에는 배타적으로 춤·흉내·음악만을 가리키는 데에 사용되었다. 모방은 외적 현실의 복제가 아니라 내면적 현실의 표현을 의미했다. 그것은 시각 예술에는 적용되지 않았다.[3]

그리스 문화의 여명기에 나타났던 미메시스는 무엇보다 먼저 춤을, 몸의 반응, 몸짓(흉내, mimicry)을 가리켰다. 그러나 그 몸짓은 보이는 몸

---

2   W. Tatarkiewicz, *History of Aesthetics*, I, Mouton, 1970, pp. 16~17.

3   W. Tatarkiewicz, *A History of Six Ideas*, Nijhoff, 1980, p. 266. 또한 모방의 문제와 관련해 여기서 하나 더 짚고 넘어가야 할 점이 있다. 모방과 재현은 오늘날 예술과 미학의 영역에서 일반적으로 동의어로 쓰이고 있는데, 이 두 단어의 동일성이 처음 명시적으로 표명된 시기는 16세기이다. "1555년 프라카스토로Frascastoro는 모방이라고 하든 재현이라고 하든 상관없다고 썼다"(같은 책, p. 270).

에만 근거한 단순한 기계적인 움직임이 아니라 어떤 깊은 내적 감정의 표출이었다. 미메시스는 몸의 반응과 내적 감정의 움직임의 결합을 의미했다. 그것은 춤과 더불어 춤에 따라 나왔던 노래(음악)를 가리키는 단어였다. 그것은 몸과 내적 감정에서 동시에 발생하는 역동적이고 리듬 있는 어떤 움직임을 지칭했으며, 시각 작용과는 무관했고 시각예술에도 적용되지 않았다. 이후에 그 연극적·음악적(역동적) 미메시스가 라틴 문화로 흡수되면서 외적 현실의 보이는 사물들과 사실들에 대한 복제를 의미하는 시각적(정태적) 이미타티오imitatio로 변형된다. 그 변형은 단순한 단어의 교체만을 의미하지 않으며, 예술과 미학의 관점에서 중요한 중심 이동을, 즉 예술적·미학적 기준이 역동성으로부터 정태성으로, 보이지 않는 내적 움직임으로부터 보이는 고정된 외적 형상으로 넘어갔다는 것을 말한다.

그리스 문화의 미메시스는 소크라테스·플라톤·아리스토텔레스의 예술에 대한 관점들에 여과되어 라틴 문화의 이미타티오로 귀결된다.

그리스 문화의 여명기에 미메시스가 예술 활동을 가리키는 용어였다는 것은 춤·음악이라는 비조형적(비시각중심적) 예술이 예술의 중심에 자리 잡고 있었다는 사실을 의미한다. 가령 기원전 5세기의 소크라테스 시대까지만 하더라도 대상의 보이는 외면의 묘사에 치중하는 조형 예술들 가운데 하나인 회화를 지칭하기 위해서는 '미메시스'에서 파생된 '엑스-미메시스ἐx-μίμησις' 또는 '아포-미메시스ἀπο-μίμησις'와 같은 단어들[4]이 요구되었다. 이는 그때까지만 하더라도 사람들이 여전히 비조형적 예술을 중심으로 예술 전반을 이해했고, 조형예술의 뿌리에 비조형적 예술이 놓여 있었다는 사실을 말해준다.

---

4   같은 책, p. 266. '엑스-미메시스'와 '아포-미메시스'가 의미하는 바는 각각 '바깥의 미메시스' 그리고 '정확한 미메시스'이다.

미메시스라는 개념은 호메로스 이후 그리고 플라톤 이전에 처음으로 등장했으며, 따라서 플라톤도 그 원래적 의미를 잘 이해하고 있었다. 그렇지만 플라톤에 이르게 되면 예술 전반을 이미 '엑스-미메시스'나 '아포-미메시스'의 관점에서, 즉 라틴어 이미타티오(모방)에 내포되어 있는 의미에 따라 이해하게 된다. 이를 『국가』 10권이 증명한다. 거기서 플라톤에 의하면, 침상을 그리는 화가가 모방된 것을 다시 모방하는 자(이데아를 모방한 현실의 침상의 외양만을 다시 복제하는 자)이듯이, 비극 작가도 진리(이데아)를 기준으로 보면 세 번째 자리(모방의 모방)에 위치하는 자에 지나지 않는다.[5] 시인은 화가와는 달리 색이 아니라 단어들과 구句들을 사용하지만, 그것들로 채색을 하고 있다는 점에서 화가와 마찬가지로 모방자인 것이다.[6] 시인과 화가는 모두 그들이 모방하는 대상에 대한 참다운 지식(대상의 외양과 무관한, 대상을 그것 자체일 수 있게 만드는 원리, 가령 침상의 제작 원리에 대한 지식, 또한 인간의 경우 인간의 겉모습에 담겨 있지 않은, 국가 경영과 교육에 필요한 지식)을 결여한 채, 사물의 경우든 인간의 경우든 그 드러난 외양만을 본뜨는 데에 몰두하고 있다는 점에서 같은 종류의 모방자들이다. 이러한 플라톤의 견해는 예술의 본성에 대한 그의 기본적 관점을 보여준다. 즉 예술은 시예술(포이에시스, 포에지)이든 회화든, 드러나 보이는 외면만을 모방하는 활동이라는 것이다. 그러한 플라톤의 모

5 "그러니까 비극 작가도 그런 자일 걸세. 진정 그가 모방자라고 한다면 말일세. 그는 본성상 왕과 진리로부터 세 번째인 자이며 다른 모든 모방자들도 그러하이"(『국가』 10권, 597e, 박종현 옮김). 『국가』에서 따온 이후의 모든 인용들은 모두 박종현의 번역에 따른다. 마찬가지로 다음에 살펴볼 아리스토텔레스에게서도 "시인은 화가나 다른 모상 작가模像作家와 마찬가지로 모방자"(『시학』, 60b 7~8, 천병희 옮김)이다. 물론 아리스토텔레스가 사용하는 '모방자'라는 단어에는 플라톤이 거기에 부여했던 어느 정도는 폄하하는 의미가 담겨 있지 않다.
6 『국가』 10권, 601a.

방 개념은 이미 미메시스가 아니라 이미타티오에 더 가까이 다가가 있다. 플라톤 이후의 라틴 문화권 내에서 예술적 모방(이미타티오)에 대한 여러 다양한 견해가 제출되었고, 그것들은 플라톤의 입장을 그대로 반복하지는 않았다. 라틴 문화권 내에서 사람들은 예술이 겉모습만을 모방하는 것은 아니며 내적인 감정들도 표현하고 철학적 사유도 제시할 수 있다고 보았고, 플라톤과 달리 예술을 격하시키지 않았다. 그러나 거기에서도 시원적 미메시스가 복권되지는 않았다. 왜냐하면 예술과 관련해 이미타티오에서, 즉 모방에서 보이지 않는 내적 현실에 대한 표현이 아니라 외현에 대한 가능한 한 정확한 모사가 언제나 중요했거나 후자가 전자에 선행하는 가치였기 때문이다.[7]

플라톤에게서 예술은 궁극적으로 보이는 것, 겉으로 드러난 것을 복사하는 데에 제한된 활동이다. 그러한 엄격한 모방론을 전개한 플라톤과는 다르게, 아리스토텔레스는 보다 더 유연한 모방론을 제시했다. 그는 시예술과 회화의 여러 예를 들어, 드러난 것만을 복제하는 단순한 활동만이 모방이 아니며 인간의 성격과 행동들을 묘사하고 표현하는 다양한 모방의 방식이 있을 수 있다는 사실을 밝혔다.[8] 다시 말해 모방은 보이는 외현에 대한 단순한 묘사에 국한된 활동이 아니고,

---

7 물론 플라톤 자신도 외적 모방이라는 관점에서만 예술에 대해 성찰했던 것은 아니다. 그는 소크라테스를 만나기 전 호메로스와 같은 위대한 시인이 되기를 꿈꾸었던 '문학청년'이었고, "시예술의 이 매혹" "시예술이 우리에게 행사하는 마법의 매혹"(607c)을 누구보다 잘 이해하고 있었으며, 따라서 그 매혹이, 단순한 외양의 모방이 가져다줄 수 없는 것이라는 사실도 파악하고 있었다. 그가 『이온』에서 뮤즈와 호메로스 사이, 호메로스와 서창시인 이온 사이 그리고 이온과 청중들 사이에서 발생하는 자기력, 즉 서로가 서로에게 강력하게 이끌리는 매혹을 말할 때, 그는 외면의 모방이 아니라 오히려 내적 경험의 표출이라는 시원적 미메시스에 가까이 다가가 있다. 그러나 그러한 플라톤의 몸짓은 단편적인 것에 머무르고, 『이온』 후반부에서 확인할 수 있듯이, 시예술은 국가에 필요한 어떠한 실질적 지식도 제공하지 못한다는, 『국가』 10권에 나타난 '경제적' 관점에서의 비판으로 결국 되돌아간다.

그 묘사에 기초해서 드러나지 않는 인간 내면에 대해 표현하는 행위이며, 그 행위의 방식은 예술가들 각각마다 다양하다는 것이다. 예술가는 모방자일 뿐만 아니라 창조자이다. 또는 모방하는 창조자이다. 예술은 보이는 것들을 모방할 뿐만 아니라, 보이지 않는 것을 리듬과 화성 같은 음악적인 것을 통하여 표현한다.[9] 외면에 대한 묘사와 내면의 움직임에 대한 표현을 동시에 가리키는 이 아리스토텔레스적 모방은 사실 플라톤이 염두에 두었던 모방과 호메로스 이후에 표명되었던 미메시스가 종합된 형태라고 볼 수 있다.[10] 모방과 미메시스를 종합시킴으로써 아리스토텔레스는 예술을 플라톤이 존재론적으로 저급한 영역으로 치부했던 외현의 영역으로부터 구출해냈고, 동시에 보편적 가치를 표현하는 유사 철학적 영역으로 올려놓았다. 여기서 회화보다는 아리스토텔레스가 예술의 궁극적 가능성을 보았던 시예술(비극)이 관건이 된다. 시예술이 외현 너머의 인간의 내면적 가치에 대한 표현일 수 있다면, 그것이 리듬과 운율 같은 음악적인 미메시스의 요소들에 의존하고 있기 때문이다. 시예술이 드러내는 인간 내면은 외현의 모방보다 더 오래된 역동적 미메시스를 통해 그 표현을 얻는다. 인간 내부의 현실에 대한 표현은 인간 자체에 대한 묘사로 이어지고, 나아가 우리가 모범으

---

8 "앞서 말한 여러 가지 모방도 각각 이러한 차이점을 가질 것이라는 것, 그리고 상이한 대상을 이와 같이 상이한 방법으로 모방함으로써 각 모방이 상이하리라는 것은 명백하다"(『시학』, 48a 1~9, 천병희 옮김). 『시학』에서 따온 이후의 모든 인용들은 모두 천병희의 번역에 따른다.

9 "어떤 사람들은 색채와 형태를 사용하여 많은 사물들을 모방·모사하고—어떤 이는 기술에 의하고 어떤 이는 숙련에 의하여—다른 사람들은 음성을 사용하여 그렇게 하듯이, 앞서 말한 여러 가지 예술들도 모두 율동과 언어와 화성和聲을 사용하여 모방하는데, 때로는 이것들을 단독으로 사용하고, 때로는 혼합하여 사용한다."

10 W. Tatarkiewicz, *History of Aesthetics*, I, pp. 143~144. 타타르키비츠는 여기서 미메시스의 전통이 피타고라스학파로 이어져 아리스토텔레스에게로 전수되었다고 말한다.

로 삼거나(비극의 경우) 거부해야 할(희극의 경우) 인간 모델의 제시로
이어진다. 철학이 개념과 논리와 추론을 통해 보편적 진리를 말하는 반
면, 비극은 인물들의 성격들과 행동들을 모방하고 하나의 인간 전형을
창조함으로써 보편적·철학적 진리를 현시시킨다. 『시학』의 유명한 구
절을 되돌려본다면, "시는 역사보다 더 철학적이고 중요하다. 왜냐하면
시는 보편적인 것을 말하는 경향이 더 강하고, 역사는 개별적인 것을
말하기 때문이다".

아리스토텔레스는 플라톤과 비교해볼 때 예술에 더 큰 가치와 더
큰 중요성을 부여했다. 그에게 회화는 인간에게 모방의 즐거움을 주는
예술이었고, 시예술은 그러한 즐거움을 넘어서 진리를 놓고 철학과 경
쟁하는 예술이었다. 아리스토텔레스의 예술에 대한 가치 부여는, 플라
톤이 외현의 복제에 불과하다고 평가했던 모방에 보이지 않는 내면과
관계하는 시원적 미메시스를 접목시킴으로써 가능할 수 있었다. 아리
스토텔레스에게 시예술은 미메시스의 작용인 내적 감정의 표출을 통
해 어떤 인간 모델(인간형)을 구축하는 방법이며, 그렇기에 어떤 보편
적 진리에 이르는 길이다. 여기서 내적 감정의 표현은 미메시스의 음악
적 요소들(리듬·운율)에 바탕하고 있으며, 결국 음악적인 것이 보편적
진리의 제시를 위한 매개가 되고 있다. 그러나 시원적 미메시스는 물론
음악적이지만 바로 춤이기 때문에 음악적일 수 있었다. 그 본원적 미메
시스는, 그리스 여명기의 사람들을 사로잡았던 미메시스는 들리는 음
악이기 이전에 몸의 반응, 즉 몸의 리듬이었다. 아리스토텔레스는 미메
시스에 음악적 요소를 복구시켜놓았지만, 그러한 아리스토텔레스적 미
메시스에서 여전히 배제되어버린 것은 몸이며, 그 미메시스가 귀결되
고 있는 곳은 어떤 철학적 보편성이다. 그 철학적 보편성에서 사상捨象
되어버린 것은 바로 미메시스의 발원지, 즉 음악 자체에 앞서고 음악
자체보다 더 근원적인 몸이다. 내면의 감정이 촉발되기 위해 필연적으
로 요구되는 전제이자 그것이 뿌리내리고 있는 장소인 몸이다.

몸: 미메시스의 원천

> 시―육체에 관한 학문이면서 동시에 육체가 하는
> 학문. 나는 안다. 사물들은 무언가를 감추고 있고,
> 공교롭게도 내 몸속에 감추고 있음을.
>
> ―이성복

니체는 고대 그리스 예술들(회화·조각·서사시 그리고 음악·무용·서정시)을 예로 삼아 아폴론적인 것das Apllonische과 디오니소스적인 것das Dionysche을 구분했다. 그러나 그 구분의 근거에 놓여 있는 것은 바로 플라톤이 부각시켰던 외면의 모방과 플라톤 이전 사람들을 사로잡았던 미메시스의 구분이다. 우리는 니체의 구분이 그리스에서의 그 구분을 반복해서 나온 결과라고도 말할 수 있다. 결국 니체는 아폴론적인 것과 디오니소스적인 것이라는 표현들을 통해 고대 그리스의 모방과 미메시스의 문제를 재정식화하고 다시 문제 삼았던 것이다.

내가 도취의 두 가지 형태로서 미학에 도입했던 아폴론적·디오니소스적이라는 상반된 개념들은 무엇을 의미하는가? 아폴론적 도취는 무엇보다 눈眼을 자극해서 환상을 보는 능력을 획득한다. 화가, 조각가, 서사 시인은 뛰어난 환상가들이다. 반대로 디오니소스적 상태에서 감정의 시스템Affekt-System 전체가 자극받고 한 번에 표출될 정도로 격화되며 재현·모방·변형·변화의 힘과 흉내와 연기의 기술을 동시에 강화시킨다. 본질적인 것은 변신Metamorphose의 용이성, 즉 반응하지 않는다는 것이 불가능하다는 것이다(아주 조금만 자극을 받아도 어떠한 역할이든 다 하는 어떤 히스테리 환자의 경우와 비슷하다). 디오니소스적 인간에게는 어떠한 종류의 암시든 파악하지 못하고 넘어간다는 것이 불가능하다. 그는 어떠한 감정의 신호도 놓치지 않는다. 그는 이해하고 알아채

는 데에서 최고의 본능을 갖고 있고, 마찬가지로 최고의 소통 기술을 갖고 있다. 그는 모든 피부, 모든 감정 속으로 다시 파고들어 간다. 그는 끊임없이 변신한다—우리가 오늘날 이해하고 있는 바의 음악 역시 감정의 총체적 고양과 표출의 일종이지만, 그럼에도 불구하고 그것은 훨씬 더 강렬한 감정적 표현 세계의 잔재에 불과하며, 디오니소스적 연기술의 찌꺼기에 불과하다. 음악을 하나의 독자적인 예술이 되게 하기 위해 사람들은 많은 감각을, 그 중에서도 특히 근육감각을 멈추게 하지 않으면 안 되었다(적어도 상대적으로는 그렇다. 왜냐하면 모든 리듬은 어느 정도는 여전히 우리의 근육에다 말하는 것이니까). 그래서 이제 인간은 자기가 느끼는 모든 것을 즉시 몸으로 모방하고 재현하지는 않게 되었다. 그러나 그것이야말로 본래적인 디오니소스적 상태이며, 적어도 그 원상태였다. 음악은 그 상태를 점진적으로 특수화시키고, 음악 자체와 가장 밀접한 관계를 가진 능력들을 희생시켜 이르게 된 것이다.[11]

니체는 이 한 문단에서 매우 많은 것을 말하고 있는데, 궁극적으로는 아폴론적인 것과 디오니소스적인 것이라는 자신에게 고유한 두 표현을 들어서 고대 그리스 미학의 핵심적인 문제 안으로 들어가며 그것을 요약해서 다시 제시하고 있다.

　　아폴론적인 것이 눈眼에 대한 자극과 눈의 반응에 따라 주어지는 이미지Bild인 반면, 디오니소스적인 것은 원래 몸 전체(온몸)에 대한 자

11　　니체, 『우상의 황혼』, 『전집』 15, 백승영 옮김, 책세상, 2002, 149~150쪽. 번역 약간 수정하고 독일어들은 인용자가 병기(Nietzsche, *Werke*, VI-3, Walter de Gruyter, 1969, pp. 111~112 참조).

극과 몸의 총체적 반응을 유도하는 리듬이다("모든 리듬은 어느 정도
는 여전히 우리의 근육에다 말하는 것이니까"). 양자는 동일한 존재에
대한 두 종류의 반응이다. 양자는 가령 하나의 현상이나 풍경이나 사
물에 대응하는 두 가지 반응을 가리키는데, 하나는 국소적인 눈의 반
응 양태를, 다른 하나는 총체적인 몸(온몸)의 반응 양태를 나타낸다.
디오니소스적인 것은 아폴론적인 것에 선행하고 사실상 그것의 원천이
된다. 왜냐하면 후자와 관계하는 눈의 반응은 전자와 관계하는 몸의
반응의 일부분에 불과하기 때문이다. 즉 눈의 반응은 몸의 반응이 특
수화(국지화)되어 주어진 파생 결과에 지나지 않기 때문이다.

　　디오니소스적인 것의 예시적 예는 그리스 여명기의 디오니소스
숭배 의식에서 제사장들이 보여주었던, 존재와 마주하는 몸의 표현(즉,
미메시스)인 반면, 아폴론적인 것은 그 이후에 화가들이 실천했던, 존
재를 포착해서 형태로 고정시키는 눈의 모방이 가져온 결과인 회화가
대변한다. 여기서 양자의 중요한, 나아가 의미심장한 차이점이 발견된
다. 디오니소스적 몸의 표현은 '나'의 외부로 나가는 움직임(원심력의
운동)에 근거하고 있는 반면, 아폴론적 눈의 모방은 이미지를 통해 그
외부를 고정시키는 내면으로의 최초의 움직임(구심력의 운동)에 기반
을 둔다. 후자는 언어와 관념에 의한 내면화(존재의 관념화 또는 언어
화, 존재를 지식으로 포착함, 다시 말해 존재를 주어와 술어의 틀 안에
가둠[12])에, 즉 소크라테스의 변증법적 사유에 앞서는 최초의 내면화인
것이다. 몸의 표현은 '내'가 존재 내에서 타자화되는 외부로의 움직임
을 중심으로 전개되는 반면, 눈의 모방은 존재를 '눈앞에' 형상화해서

12　관념·표상이 언어에 기초하고 있다는 사실에 대한, 또한 존재에 대한
　　신인동형론적(인간중심적) 내면화의 과정에서 이미지의 구성이 언어의 구성에 앞선다는
　　사실에 대한 니체의 사유를 살펴보기 위해, 그의 잘 알려진 중요한 텍스트「비도덕적
　　의미에서의 진리와 거짓에 관하여Ueber Wahrheit und Lüge im aussermoralischen Sinn」를 참조.

고정시키는, 즉 존재를 '나'의 이미지 내에서 가상화假象化시켜 가두는
―어쨌든 타자를 내면화하는, 존재를 개별화[13]하는― 움직임을 중심으
로 전개된다.

언어와 이미지에 개입하는 몸의 리듬

> 그 색들을 혼합하거나 대조시켜 마음의 신비로운
> 떨림을 표현하는 일.
>
> ―반 고흐

디오니소스적인 것은 몸의 리듬이며, 오직 그러한 한에서만 음악적 리
듬이다. 그것은 몸의 감각이 가져오는 역동적·음악적 리듬이다. 위의
『우상의 황혼』에서 인용한 문장들에서 니체는 청각에 호소하는 실제로
우리가 듣는 음악은 그 리듬이 "점진적으로 특수화"된 결과에 지나지
않는다고 지적한다("음악은 '디오니소스적' 상태를 점진적으로 특수화
시키고, 음악 자체와 가장 밀접한 관계를 가진 '몸의' 능력들을 희생시
켜 이르게 된 것이다"). 음악은 몸의 감각의 리듬이 특화된 것, 그 리듬
이 상당 부분 사상되고 남은 것이다. 음악의 뿌리에 몸이 있다. 모든 리
듬에 대한 감각과 그 예술적 표현의 뿌리에 몸이 있다. 심지어는 우리가
앞에서 살펴보았던 아리스토텔레스의 경우, 그가 주목하는 시예술의 리듬·

---

13   니체가 쇼펜하우어Schopenhauer를 인용하면서 『비극의 탄생』 1항에서 언급했던 '개별화의
원리principium individuationis'에 대해 다시 생각해보자. "끝없이 펼쳐진 채 포효하며 산악과
같은 파도를 올렸다 내렸다 하는 광란의 바다 위에서, 한 조각배 위에 그 허약한
배를 전적으로 믿으며 한 뱃사람이 앉아 있는 것처럼, 고통의 세계 한가운데에
개개의 인간들은 '개별화의 원리'를 믿고 의지하며 고요히 앉아 있다"(니체가 『의지와
표상으로서의 세계』 I에서 재인용).

운율·가락도 그 근원을 끝까지 추적하면 몸의 리듬으로 거슬러 올라갈 수 있으며, 몸의 리듬의 감각이 언어의 영역으로 분화된 형태에 지나지 않는다. "리듬은 몸의 움직임으로 전이된다. 모든 춤에는 마술적·종교적 의미가 있다. 춤은 신들을 제압한다고 한다. 발을 구르는 몸짓은 신들을 불러낸다. 그 효용이 리듬을 시에 끌어들였다는 것이다."[14] 이러한 니체의 말은 다시 한 번 디오니소스 숭배 의식을 이끌었던 미메시스의 의미를 환기시켜주고 있으며, 언어의 기원에 음악이 있다는[15], 니체 자신도 반복해서 표명한 적이 있는 견해를 다시 들려주고 있다. 언어 이전에 음악이 있으며, 음악 이전에 몸이 있다(그렇기에 '일상의 현상학'으로 돌아가서 본다면, 우리가 어떤 음악을 들을 때 적지 않은 경우 "발을 구르는 몸짓"까지는 아닐지라도 몸이나 손을 흔들거나 다리를 떠는 몸짓을 자신도 모르게 내보이는 것이다).

아폴론적인 것은 존재를 가시화·형상화하는 이미지이지만, 그것도 마찬가지로 몸을 자극한다. 이는 단순히 그것이 몸의 일부분인 눈을 자극한다는 것이 아니고, 그것이 니체에게서 몸의 생명 작용과 그 효과 전체를 가리키는 의지[Wille]를 자극한다는 것을 말한다. 음악과 마찬가지로 색은 의지를 촉발시킨다. "만약 모든 쾌감이 의지의 만족과 의지의 요구라면, 색에서의 쾌감은 무엇인가? [……] 색과 음은 의지를 촉진시켰어야만 한다."[16] 따라서 아폴론적인 예술을 대표하는 회화는 어떤 경우 단순히 눈에 호소하지 않으며 의지의 생명적 리듬에, 몸 전체

---

14 니체, 『전집』 1, 김기선 옮김, 책세상, 2003, 27쪽. 인용자 강조.

15 "음악은 말이 된다"(니체, 『전집』 4, 최상욱 옮김, 책세상, 2001, 91쪽). 또한 언어의 뿌리에 이르고자 하는 시는 궁극적으로 음악을 지향한다. "시작詩作은 종종 음악에 이르는 길이다. 그것이 아주 섬세한 개념들을 찾아내는 한에서, 또는 그러한 영역에서 개념의 조야한 재료들을 거의 사라지게 하는 한에서"(같은 책, 61쪽).

16 같은 책, 84쪽.

에 호소한다. 어떤 그림은 보이는 것만을 보는 '나'의 눈을 감기고, '나'로 하여금 볼 수 없는 것을 감지하도록 이끌며, 말로도 설명할 수 없고 이미지로도 그려낼 수 없는 어떤 것을 '말한다'(재현·모방의 초과). 그 그림이 마치 디오니소스적인 것처럼 또는 음악처럼 '나'의 안의 어떤 곳에서 '울려 퍼진다'. 회화가 마치 무용수의 몸의 호소처럼 내게 다가와서 말을 걸고, '나'의 시선을 가로막으면서 '나'의 몸 안의 어떤 부분과 접촉하는 것이다. "몸짓을 창조하는 상태에서 눈은 당장 감긴다."[17] 회화가 음악으로, 춤으로 변형되는 것이다. 회화 이미지에도 리듬·음악이 존재한다. 이는 아폴론적 예술과 디오니소스적 예술의 경계에 넘어설 수 없는 벽이 놓여 있는 것은 아니라는 사실을 말해준다.

공동의 미메시스: 미메시스와 타인

> 단어들, 냄새, 소리, 부드러운, 쓰린, 날카로운. 우리가 그것들을 느끼는 데에 따라 그것들은 울린다.
> —헤르더

> 내 몸은 악기다. 뜯어다오, 신神이여!
> —이성복

우리가 여기서 니체와 함께 또는 그로부터 한걸음 더 나아가 말하고자 하는 몸은 궁극적으로는 물질적이거나 기계적인 몸도, 해부학적인 몸도 아니며, 어쨌든 유물론적인 몸이 아니다. 그것은 어떠한 형태로든 대상화될 수 있는 몸이 아니다. 외부와 '나' 자신의 통로가 되는 몸이다. 외부에서 본다면 '나' 자신 안으로 들어와 있고, '나' 자신을 기준으

---

17   같은 책, 85쪽.

로 본다면 외부로 향해 있는 몸, 의식과 관념의 외부로 나가 있는 동시에 그 외부가 리듬으로 변형되어 울리는 몸, 그것은 가리킬 수 없는 곳이며, 사실상 내 안 어디에도 없는 곳이다. 장소 없는 장소인 그곳은 가리킬 수 있기에는 너무 깊은 곳이고, 보여질 수 있기에는 너무 깊이 숨겨진 곳이다. 그곳은 바깥이자 안, 외부이자 내부, 곧 통로이다.

　문제가 되는 몸은 결국 보이는 몸이 아니다. 보이는 몸이 보이지 않는 형태로 변형되어 남은 몸의 리듬, 몸의 음악 또는 음악적인 몸이다. 모든 음악의 근원으로서의 몸, 어떠한 내면보다 더 내적인 정념의 파동波動, 보이는 몸을 매개로 전파되는 보이지 않는 몸. 감각기관들(가령 오감)의 구체적·생물학적 몸과 무관하지 않지만, 그 몸이 추상화되어 남은 장소 없는 몸(온몸, 온몸은 손가락으로 가리켜 지정할 수 있는 장소를 갖지 않으며, '온몸으로 느낀다'라고 말할 때 우리는 이미 모든 구체적인 감각기관을 떠나 있다), 오히려 '나'의 외부를 지정하고 그 외부로 향해 나아가는 몸, 리듬의 몸. 그 몸은 타인의 몸과 접촉하고, 그 안에서 공명을 가져온다. 몸과 몸의 교차, 어떠한 관념이나 사유보다도 더 보이지 않고 더 내적인 정념의 교호交互, 바로 그것이 시원적 미메시스가 우리에게 지금까지도 주목을 요구하는 사건이다. 바로 거기에 여전히 예술이라는 물음과 관련해 지금까지도 주목을 요구하는 점이 있다.

　원래 미메시스는 보이는 외현에 대한 복제가 아니고, 한 개인의 몸에서 일어나는 어떤 반응도 아니며, 몸에 대한 몸의 반향, 몸들의 음악적 상호 공명, 공동의 리듬을 가리킨다. 그러한 공동의 차원에 그리스에서 의식을 집전하던 사람과 그 앞에 있었던 다른 사람들 사이의 소통이 놓여 있었다. 예를 들어 생각해본다면, 미메시스mimesis의 어원적 의미와 형태를 현대 프랑스어에서 간직하고 있는 단어는 '이미테'(모방하다, imiter)가 아니라 '미메'(몸짓으로 표현하다, 몸으로 연기하다, 결국 몸짓으로 따라하다, 함께 몸짓을 표출하다, mimer)이다. 이는 다시 한 번 미메시스가 타인(들)과의 관계를 전제하고 있기에 홀로 실행시킬 수 없는 행위이며, 정확히 말해 사람들 사이에서 기입되고 전달되는 아펙트의 작용, 소통과 감염(전염)의 움직임이라는 사실을 말해준다. 미메시스는 몸들의 공명이며, 정확히 말해 몸들을 매개로 일어나는 깊은 정념의 공명, 결국 보이는 몸들 사이의 어떤 작용이 아니라 보이지 않는 것(국지적이자 구체적 감각에 호소하지 않는 것)의 상호 울림이다. 원래 미메시스의 핵심은 보이지 않는 공동의 차원에 놓여 있다. 보이지 않는 공동의 정념의 공명, 그것이 미메시스의 중심에 자리 잡고 있다. 그것이, 그리스에서의 미메시스의 역사적 전개 과정을 생각해본다면, 음악과 시예술에 개입하는 리듬·운율, 나아가 회화 이미지에 기입되는 리듬·음악이 사람들에게 주었던 공감의 원초적 형태이다. 그것이 특수화된 형태가, 시예술과 회화의 음악적인 것이 사람들 사이에서 불러일으킨 공감이다. 그 음악적인 것이 사람들에게 주었던 설득력은 거슬러 올라가서 보면 정념의 공명에서 유래하고, 그 공명은 몸들에 근거한다.

　　그러나 그러한 견해가 현재 우리에게 의미하는 바는 무엇일까? 우리는 지금 몸의 리듬과 몸들의 공명이 시예술의 근현대적—오늘날의—형태인 문학littérature과 근현대 회화에서도 간섭 작용을 일으키지 않는가라고 묻는 것이다. 그러나 설사 우리가 그리스에서의 미메시스의 흐름에 대한 역사적 고찰을 거치고, 니체의 견해를 받아들인다 하더라도, 그러한 물음에 긍정으로 답한다는 것은 과장되거나 신비주의적인 것처럼 보인다. 우리가 여러 문학작품을 읽어보고 여러 회화 이미지에 접해본 '여기 지금'의 경험에 비추어본다면, 그렇게 보인다. 어떻게 문학작품의 언어에, 보다 정확히, 나 혼자 읽어내려가는 흰 종이에 인쇄된 까만 글자들 위에, 내가 홀로 보는 이 색채들·형태들 위에 미메시스가 개입하고 음악이 새겨져 있을 수 있는가? 이렇게 되새겨 물으면서, 이론적 맥락을 떠나(처음부터 여기서 플라톤·아리스토텔레스·니체의 사상들을 해석하는 것이 관건은 아니었다) 미메시스라는 현상 또는 사건 자체와 그 경험적 현실태로 시선을 돌리면서 우리가 처음에 제기했던 예술의 반-모방이라는 문제로 되돌아가고자 한다.

정념의 추상성, 절도의 정념

> 자기 안에 내적 리듬의 신비를 간직한 자만이 포
> 에지이다. 바로 그 리듬에 따라서만 그는 가시적이
> 되고 살아 있게 된다. 왜냐하면 리듬이 바로 그의
> 영혼이기 때문이다.
> —횔덜린

> 왜냐하면 모든 영혼은 리듬의 매듭이기 때문이다.
> —말라르메

미메시스를 가동시키는 몸짓·춤·음악에서 가장 주목을 요하는 점은, 궁극적으로 그것들 모두가 눈에 실제로 보이는 것이나 귀에 실제로 들리는 것을 초과해서 보이지도 않고 들리지도 않는 어떤 정념을 촉발시킨다는 데에 있다. 미메시스의 핵심은 실제로 주어진 구체적 감각들이 '사상捨象'되어 남은 보이지도 않고 들리지도 않는 정념에 있다. 사유의 논리적 추상성과는 질적으로 다른 정념의 추상성이 존재한다. 미메시스라는 움직임에 논리적 추상성과는 다른 정념의 추상성이 개입한다. 우리가 듣는 음악의 경우를 예로 들더라도, 우리는 들리는 것만을 듣지 않고, 들리는 것이 남긴 들리지 않는 것을 들으며, 그 가운데 진정한 감동을 받고, 그러한 한에서만 음악의 중심에 들어갈 수 있다. "본능의 음의 경우도 마찬가지이다. 귀가 당장 닫힌다."[18] 실제로 들리는 음들을 지시하는 음표들은 음악의 중심을 표현하지 못하는 것이다. "음표들 속에 음악의 가장 중요한 부분이 있는 것은 아니다"(구스타프 말러 Gustav Mahler). 만약 어떤 몸의 움직임이나 음악이 전적으로 사실fact의 차원에서 '객관적이고 물리적으로' 눈에 보이거나 귀에 들리기만 할 뿐이라면 그것은 결코 미메시스를 작동시킬 수 없다. 그것들이 몸의 내부에서 보이지 않고 들리지 않는 것으로, 즉 내부로서의 몸에서 비물질적인 것으로 다시 생성될 때에만 미메시스가 작동된다. 그때 보고 듣는 '나'는 보고 듣는 데에서 멈추지 않고 타인에게로 이끌리고 그와 만나게 된다. 그때에만 그와 함께 '나'를 표출하게 된다. 홀로 실행시킬 수 있는 미메시스는 존재하지 않으며, 미메시스는 본질적으로 공동의 미메시스, '너'와 '내'가 함께 추동시키는 미메시스이다. 몸짓과 음악이 주는 구체적 감각들이 추상화되어 보이지도 않고 들리지도 않는 정념으로 이행하는 과정은 또한 미메시스를 통해 '우리'가 창출되는 과정이다. '우리'가 보이지도 않고 들리지도 않는 추상적 정념에 매달려 있게 되는 것이다. 왜 그것이 보이지도 않고 들리지도 않는가? 그것이 우리의 생물학적 몸이나 감각적 세계 그 너머의 어떤 초월적 세계에 존재하기 때문이 아니라, '이 살갗 아래 심장에서' 움직이기 때문이다. 그것이 어떤 감각이라고 지정하기에는 너무나 모든 감각 그 이하에 놓여 있기 때문이다. 그 추상적 정념의 움직임은 인간들 사이의 관계를 필연적으로 전제한다. 그 움직임은 인간들 사이에서 전이轉移되는 아펙트의 작용, 소통과 감염의 움직임, 즉 미메시스이다. 그것은 보이는 것이나 들리는 것과 무관하지도 않지만, 즉 구체적인 감각들에서 출발하지만, 결국 모든 실증적인 것을 와해시키고 변질시키면서(질적 변형, 질적 격차) 몸 내부로 침투하는 에너지이다. 즉 들리지 않지만 공명되는, 다만 공명되는 내적內的 몸의 음과 리듬, 보이는 것이나 들리는 것이 남기는 보이지도 들리지도 않는 것, 그것이 의식이나 관념의 내면이 아닌 전前 의식적 내부에 박힌다는 것이다. 내부의 몸 또는 내부로서의 몸 안에 각인된다는 것이다. 그 사실을 전제하고 나서만 미메시스에 대해 말할 수 있다.

---

18   니체, 『전집』 4, 85쪽.

미메시스는 보이는 몸을 넘어서 오직 '영혼'이라고 부를 수 있을 내부의 몸에서만 작동한다. 그 몸에서 모든 보이는 것은 보이지 않는 것이 된다. 즉 "공간은 시간이 되고, 마찬가지로 몸은 영혼이 된다. 한 측면의 동시 발생 과정".[19]

'너'와 '나'의 몸은 분리되어 있지만, 보이지 않는 영혼들은 서로가 서로에게 침투하고 서로가 서로 안에 기입된다. 보이는 몸은 안과 밖을 갖고 있지만 영혼은 안과 밖의 경계가 없는데, 왜냐하면 오직 밖에 놓여 있는 한에서만, 밖으로, 타자로 향해 있는 한에서만 존재할 수 있기 때문이다. 설사 어떤 두 사람의 몸들이 서로 접촉하고 서로를 만진다 할지라도—나아가 성관계를 맺는다 할지라도—거기에 영혼의 움직임이 배제되어 있다면, 두 사람은 진정한 의미에서 서로에게 향해 있는 것이 아니다. 보이지 않는 것을 보는 것, 들리지 않는 것을 듣는 것, 나아가 만질 수 없는 것을 만지는 것, 거기에 관계의 징표徵標가 있다. 또한 두 사람이 관념이든 사상이든 철학이든 이데올로기든 어떤 의식적이고 사회적인 것을 함께 공유한다 하더라도 거기에 영혼의 차원이 배제되어 있다면, 두 사람은 관념적 일반성에 피상적으로 묶여 있을 뿐 서로가 서로를 나누지 못한다. 영혼은 오직 자기로부터 밖으로 나가 있는 한에서만 자기 안에 있다. 밖이 안이다. "자기로부터 나가기 위해, 다른 존재들에 가닿거나 그것들에 의해 감응받기 위해 또 다른 길이 열린 채로 남아 있는가?"[20]

미메시스가 갖는 중대한 의의는, 즉 고대 그리스 자체로부터 벗어나서(우리는 18세기로부터 현대까지의, 빙켈만으로부터 니체를 거쳐 하이데거에 이르기까지의 그리스로 되돌아가기를 염원했던 독일인들이 아니다) 지금을 기준으로 보아 변색되지 않는 핵심적인 그 의의는 어

19　Novalis, *L'Encyclopédie*, Minuit, 1966, p. 129. 인용자 강조.

떠한 종류의 열광에도 있지 않으며, 바로 자기로부터 벗어나 타자
로 향하는 움직임의 표식, 바로 한계('나'의 한계) 위에서의 정념에 있
다. 그리스의 시원적 미메시스와 니체가 재해석했던 미메시스(즉 디오
니소스적인 것)에 분명 열광과 격정과 도취의 계기가 있다. 미메시스의
본래적이고 고유한 의미가 너와 내가 함께 표현하는 몸짓이라면, 미메
시스의 조건 자체가 되는 것은 타자의 존재이고 타자와의 관계이다. 어
떠한 종류의 것들이든 열광과 격정과 도취는 아무것도 보장하지 못한
다. 어떠한 열광이나 격정이나 도취와도 다른, 여기서 관건이 된 정념
은 관계 내에서의 정념, 사이 내에서 파생된 정념이다. 열광은, 감정의

20 자기로부터 나가 있음, 자기 밖으로 향해 있음을 말하고 있는 노발리스의 이러한 말은
마르틴 하이데거Martin Heidegger의 탈존Existenz 개념을 선취하고 있다. 그러나 근대라는
주체의 시대 한복판에 놓여 있었고 더욱이 피히테Fichte의 자아의 철학에 강한 영향을
받은 노발리스가 개념의 사용에서나 사유 방식 자체에서 근대적 자아 중심주의로부터
완전히 벗어나 있었는가라는 의문이 남는다. 자아ego를 찬양하는 발언들은 그의
저작들 여기저기서 어렵지 않게 발견된다. "이상적理想的 언어의 도식으로서의 학문이라는
독트린―자아―근원적 단어에 예"(같은 책, 292쪽). 그러나 다른 관점에서, 노발리스가
피히테에 대한 집중적 연구 이후에, 역사에서 아마 관념적·의식적 자아를 최고로
고양시킨 이 철학자로부터 멀어졌고 그에 대한 비판자로 자처했다는 사실 또한
기억해야 할 것이다. 어쨌든 노발리스에게서 피히테적 자아 중심주의를 탈각시키고
나서 주목해 보아야 할 여지가 충분히 남아 있다는 것은 분명하다. 하이데거는
노발리스를 비롯해 초기 독일 낭만주의자들에 거의 주의를 기울이지 않았거나
그들 모두를 독일 관념론의 테두리 내에서만 보려 했고, 그의 탈존 개념은 우리가
'영혼'이라고 부른 것들 사이의 관계를 거의 비추지 않으며 세계Welt와 대지Erde라는
장소(땅)의 고유성과 총체성의 지평 내에로 흡수되거나 수렴된다(타자가 아닌 공간의
존재, 또한 공간을 향한 탈존). 니체 역시 결론적으로 본다면 타자로 향해 있는
영혼의 움직임이라는 미메시스에 주목하지 않았다. 『비극의 탄생』에서 고대의 시원적
미메시스를 전유하면서 그가 근대적·의식적(학문적·소크라테스적) 자아의 고립과
단절을 극복하고 어떤 공동체를 재구성하기 위해 필요한 준거점을 찾으려 했다는
사실은 분명하다. 또한 그가―적어도 『비극의 탄생』의 시기에는―바그너를 뒤쫓아
예술에 기초한 공동체를 구축하려 했다는 것도 분명히 사실이다. 그러나 니체가 언제나
일관되게 부각시켜놓았던 것은 열광적인 디오니소스적 상태, "강렬한 감정적 표현
세계"일 뿐, 타자라는 물음은 후기로 갈수록 뒤로 물러나 있게 된다.

폭발과 분출은 그것이 어떠하든 결국 타자라는 한계를 망각하고 내가 자기 자신을 자극하고 고양시키면서 자기 안에 갇히는 (자기)도취의 징표가 아닌가?

언어와 이미지 안의 음악: 모방 내에서의 반-모방

> 음악에서 발견할 수 있는, 마음을 달래주는 어떤 것을 그리고 싶다.
>
> —반 고흐

> 현악기와 금관악기가 고조된 가운데 울려 퍼지는 높이에서 시는 영혼에 직접적으로 접근해 도달한다.
>
> —말라르메

> 이런 사회가 반 고흐의 몸속으로 들어왔으며, 반 고흐에 의해 자연은 자신의 적대적인 살덩이를 드러낸다.
>
> —앙토넹 아르토

문학의 언어와 회화의 이미지도 일종의 몸의 표현이다. 그것들은, 미메시스를 가동시키는 몸짓이나 음악과 마찬가지로, 물리적·객관적 대상으로 결코 환원되지 않는 보이지 않는 내적 몸의 움직임이다(대상으로 귀착되어 고정되지 않는 언어와 이미지의 역동성·동사성). 소설이나 시의 창작에 몰두하든 이미지의 창조에 전념하든, 작가는 실제로 읽히는 단어들이나 보이는 이미지(선·형·색) 위에 보이지 않는 내부라는 몸을 부조浮彫하는 데에 이를 수 있다. 관건이 되는 몸은 보이는 몸이 아니라 내적인 몸이다. 다시 말해 전前 의식적으로 외부로 나아가 있는 몸, 몸이자 영혼, 어떠한 실체적 정신도 아니고 어떠한 관념도 아니며, 다만 작가 자신의 감각과 감정이 단어나 이미지로부터 튀어나와 수렴되고 있는 장소인 정념의 리듬, 탈존의 움직임이다. 독자나 감상자의 경우 읽히지 않고 보이지 않는 그것을 감지해야만 비로소 작품과 만날 수 있다. 읽히는 것만을 읽고 보이는 것만을 보는 자는 어떠한 경우라도 작품의 중심으로 들어갈 수 없다. 작품의 중심에 읽히거나 보이는 물질적인 것이 있지 않을뿐더러 비평과 해석의 대상이 되는 어떠한 의미도 놓여 있지 않다. 그것들은 모두 보이는 세계의 대상들을 모방하거나 재현·표상(représentation, 의미의 포착, 의미를 규정함으로써 대상들을 정립시킴, 고정시킴, 한마디로 관념화)할 뿐이다. 그것들 모두는 독자나 감상자로 하여금 보이는 세계를 참조해서 작품에 거리(모방의 거리, 언어·이미지와 보이는 세계 사이의 거리, 허구와 사실 사이의 거리, 복제물과 원형 사이의, 나아가 예술과 현실 사이의 거리)를 설정할 수 있게 만드는 여지를 남겨둔다. 작품의 중심에 보이지도 읽히지도 않을뿐더러 관념화되지도 않는 것이, 단순히 무의미無意味한 것이 아니라 의미 내에서 규정되지 않고 의미 너머에서 오히려 모든 의미를 산출해내는 원동력이 되는 것이, 바로 반-모방적이자 비-재현(비-표상)적인 것이 놓여 있다.

그것은 문학작품과 회화가 자체 안에 배아처럼 품고 있는 음악이다. 말하자면 문학작품과 회화가 모방 내에서, 모방을 거쳐서 점차로 수렴되고 있는 지점인 들리지 않는 음악, 모방 내에서 반-모방으로서 뚜렷이 현전하는 음악. 바로 그 음악이 허구와 사실 사이의 거리를, 모방된 것과 모델 사이의, 예술과 현실 사이의 거리, 결국 작가와 독자(또는 감상자) 사이의 거리를 무너뜨린다.

내 앞에 고흐의 〈까마귀가 나는 밀밭〉이 놓여 있다. 고흐는 자신이 마지막 나날들을 보냈던 오베르-쉬르-우아즈의 한 장소를, 우리가 지금도 그의 무덤 가까이에서 볼 수 있는 그 풍경을 단순히 모방하거나 모방하기 위해서 이 작품을 그리지 않았다. "예술가는 초기에는 자연의 저항에 직면하기 마련이다. 그러나 그가 자연을 정말 진지하게 생각한다면, 그런 대립으로 기가 꺾이기는커녕 자연을 자기 안으로 끌어들여야 할 것이다. 사실 자연과 정직한 데생 화가는 하나다"(반 고흐가 테오에게 보내는 편지, 1881년 10월 12~15일, 인용자 강조). 진정한 예술가는 자연을 모방하는 데에서 멈추지 않는다. 그는 오히려 자연을 자신의 내부(그것을 우리라면 의식의 내면이 아닌 내적인 몸이라고 이해하고 '영혼'이라고 부를 것이다)로 가지고 와서 자연과의 거리를 지우고 자연으로 다가가 그 안으로 들어갈 수 있는 능력이다. 보이는 바깥 세계 그 자체로서 단순한 모방의 대상이 되는 자연이 아니라 예술가가 향해 있는 보이지 않는 공간이자 그의 내부로 이미 들어와 있는 흔적, 다시 말해 보이는 것이 예술가 안에서 변형되어 남은 보이지 않는 자연, 단순한 모방의 대상으로만 남아 있었을 수도 있지만 모방을 초과해 예술가의 내부에 침입하는 모방 불가능한 것, 그것은 일종의 음악이고, 화가는 바로 그 음악을 그리고 채색하는 사람이다. "다른 사람의 눈에는 내가 어떻게 비칠까. 보잘것없는 사람, 괴벽스러운 사람, 비위에 맞지 않는 사람, 사회적 지위도 없고 앞으로도 어떤 사회적 지위도 갖지 못할, 한마디로 최하 중의 최하급 사람……. 그래, 좋다. 설령 그 말이 옳다 해도 언젠가는 내 작품을 통해 그런 기이한 사람, 그런 보잘것없는 사람의 마음속에 무엇이 들어 있는지 보여주겠다. [……] 이따금 참을 수 없는 고통을 느낀다. 그러나 아직도 내 안에는 평온함, 순수한 조화, 그리고 음악이 존재한다. 나는 이것을 가장 가난한 초가의 지저분한 구석에서 발견한다. 그러면 마음이 저항할 수 없는 힘에 이끌려 그런 분위기에 도달한다"(반 고흐가 테오에게 보내는 편지, 1882년 7월 21일, 인용자 강조).

그 음악을 거점據點으로 고흐는 자연을 모방하는 행위를 중단하는 동시에 모방의 모델이 된 실제 풍경이라는 원형을 와해시키면서 자신의 작품을 복제물copy의 세계에서 구출해내고 결국 예술과 현실 사이의, 즉 예술과 자신의 삶 사이의 경계를 허무는 것이다. 그로부터 회화를 통해 음악이 현전하게 되고, 반-모방적인 것이 현시되며, 우리는 고흐의 그림에서 보이는 세계와 보이지 않는 세계가 중첩되는 이변을 목도하게 되는 것이다.

*

이러한 시[21]가 우리에게 전해주고 있는 말을 들어보자.

> 잎 진 빈 가지에
> 이제는 무엇이 매달려 있나.
> 밤이면 幽靈처럼
> 벌레소리여.
> 네가 내 슬픔을 대신 울어줄까.
> 내 音聲을 만들어줄까.
> 잠들지 못해 여윈 가슴엔
> 밤새 네 울음소리에 할퀴운 자국.
> 홀로된 아픔을 아는가.
> 우수수 떨어지는 노을에도 소스라쳐
> 멍든 가슴에 주르르르
> 네 소리.
> 잎 진 빈 가지에
> 내가 매달려 울어볼까.
> 찬바람에 떨어지고

---

21   기형도, 「가을에」, 『전집』, 문학과지성사, 1999.

땅에 부딪혀 부서질지라도
내가 죽으면
내 이름을 위하여 빈 가지가 흔들리면
네 울음에 섞이어 긴 밤을 잠들 수 있을까.

이 시는, 벌레 울음소리가 "내 音聲"으로 변하고, 다시 "내 音聲"은 나
의 가슴속에서 할퀸 자국으로 남는 벌레 울음소리로 변하며, 나는 다
시 빈 가지 위에서 떨리는 잎의 울음소리로 변하는 외부와 내부의 상
호 전환 또는 상호 공명의 이미지 위에서 읽힌다. 밤과 벌레의 울음소
리와 가을의 앙상한 가지와 같이 객관적으로는 분명히 나의 바깥에 놓
여 있는 것들이 내 안으로 침투해 들어오고, 나는 다시 그것들 속으로
침투해 들어간다. 이를 가능하게 만드는 것은 무엇일까? 분명 단순하
게 대상화됨으로써 왔다가 그냥 사라졌을 수 있는 감각들이 어떤 경우
내 안으로 파고드는 동시에 나 자신을 외부로 내모는 정념의 움직임을
추진하는 것이다. 그 정념의 파동은 안과 밖의 경계가 무너지는 주객
비분리의 상황을 연출해낸다. 이 시는 객관적인 하나의 '진리'를 주장
하고 있는가? 단어들에서 그대로 읽히는 의미를 따라가서 이해한다면,
우리의 삶이 가을밤에 우는 벌레나 가을의 앙상한 빈 가지처럼 덧없고
무상하다는 것에 불과하다는 '감상적이자 염세적인' 진리를 제시하고
있는가? 아니면 이 시는 본문에 쓰인 단어 '幽靈'이 암시하고 있는 바대
로 하나의 환상인가? 도대체 시가 진리를 말해주지 않는데, 왜 시를 쓰
고 읽는 걸까? 그래도 시가 어떤 설득력을 줄 수 있다면, 도대체 어떻
게 그럴 수 있는가?
　적어도 우리가 말할 수 있는 점은, 시는 보이는 것을 보이지 않
는 것으로 전환시키는, "자연을 자기 안으로 끌어들"이는 음악적 정념
을 통해서만 씌어질 수 있다는 것이다. 만약 정념의 음악성이 없다면,
외부와 내부는 전적으로 단절된 채 분리되어 있을 것이며, 우리는 우리

밖에서 우리를 찾을 수 없게 될 것이다.

「가을에」라는 시가 하나의 음악일 수 있다면, 단순히 씌어진 단어들이, 벌레 울음소리와 내 울음소리가 공명하고 있다는 의미를 전해주기 때문이 아니다. 기형도는 '내'가 다른 존재들과 공명한다는 그 의미를 하나의 '진리'로 제시하기 위해 쓰지는 않았다.

시인은 철학자가 아니다. 시인에게는 주장하거나 증명해야 할 '진리'가 없다. 그게 아니라면, 다만 실행시켜야 할 하나의 진리가, 증명할 수 없는 행위로서의 진리가 있을 뿐이다. 벌거벗어야 하는 것이다. 몸을 드러내 보여주어야 하는 것이다. 벌거벗은 몸을, '살갗 아래 이 심장'을. 따라서 사실은 몸이 아니라 보이지 않는 심장을 드러내야 하는 것이다. 자신을 인간 모델이나 영웅으로가 아니라 공동의 몸으로 드러내야 하는 것이다. 또한 자신을 모든 관념, 모든 이데올로기, 모든 독트린을 초과하는 우리 공동의 장소로 현시시켜야 하는 것이다. 거기에 나르시시즘과 가장 거리가 먼 절도의 정념의 표출이 있다. 즉, 자기 자신의 한계 위에서 공동의 차원으로 열리는 것, 자신의 한계 내에 묶이거나 매몰되지 말고 그 한계를 바로 타자로 열리는 통로로 전환시키는 것이다.

기형도가 쓴 단어들은 책 속에 묻힌 채로 남아 있지 않고 책 위에서 그것들이 수렴되고 있는 음악을 표출시킨다. 이 시에 어떤 음악이 있다면, 시에 주어져 있는 어떠한 기의記意, signifié에도 있지 않고 단어들 바깥에 있다. 단어들은 그 자체에서 위상 격차를 일으켜 그 자체와 다른 것으로, 읽히지 않고 보이지 않는 것으로 전환된다. 그것들은 여러 해석이 가해질 수 있는 기의의 차원에만 머물러 있지 않고 책 밖으로, 즉 독자와의 관계 내에 놓인다. 언어는 다만 책이 담고 있는 의미들을 제시하기만 하는 도구가 아니다. 언어는 타자에게로, 독자에게로 넘어가는 행위이다. 만약 그 행위로서의 언어가 없다면, 시는 거의 독자와는 무관한 단어들의 집적물로만 남는다. 시가 시로서 생성되려면, 언어

가 책을 떠나서 독자의 내부 공간으로 위치 이동을 해야만 한다. 그 또
다른 공간에서 궁극적으로 단어들은 지워지며 음악으로 다시 생성한
다. 그때에야 시는 의미의 수준에서 읽히도록 말한 것과 다른 것을 말
할 수, 울리게 할 수 있다. 그때에야 독자가 읽는 것이 자신과 무관한,
한 시인에게만 고유한 어떤 것이 아니라 바로 자기 자신을 말해주는 것
이 된다. 작품은 작가와 독자 사이의 거리가 무너지는 데에 따라 성립
한다. 어떤 음악이 울리는 순간, 또한 원형과 모방된 것 사이의, 예술과
현실 사이의, 허구와 사실 사이의 거리가 사라지는 것이다. 회화와 마찬
가지로 시는 그것이 음악으로 다시 생성될 때에만 작가에게만 고유하
지도 않고 독자에게만 고유하지도 않은 공간에, 우리 공동의 삶이라는
공간에 길을 낸다. 길의 열림, 즉 소통, 어떤 메시지나 의미나 사회적·
의식적 기준의 소통이 아니라, 들리는 음악 이전의 음악적 소통, 아무것
도 아닌 것이자 모든 것인 생명 또는 몸—보이는 몸이 아닌 보이지 않
는, '살갗 아래 이 심장'의 몸—의 공동화. 모든 사회적·의식적 위계질
서를 순간 무너뜨리는 생명의 리듬의 울림, 전前 사회적이자 전의식적인
'자연적' 평등의 실현. 근본적으로 보면 어떠한 메시지도 의미도 없는,
따라서 아무것도 아닌, '너'와 '나' 사이의 길의 열림.

　　음악은 하나의 길이다. 어떠한 문학도, 어떠한 회화도, 읽히거나
보이는 수준 자체에서 근본적으로는 설득력과 타당성을 확보할 수 없
다. 문학과 회화가 하나의 길로 열려야만 한다. 예술에서 엄밀한 타당
성과 부정할 수 없는 설득력을 가져오는 것은 보이거나 읽히거나 들리
는 어떠한 구체적 감각도 아니고 바로 음악이다.

정확한 파괴: 보이는 것과 읽히는 것을 넘어서

> 시—불꽃을 튀기며 타들어가는 도화선. 재가 되는
> 시간. 지금 무엇이 파괴될 준비를 않고 있는가.
>
> —이성복

> 파괴가 나의 베아트리체였다.
>
> —말라르메

문학의 언어와 회화의 이미지 역시 어떤 몸의 표현들이며, 그렇기에 모방의 초과·잉여인 미메시스의 실행들이다(미메시스는 객관적으로 확인되지 않는 행위이자 실천이며, 그러한 한에서 부재하는 동시에 현전하고 현전하는 동시에 부재한다). 시인과 화가는 자신이 쓴 단어들과 자신이 그린 일군의 선·색·형을 마치 무용수의 몸동작이나 작곡자의 음악처럼 드러내놓는 것이다. "시와 함께 우리는 내적 울림들이나 내적 이미지들이나 내적 직관들을—또한 정신적인 춤을—촉발시킨다. [……] 포에지: 영혼의 기반을 움직이게 하는 예술."[22] "음악·회화와 가까운 포에지."[23] "마치 음악을 작곡하듯이 책을 써야 한다."[24] 우리가 단어들과 이미지에서 가시적으로 어떤 몸을 보고, 가청적可聽的으로 어떤 소리를 듣는다는 것이 아니다. 다만 우리가 단어들과 이미지를 통해 작가의 몸의 감각들이 환원되고 있는 정념을, 어떤 상황(한 인간이 탈존하는 방식이 만들어내는 상황)을 보이지 않게 무대화하는 정념을 감지하고 우리의 것으로 만들어 공동화한다는 것이다. 그렇기 때문에 어떤 문학작품이나 회화와 만나면서 우리는 동시에 한 인간과 만난다는, 그

22　Novalis, *L'Encyclopédie*, p. 309.
23　같은 책, p. 310.
24　같은 책, p. 313.

와 함께한다는, 그가 간접적이기는 하지만 현전한다는 느낌을 받게 된다. 어떤 작품과 만나면서 우리는 최종적으로 이런저런 보이는 것이나 읽히는 것이 아니라 그 느낌을 호흡하며, 그때에야 비로소 그 작품의 중심에 진입할 수 있게 된다.

그리스 여명기뿐만 아니라 그 이후에, 모방이 기본 원리로서 예술을 지배하고 있던 긴 시기에조차, 또한 현재에도, 나아가 바로 하나의 그림이나 하나의 시가 창조되고 소통되는 다름 아닌 이 순간에 바로 미메시스가 예술가를 창조로 내몰고 독자나 감상자에게 최후의 매혹을 가져다준다. 예술에서 모방이 완전히 배제될 수는 없다. 모방의 근거는 예술 자체에 있지 않고, 예술 이전에 누구나 들어가 있을 수밖에 없는 현실의 구체적 경험들에 있다. 예술가 역시 현실의 그 직접적 경험들 가운데에 놓여 있으며, 작품을 만들면서 그것들로부터 출발할 수밖에 없다. 따라서 모방을 완전히 배제하고 단번에 미메시스로 진입할 수 없다. 예술가는 다만 모방을 거쳐, 모방 내에서, 모방을 통과해서 아마 가까스로, 아마 '자신도 모르게' 미메시스에 이르게 되는 것이다. 거기에 예술적 창조의 어려움과 고통이 있다. 예술가는 모방 내에서 모방의 한계까지 자신을 밀고 나가야 할 뿐만 아니라, 스스로 통제할 수 없는 지점에 자신을 '자신도 모르게' 내맡겨놓아야 하기 때문이다. 그 미메시스라는 지점을 최종적으로 예술가 자신이 아닌 독자나 감상자라는 타인이 생성시키기 때문이다.

미메시스는, 설사 한 예술가가 모방에만 충실하겠다고 결심한 순간에조차 그가 몸짓이나 표정과 같이 전의식적으로 표출하지 않을 수 없는 지향의 정념(~로 향해 있는, 나가 있는 정념) 또는 정념의 지향이다. 작가의 감각들이 수렴되고 있는 말할 수 없고 읽을 수 없으며 보이지 않는 것의 지향, "어느 방향으로 튕겨 나갈지 모르는, 불안과 가능성의 세계"로 향해 있는, 그 세계를 쫓아가고 있는 지향. "가끔씩 어떤 '순간들'을 만난다. 그 '순간들'은 아주 낯선 것들이고 그 '낯섦'은 아주 익

숙한 것들이다. 그것들은 대개 어떤 흐름의 불연속선들이 접하는 지점
에서 이루어진다. 어느 방향으로 튕겨 나갈지 모르는, 불안과 가능성의
세계가 그때 뛰어들어 온다. 그 '순간들'은 위험하고 동시에 위대하다.
위험하기 때문에 감각들의 심판을 받으며 위대하기 때문에 존재하지
않는다. / 비트겐슈타인은 이렇게 말했다. '내 책은 두 부분으로 이루
어졌다. 이 책에 씌어진 부분과 씌어지지 않은 부분이 그것이다. [……]
우리는 말할 수 없는 것에 대해서는 침묵해야 한다.' 그러나 우리가 '말
할 수 없는 것'에 관해 말할 수밖에 없는 것은 거의 필연적이며 이러한
불행한 쾌락들이 끊임없이 시를 괴롭힌다."[25]

시인의 그 '순간들'과의 싸움의 흔적이 그의 글쓰기를 통해 음악
으로서 시 위에 새겨진 것이다. 시로서의 음악, 음악으로서의 시, 그러
나 그는 '말할 수 없는 것'을 '불행하게도' 영원히 말할 수 없다. 그게
아니라면, 그가 '말할 수 없는 것'에 대해 말하자마자 그것은 이미 '말
할 수 없는 것'이 아니게 된다. '말할 수 없는 것'은 그의 머릿속에 있지
않고, 그의 시집 속에 씌어져 말해진 채로 남아 있을 수 없으며, 오직
그 자신과 한 독자 사이에서만, 양자가 순간적으로 형성시키는 일종의
'에너지장'에서만 '말한다'. 어떻게 미메시스가 한 작품에서 객관적으
로 증명될 수 있는가라는 물음이 있을 수 있다. 그러나 미메시스 자체
가 바로 작품을 결국 객관적으로 입증할 수 없게 만드는 근거이다. 어
떠한 비평과 이론도 작품을 완전히 포섭하지 못하게 만들고 작품에 앞
서지 못하게 만드는 근거, 또한 '말할 수 없는 것'을 말해야 한다는 예
술의 영원한 과제(불가능한 과제) 또는 '진리'(불가능한 진리)가 타당
하게 되는 이유……. 왜 예술에, 창조 행위와 그에 대한 응답인 행위에,
또한 예술 작품에 결코 객관화될 수 없는 어떤 것이 존재하는가라는

25　기형도, 『전집』, 333~334쪽.

물음을 다시 던져보아야 한다. 또한 예술 작품이 고정된 고체적인 것이 아니고 에테르와 같은 것인지, 왜 그것이—하나의 시이든 하나의 소설이든 하나의 그림이든—그 창조자의 입장에서는 창조의 '한 순간'에만, 그 수용자의 입장에서는 소통과 납득의 '한 순간'에만 '말하는' 동시에 현전하는지 다시 물어야만 한다.

그렇다면 미메시스는 어쩔 수 없이 주관적인가? 하지만 미메시스가 한 개인이—설사 그가 더할 나위 없이 독창적이고 예외적인 천재라 할지라도—어떠한 방법을 써서라도 홀로 가동시킬 수 없는 움직임이라는 사실을 되돌려본다면, 객관적일 수 없는 그것은 주관적일 수도 없고 다만 공동적이다. '주관적인'이라는 형용사는 미메시스와 형용모순을 불러일으킨다. 따라서 예술에서 그리스적인 것이든 디오니소스적인 것이든 바그너적인 것이든 낭만적인 것이든 모든 주관적 감정의 고양이라는 것은 의심의 대상으로 남는다. 열광과 격정과 도취는 아무것도 보장하지 못한다. 어떤 음악이 결국 주관적 감정들의 상호 상승과 번식만을 한 개인 내에서 유도한다면, 그것은 허위의 음악이다. 음악은 절도의 정념에 이르러야 한다. 다시 말해 음악은 자아 밖의 외부를 분명히 현시시켜야 하며, 그 외부로 나 있는 뚜렷한 길이어야 하고, 그 길이 바로 타자와 함께하는 우리 공동의 길이라는 '진리'를 보여주어야 한다. 절도의 정념은 주관적이거나 비합리적이기는커녕, 논리적 정확함과는 질적으로 다른 열림의, 외부와 타인으로의 열림의 엄격함·엄밀함을 향해 나아간다.

그러나 그 엄밀함은 부정의 엄밀함이다. 파괴의 엄밀함, 정확한 파괴. 미메시스의 진리 자체가, 그 법이 파괴이다. 사실 미메시스 자체가 바로 보이는 것과 말할 수 있는 것을 무화시키는 움직임이 아닌가? 그렇기에 미메시스는 눈으로 보는 행위와 언어를 사용하는 행위에서 유래하는 이해(인식)가 정립하는 모든 의식적이자 사회적·문화적인 가치와 모든 위계질서를 작품을 통해 천천히 그러나 순간 와해시키는 '자연'의 움직임이 되지 않는가? 정확히 말하자면 미메시스는 보이는 것과 말할 수 있는 것 그리고 양자 위에서 구축된 사회의 일반적 가치들에 대립하는 안티테제(반명제)가 아니고, 다만 그것들을 끊임없이 암점暗點과 침묵의 중립지대로 환원시킨다. 이를, 작품이 그 자체에서 볼 수 있는 것과 말하여진 것을 그것들이 변형을 일으키는 지점으로 끊임없이 몰고 간다는 사실이 반증한다. 작품에서 볼 수 있는 것이나 말해진 것 자체와는 다른 것이 '말하는' 것이다. 〈까마귀가 나는 밀밭〉과 「가을에」는 실제로 보이거나 말해진 수준에서는 대단히 어둡고 절망적이며 극단으로 몰린 고독한 삶을, 죽음에 최대한 가까이 다가가 있는 삶을 '모방·재현'하고 있다. 그러나 두 작가가 아닌 다른 어떤 자의 시선에 그 두 작품이 여과될 때, 그것들은 순간 타오르는 생명의 현시로 전환되지·않는가? 왜 그 시선은 두 작품뿐만 아니라 두 작가 자신들도 한순간 다시 살아나게 하는가? 그 시선 앞에서 보이는 이미지와 읽히는 단어들이 천천히 그러나 순간 해체되면서, 의식과 사회 외부의 사라져가는 생명의 불꽃이, 꺼져가는 만큼 타오르는 불꽃의 생명이, 아마 모두에게 공동적인 연약한 생명이 그 스스로를 강력하게 긍정하고 주장한다. 작품 내에서 발생하는 위상 격차, 죽음과 생명의 교차, 생명과 죽음의 상호 간섭.

우리는 이렇게 다시 '말할 수 없는 것'을 말하는 실수를 저지르게 된다. 그러나 그 사실과는 무관하게 예술은 언어가 제시하는 것과는 다른 것을, 언어에 대한 차이를 침묵 또는 음악 속에서 주장한다. "내가 어떤 내적 경험을 말로 형태화할 수 있는 한, 나는 당연히 그 경험을 음악으로 쓰지 않으리라는 것을 안다. 나를 음악적으로 표현하고 싶은 욕구는 오직 '다른 세계'로, 공간과 시간이 더 이상 분리되어 있지 않은 장소로 열려 있는 난해한 감정과 함께만 생겨난다. 텍스트에 따라 음악을 채택하거나 어떤 분위기에 대해 말을 사용해서 쓰는 것은 헛수고이자 무미건조한 일이다"(구스타프 말러).

2 디오니소스적인 것과 숭고:

니체로부터

'숭고Erhabenheit'는 니체 용어집에 포함되지 않는 단어, 즉 니체가 별도의 집중적 탐구를 통해 새로운 의미를 부여하려 한 적이 없는 개념이다. 더욱이 '숭고'나 그 형용사형 '숭고한erhaben'은, 그의 전 저작을 염두에 두고 볼 때 자주 나타나는 표현도 아니다. 그러나 특히 그의 처녀작 『비극의 탄생』의 경우 그 표현은 여기저기서 눈에 띄며, 설사 눈에 직접 들어오지 않을 때라 할지라도 "'거대한 것'과 '야만적인 것'" "자연의 과도함"이, 한마디로 디오니소스적인 것이 가장 중요한 주제로 설정되어 있는 이 작품에서 '숭고'라는 표현으로 가리켜도 무리 없을 어떤 것이 암시되는 데에 따라 결정적으로 작동한다. 그 사실의 근거, 과정과 결과를 살펴보는 것에 우리의 논의의 핵심이 있을 것이다.

아래로 향해 있는 디오니소스적 숭고

우리가 니체에게서 숭고와 관련된 어떤 문제를 찾아볼 수 있는 것이 가능하다면, 먼저 여기서 하나의 사실을 되짚어보고자 한다. 그 문제와 관련해 니체가 역사상 위僞 롱기누스로부터 숭고의 물음의 중심에 놓여 있었던 예술이라는 주제를 자신의 마지막 주제로 삼고 있지는 않다는 점이다. 설사 『비극의 탄생』에서 그리스 비극 작가들(아이스킬로스·소포클레스·에우리피데스)의 작품들이 빈번하게 거론되고, 이 책이 아리스토텔레스의 『시학』 이후로 그리스 비극에 대한 가장 중요한 텍스트라는 평가를 받고 있다 할지라도, 거기서 니체의 궁극적 주제와 마지막 물음은 예술 자체에 있지 않다. 그 물음은 인간의 총체적 경험의 현장이자 지향점으로서의 삶 자체에, 그러나 예술과 무관하지 않을 뿐더러 예술의 발원지이고 예술을 필연적인 활동으로 요구하는 예술 이전의 것에 있다. 예술을 나침반으로 삼아 집단적·사회적으로 유통되고 의식에 강요되는 피상적 '진리'('진리'라는 것이 니체에게서 거의 예외 없이 의심과 나아가 경멸의 대상이 된다는 점을 기억해보자─"우리는 진리로 말라 죽지 않기 위해 예술을 갖고", 또한 "삶은 오직 미적으로만 정당화된다")로부터 돌아서서 몸(그것이 어떠한 몸인지 이후에 살펴보아야만 할 것이다)에서 울리는 존재의 실상을 향해 나아가는 실존, 형이상학이 가르치고 유포시킨 정신의 영원성을 뒤로 하고 예술의 극점에서 현시되는 죽음과 정면으로 마주하려는 생, 나아가 문화의 한 영역으로서 향유와 교양의 대상이 되는 예술에 만족하지 못한 채 자기 자신을 예술 또는 예술 작품으로 만들기를 시도하는 삶, 그것을 정당화하는 것이 예술에 주목하는 니체의 마지막 과제였다.

장-뤽 낭시Jean-Luc Nancy는 칸트가 남겨놓은 숭고의 문제를 자신의 관점에서 재정식화하고 재구성한 텍스트 「숭고한 봉헌」에서 이러한 주목할 만한 말을 전해준다. "숭고라는 이름 아래, 또는 (전적으로 그런 것은 아니나) 자주 그 이름으로 불렸던 것의 압력에 의해 예술은 예술 이외의 것을 염두에 둔 심문과 소환의 대상이 되었다."[1] 이러한 낭시의 언급의 타당성을 확증해준 고전적 예들 가운데 하나가 숭고에 대한 칸트의 사유일 것이다. 숭고한 어떤 것과 대면해 상상력Einbildungskraft(일종의 '정념')이 무한히 확장되지만 그 자체의 한계에 이르도록 상승하는 동시에 소멸되면서 초감성적인, 즉 초미학적이자 초예술적인 도덕적

---

1   장-뤽 낭시, 「숭고한 봉헌」, 『숭고에 대하여』, 김예령 옮김, 문학과지성사, 2005, 53쪽.

자유의 이념을 가리킨다는 사실을 보여주는 사유, 그것은 사회 내에서 영향력을 발휘하는 이기적 자기애의 습관적·감성적 욕망인 경향성을 물론 넘어설 뿐만 아니라, 지성과 조화를 이룸으로써 미美의 감정을 산출하는 동시에 실천적 이성과 불화를 일으킴으로써만 숭고의 감정을 불러일으키는 상상력을 넘어서는 자유의 이념으로 향해 있다. 칸트가 미·숭고와 더불어 예술에 대해 성찰하면서 자연뿐만 아니라 사회에 대해 초월적인 초감성적·도덕적 영역으로 상승했던 반면, 니체는 아폴론적인 미적 가상과 디오니소스적인 숭고한 역동성과 더불어 예술에 대해 주목하면서 사회 그 이하의, 그 아래의 자연적인 것("자연의 과도함")으로 하강한다. "즉 추한 것에 대한 요구는, 염세주의, 비극적 신화, 실존의 밑바닥에 놓여 있는 공포스러운 것, 악한 것, 불가사의한 것, 파괴적인 것, 운명적인 모든 것의 이미지에 대한 고대 그리스인의 엄격한 의지는 도대체 어디로부터 유래하는 것인가?"[2]

사회 그 너머로의 초감성적 세계를 향한, 도덕적 자유의 삶을 위한 그 숭고한 초월적인 칸트적 상승의 움직임과 대비되는, 사회 그 아래로의 움직임, 사회 그 이하의 '원源-감성적 자연-세계'를 향한, 또한 '비도덕적' 긍정의 삶을 위한 내재적이지만 마찬가지로 숭고한 하강의 움직임, 그러나 여기서 우리가 '원-감성적 자연-세계'(간단히, '자연-세계', 니체의 표현에 의하면 '디오니소스적 세계')라고 부른 장소는 사회 내에 들어와 본 적도 없고 어떠한 문화적 영향력에 의해 오염되어본 적도 없는—문화와 자연의 대립 이전의, 인간과 동물의 구별 이전의, 의식과 몸 사이에 입 벌린 틈이 생기기 이전의—즉자적 자연이 결코 아니다. 의심할 바 없이 니체가 지향했던 삶은, 애초에 문화와 역사의 구속

2 니체, 「자기비판의 시도」, 『비극의 탄생』, 『전집』 2, 이진우 옮김, 책세상, 2005, 14~15쪽. 번역 약간 수정.

을 받아본 적도 없고, 자기와 타인을 의식해본 적도 없으며, 분리와 분열을 모르는 삶이,—자연으로 돌아가기를 끊임없이 꿈꾸었던 장-자크 루소조차도 그 사실적 존재 가능성을 의심했던[3]—낙원으로서의 원초적 자연에 거주하는 '동물적 삶'이 전혀 아니며, 또한 '견유주의적 삶'도 아니다. 칸트가 숭고의 감정에 이어지는 자유의 이념이 가리키는 초감성적·도덕적 세계와 사회와의 차이를 암시했던 것과 마찬가지로, 그러나 다른 방향에서 니체는 숭고한 어떤 극단의 '자연적' 정념(그것은 마찬가지로 '즉자적'일 수 없고, 엄밀한 의미에서는 '자연적'이지조차 않은데, 그렇다면 그것은 "자연의 과도함"을 따라가면서 정립된 일반적인 문화의 측면을 침식해 들어간다는 의미에서 '자연적'이다)이 여는 디오니소스적 세계와 사회가 충돌을 일으키는 지점을 가리키고자 한다. 칸트의 방향과는 다른 방향에서, 왜냐하면 니체는 초-자연적인 것일 수 없는, '과도하다'는 점에서 사회 그 아래로 향해 있는 탈-자연적인 정념과 사회적인(평균화된, 일반화된 또는 일상적인) 의식 사이의 분쟁과 차이에 대해 사유하고자 하기 때문이다. 사회와 의식의, 사회적 의식의 외부ex를 근본적으로 정식화하고 문제화하려는 니체의 시도는 사회 그 너머로 초월하려는 모든 형이상학적·도덕적 초월을 단호하게 거부하려는 사유의 실험일 것이다. 초-자연이 아닌 탈-자연이, 즉 사회적인 것과 차이 나는 자연적인 것이 다시 자연으로 회귀하는 차이의 전개 과정을 뒤쫓는 움직임일 것이다. 그렇게 본다면, 차이로서의 자연적인

---

3   일반적인 통념과는 달리 루소는 문화 이전의 원초적인 자연 상태의 사실적 존재를 의심했다. "인간이 현재 지니고 있는 성질 속에서 타고난 것과 인위적인 것을 구분하는 것, 또한 더 이상 존재하지 않으며 어쩌면 결코 존재한 적도, 아마 앞으로도 결코 존재하지 않을 듯한 어떤 상태, 그럼에도 우리의 현재 상태를 올바르게 판단하기 위해 정확한 기초 지식을 가질 필요가 있는 그런 상태를 제대로 안다는 것은 결코 쉬운 일이 아니기 때문이다"(루소, 『인간 불평등 기원론』, 주경복·고봉만 옮김, 책세상, 2003, 15쪽. 인용자 강조).

것이 다시 자연으로 회귀하는 '영겁회귀' 자체가 어떠한 초월도 인정하지 않는 내재성의 운동이지 않은가? 그러한 한에서 그것은 위로부터 존재와 실존에 부과되는 어떠한 계기도 인정하지 않고 존재 자체와 실존 자체를 그대로 긍정(디오니소스적 긍정, 삶·생명Leben의 삶·생명으로의 회귀에 대한 긍정)하려는 운동이지 않은가?

음악적 물자체

니체는 『비극의 탄생』 8항에서 사티로스를 "어떤 숭고하고 신적인 그 무엇etwas Erhabenes und Göttliches"이라고 평가하면서 이 반인반수半人半獸의 숲의 신을 아직 어떠한 인식에 의해서도 오염되지 않은 반문화(자연)의 상징으로 제시한다. "사티로스나 우리 근대의 전원적 목자는 모두 근원적인 것과 자연적인 것을 향한 동경의 산물이다. [······] 아직은 어떤 인식도 이루어지지 않고, 또 그 속에서 어떤 문화의 빗장도 아직 열리지 않은 자연―그리스인은 이것을 사티로스 안에서 보았다. 그렇기 때문에 사티로스는 그리스인에게 원숭이와 동일시되지 않았다. 그 반대였다. 그는 인간의 원형이었고, 인간이 가진 최고의 그리고 가장 강렬한 감동의 표현이었다. [······] 사티로스는 어떤 숭고한 것이었고 신적인 것이었다."[4]

니체에 의하면, 비극 합창단, 즉 "거대하고 숭고한grosser erhabener 합창단을 구성하는 사람들이 재현하기를 받아들였던" 사티로스의 가장 큰 특징은, 그가 문화와 문명인들과 대립되는 위치에 놓여서, 그들 스스로 자부하는 문화의 허위와 문화 안에 뚫려 있는 구멍을 적나라하게 보여준다는 데에 있다. 말하자면 사티로스는, 표피적으로 드러나 있

---

4 『비극의 탄생』, 68쪽.

고 산술적이며 평균적인 것만을 인식하는 다만 '인간적'일 뿐인 의식을
중심으로 구축된 문화 그 배면 또는 그 이하의 자연의 심장부(또는 존
재의 심장부)로 내려가 '반인간적'인―자연적인, 보다 정확히 말해, 다
시 되돌아와 살펴보아야 하겠지만, 몸과 연관된―인간의 근원을 폭로
하는 자이다. 사티로스와 문명인들 사이의, 즉 자연과 문화 사이의 대
조는 물자체Ding an sich와 현상세계의 대조(잘 알려진 대로 니체가 크게
영향받은 쇼펜하우어의 구분)에 유비될 수 있다. "이러한 본래의 자연
의 진리와 유일한 현실인 체하는 문화의 거짓말의 대조는 사물의 영원
한 핵심인 물자체와 전체 현상세계 사이의 대조와 유사하다."[5]

　니체에게 숭고한 것은 현상세계 그 너머가 아니라 그 이하의 '물
자체'의 영역에 들어가 있지만, 칸트가 말하는 바와는 반대로, 감각·
감정과 무관하지도 경험될 수 없지도 않다. 다시 말해 그것은 마치 음
악처럼 보이지 않는 형태로, 따라서 무형태로 울리고 흩어져가면서 보

5　같은 책, 69쪽. 그러나 니체의 보다 완성된 후기 사유에 비추어 볼 때 양자를 구분하는
　　그러한 이분법은 유효하지 않다고 말할 수 있다. "'외현의scheinbare' 세계가 유일한 것이다.
　　'실재의 세계wahre Welt'는 단순히 부과된 것에 불과하다"(Nietzsche, *Götzen-Dämmerung*,
　　Werke, VI-3, Walter de Gruyter, 1969, p. 69). 또한 『우상의 황혼』의 「어떻게 '실재
　　세계'는 결국 우화가 되어버렸는가」에서 읽을 수 있는 다음과 같은 선언을 되돌려 보자.
　　"'실재 세계'―더 이상 어디에도 유용하지 않고 피상적이며 결국 반박되어버린 하나의
　　관념. 그것을 제거해버리자"(같은 책, p. 75). 그러나 『비극의 탄생』과 거의 같은 시기에
　　쓰여진 한 중요한 텍스트 「비도덕적 의미에서의 진리와 거짓에 관하여」를 살펴보면
　　이미 물자체와 현상 세계의 칸트적인 강한 이분법은 고려의 대상이 되고 있지 않음을
　　알 수 있다. "'물자체'는(이것도 마찬가지로 아무런 성과도 가져오지 못하는 순수
　　진리일 것이다), 언어를 만들어낸 자에게는 도저히 포착할 수 없는 것이고, 추구할
　　만한 가치도 없는 것이다"(니체, 「비도덕적 의미에서의 진리와 거짓에 관하여」, 『전집』
　　3, 이진우 옮김, 책세상, 2001, 447쪽). 결론적으로 본다면, 『비극의 탄생』에서 볼 수
　　있는 위의 문장에 나타난 대로의 물자체와 현상의 구분은 니체에게서 애초에 결정적인
　　것이, 즉 형이상학적인 것이 아니며, 따라서 반형이상학적인 어떤 관점에서 섬세하게
　　다시 검토될 필요가 있다. 「비도덕적 의미에서의 진리와 거짓에 관하여」는 이제부터
　　「비도덕적」이라고 표기하기로 한다.

이는 것들 배면에 작용함에 따라 사회의 문명인들의 인식 작용을 무력
화시키고 그들의 의식에 균열을 가져온다.『비극의 탄생』16항에서 쇼
펜하우어의『의지와 표상으로서의 세계』의 한 대목을 길게 인용하면
서 니체는 자신이 사티로스를 예로 삼아 제시했던 숭고한 자연적인 것
이, 쇼펜하우어가 음악으로 표현된다고 말한 물자체에 부응한다고 밝
힌다. 그러나 그가 "어떤 교향곡이 주는 인상에 완전히 몰두한 사람이
음악을 들으면서 마치 삶과 세계의 모든 가능한 과정이 자신을 스쳐지
나가는 것을 본다"⁶라는 쇼펜하우어의 말을 인용할 때, 그는 숭고한 그
것이 음악으로 표현될뿐더러 삶과 세계에도 개입하는 음악적인 것이라
는 사실을 강조하고 있다. 그것은 음악(우리가 듣는 음악)과 관계있고
음악으로 표출되지만, 그보다 먼저 음악 이전의 음악에, 음악의 모태로
서의 원음악源音樂에, 즉 칸트적이 아니라 쇼펜하우어적 의미에서의—또
한 니체에게서는 보이지 않는 무형태로 경험되는—물자체에 속해 있다
(만약 '물자체'라는 말이 니체에게서 유효하다고 가정한다면, 그는 물
자체를 초감성화·초자연화시킨 칸트와는 정반대 방향에서, 물자체를
감성화·자연화시킨 것이다). 의식에 이질적인 숭고한 것의 울림은, 그
'동사적' 작용은 감각·감정과 무관하기는커녕 감각·감정의 정점을 향
해 나아가고, 그러한 한에서 의식 이하에서 경험된다. 의식에 통합되지
않는 분산되는 울림(쇼펜하우어가 말한 대로 "스쳐지나가는" 것), 동
질화가 아닌 이질화, 니체적 의미에서의 숭고한 것은 의식과 사회 그
아래로 하강하지만, 그렇다고 의식과 사회를 떠받치지는 않고 (그러한
의미에서 그것은 기체ʰʸᵖᵒˢᵗᵃˢᵉ가 아니다) 다만 침식해 들어가며, 그 둘
이 완결된 체제나 체계로 닫히게 되는 것을 저지한다.

6　『비극의 탄생』, 124쪽. 이 부분은 니체 자신이『의지와 표상으로서의 세계』에서 인용한
　　것이다.

사회와 마주한 능동적 숭고

니체에게 숭고한 것은 사회나 그 안에 놓여 있는 문명인들(분명 우리 모두)에게 어떠한 초월적이거나 도덕적인 기준도 제공하지 않을 뿐만 아니라, 다만 사회적 의식 그 이하에서 그려지거나 울린다. 그것은 그러한 점에서 탈-사회적인 어떤 것인데, 그렇다고 그것이 어떤 사회적 질서를 안일하게 벗어나는 일탈이나, 정립된 어떤 도덕을 단순하고 손쉽게 벗어나는 위반과 관계있는 것은 전혀 아니다. 진정한 의미의 숭고성은, 질서와 도덕이 한번 냉엄한 시선을 던지면 그 정당성을 상실하게 되어버리고 마는 수동적 범죄와 무관하다. 그것은, 질서와 도덕의 시선을 사회 자체로 향하도록 굴절시켜 사회로 하여금 자신 안의 벌어진 틈을 스스로 보지 않을 수 없게 만드는 능동적 범죄 안에 깃든다. "능동적 범죄에 대한 숭고한 생각erhabene Ansicht von activen Sünde."[7] 니체가 '아리안적' 이라고 부르는 능동적 범죄의 대표적인 예는, 신들 중의 신인 제우스의 명령을 거역해서 인간에게 불을 가져다준 프로메테우스의 영웅적 행위(위반이지만 사회가 그 의의를 인정하지 않을 수 없는 행위)이며, 반면 셈 족의 신화에서 단죄되는, "호기심, 기만적 현혹, 매수, 호색, 요컨대 주로 여성적인 일련의 정념들"로부터 비롯된 수동적 범죄들은 사회적인 기준의 정당성을 오히려 확증시켜줄 뿐이며 숭고성과는 거리가 멀다.[8] 그렇게 본다면 니체에게 숭고성은 사회의 일반적 의식으로부터 벗어나는 탈-사회적(자연적) 정념 가운데 발견되지만, 그 정념은 사회적 의식에 대해 무지하거나 그 앞에서 무력한 수동적인 것이 전혀 아니고, 그것과 정면으로 충돌을 일으키는 능동적인 것이다. 한마디로 그러한 충돌로 인해 그 정념이 극단화되는, 즉 숭고하게 되는 것이다.

---

7   같은 책, 82쪽. 번역 수정. 이진우 교수는 'erhabene Ansicht'를 '탁월한 견해'라고 옮겼다.
8   같은 책, 81~82쪽.

음악, 이미지, 개념

숭고한 것에 대해 말하면서 니체가 첫 번째이자 마지막으로 강조하는 점은, 의식과 갈등을 일으키고 의식을 초과하는 그것이 탈사회적일 수밖에 없다는 것이다. 마찬가지로 아폴론적인 것의 조력을 통해 예술의 중심부로 진입하는 디오니소스적인 것 자체가 반사회적이며, 예술의 정점에 디오니소스적인 것이 놓여 있다고 본다면, 니체에게는 예술 자체가 반사회적(반문화적)이다. 그에게 예술은, 그것이 진정한 것이라면, 필연적으로 어떤 기준을 위협하고 그 한계를 폭로하는 것이어야만 한다. 그러나 그러한 니체의 관점은 형이상학적이지도 않고, 근본적으로는 정치적이지도 않다. 그것은 어떤 형이상학적 입장으로부터도 어떤 비도덕적이거나 도덕적인 입장으로부터도 어떤 정치적 입장으로부터도 유래하지 않는다. 우리가 예상할 수 있는 바와는 달리 어떤 예술적이거나 미학적인 입장으로부터도 나오지 않는다. 일차적으로는 거기로부터도 나오지 않는다. 그 니체적 관점의 근거는—여기서 우리로서는 더 좋은 표현을 찾을 수 없는데—'인식론적'이다. 그 관점은 어떤 '인식론'(또는 그것이 인식의 정당성이 아니라 인식의 한계를 규명하는 데에 그 주안점이 있다고 본다면, '탈-인식론')에 의해 뒷받침된다.

그 사실을 살펴보기 위해 먼저 『비극의 탄생』 전체의, 나아가 니체의 사유 전체의 구도를 보여주는 다음과 같은 말로 되돌아가볼 필요가 있다. "우리는 다음 질문으로 저 근본 문제를 건드리려 한다. 그 자체로 분리된 아폴론의 예술적 힘과 디오니소스적 예술적 힘이 서로 나란히 활동하게 되면 어떤 미학적 효과가 발생할까? 좀 더 간단히 말해, 음악은 이미지와 개념에 대해 어떠한 관계를 갖는가?"[9] 니체의 이러한 물음은 미학적이기 이전에 '인식론적'(또는 '탈-인식론적')이다. 왜냐하면, 곧 다시 살펴보게 되겠지만, 그 물음은 일차적으로 우리의 경험이 어떻게 인식에 이르게 되는가를 묻고 있기 때문이다. 이후에 그는 이렇게 답하게 될 것이다. 존재의 원초적 심장부를 드러내는 음악적인 것이 이미지로 분화되고, 이어서 이미지가 개념(단어, 언어[10])에 포획됨으로써 표상으로 고정되고, 그에 따라 결국 존재가 개념적·표상적 인식의 질서를 통해 내면화(근대적 내면성, 니체가 끊임없이 강하게 비판했던 그것)되고 의식화·사회화되는 것이다.

디오니소스적인 힘은 음악적 힘과 다르지 않으며, 아폴론적 힘은 이미지를 통해 실현된다. 또한 니체 자신이, 우리를 몰락시킨 근대적 내면성의 역사적 근원이자 삶을 압사시킬 정도로 인식의 가치를 압도적인 것으로 만들면서 학문의 세계 정복을 최초로 꾀했던 자로 지목한 소크라테스가 자신을 의탁해두었던 것은 개념의 힘이었다. 디오니소스적인 것은 음악에, 아폴론적인 것은 이미지에, 소크라테스적인 것은 개념에 근거한다. 여기서 우리는 「비도덕적」으로 되돌아가보고자 하는데,『비극의 탄생』과 거의 같은 시기에 씌어진 이 텍스트에서 음악과 이미지와 개념 사이의 관계가 보다 명료하게 해명되어 있기 때문이다.

숭고에 대한 탈-인식론적 물음

널리 읽힌 이 유명한 텍스트의 핵심에 니체의 은유-Metapher 이론이 제시되어 있다. 은유 이론은 일종의 인식론(또는 탈-인식론)이지만, 언어 발생론의 형태를 띠고 있으며, 사실상 루소의『언어 기원에 관한 시론』과 요한 고트프리트 폰 헤르더의『언어의 기원에 대하여』에서의 궁극

---

9   같은 책, 123쪽. 번역 약간 수정. 책세상판『비극의 탄생』에서 '그림'으로 번역된 '빌트Bild'를 여기서는 '이미지'로 옮겼다. 이후에 검토하게 될 「비도덕적 의미에서의 진리와 거짓에 관하여」(책세상판)에서 '빌트'는 '형상'으로 번역되어 있는데, 이 텍스트를 인용할 때에도 우리는 그 독일어 단어를 일관되게 '이미지'로 새길 것이다.

10   여기서 우리가 언어라고 말할 때, 그것은 개념적 언어를 가리킨다. 니체는 개념적 언어와는 다른 시적 언어에 자신의 초기 텍스트들에서부터 주목했지만, 그가 말하는 시적 언어에 대한 논의는 별도의 자리를 요구한다.

적 논의들과 마찬가지로, 언어의 발생에 대한 실증적이고 역사적인 탐구가 아닌데, 그렇다면 그것을 일종의 언어 경험론으로 보는 것이 더 합당할 것이다. 말하자면 거기서 관건은 과거가 아니라 현재 우리가 어떻게 언어를 경험하고 사용하며, 어떠한 단계들을 거쳐 우리의 경험들이 언어로 표출되고 규정되며, 왜 그리고 어떻게 우리는 언어의 한계에 적나라하게 노출되어 있는가를 보여주는 데에 있다. 또한, 결국 숭고의 문제로 이어지게 될 물음, 즉 왜 언어의 한계로부터 예술이 우리에게서 필연적으로 요청되는가를 해명하는 데에 있다.

은유 이론의 대전제는 언어의 한계가 바로 사유의 한계라는 데에 있다. 언어가 사유의 한계를 설정한다. 왜냐하면 사유가 전적으로 언어에 의존하기 때문이며, 그 사실을 니체는 「비도덕적」보다 약간 이전에 씌어진 「언어의 기원에 관하여」에서 "각각의 의식적 사유는 언어의 도움으로만 가능하다"[11]라고 단언함으로써 분명히 하고 있다. 사유가 언어에 종속되어 있다는 것, 그것은 여러 현대 사상가(가령 소쉬르, 비트겐슈타인, 메를로-퐁티)에 의해 어느 정도 서로 다른 표현 방식들을 통해 반복적으로 표명되어왔으며, 현대 철학의 가장 기초가 되는 명제 가운데 하나이자, 나아가 현대 철학 자체의 문을 연 명제라고까지 말할 수도 있다. 니체는 그 명제를 선취함으로써 사유 자체를 탈신비화시키고 반관념론을 향한 첫걸음을 내딛기에 이른다. 왜냐하면 사유가 언어에 종속되어 있다는 사실을 폭로함으로써, 사유의 초월적 토대

---

11 Nietzsche, "Vom Ursprung der Sprache", *Werke*, II-2, Walter de Gruyter, 1993, p. 185. 또한 니체는 이후에 유고로 남은 한 단상에서 이렇게 확증한다. "이제 우리는 사물들 안에서 부조화와 문젯거리를 읽는데, 왜냐하면 우리는 언어의 형식 내에서만 사유하기 때문이다. [……] 만일 우리가 언어의 구속sprachlichen Zwange 내에서 사유하기를 원하지 않는다면, 우리는 사유하기를 그친다"(Nietzsche, *Werke*, VIII-1, Walter de Gruyter, 1974, p. 197. 인용자 강조).

라고 여겨져 왔던 것(가령 플라톤적 이데아)과 더불어 그 선험적 토대
라고 여겨져 왔던 것(가령 칸트적인 정신의 구조)을 해체하면서, 사유
를 초월적이거나 선험적 보편성에 못 미치는 사회적 상호주관성(언어
를 기반으로 전개되는 사유는 절대적 보편성은 말할 것도 없고 전前사
회적이거나 선험적인 보편성을 전유할 수조차 없는데, 사유의 조건인
언어 자체가 전적으로 사회에 구속되어 있기 때문이다)에, 즉 유동적
객관성이라는 한계 내에 묶어두기 때문이다. 그로부터 우리는 언어 발
생론 또는 언어 경험론으로서의 은유 이론이 일종의 '언어 이성 비판'
이며, 궁극적으로는 사유와 인식의 한계를 그어주는 인식비판으로 작
동한다고 말할 수밖에 없게 된다. 여기서 먼저 은유 이론의 그러한 움
직임을 살펴보고자 하는데, 그 이론으로부터 제시되는 언어·사유·인
식의 문제가 예술의 문제와 숭고의 문제로 이어지기 때문이다.

　　장소 이동으로서의 은유

우리는 이데아나 신과 같은 객관적으로 우리 자신 위에 존재한다고 여
겨지는 초월적 실재의 보증 아래에서 사유하는 것도, 모두에게 보편적
이자 선험적으로 주어져 있는, 사물의 본질을 꿰뚫는다고 여겨지는 정
신의 능력을 토대로 사유하는 것도 아니며, 오직 언어(개념들, 즉 단어
들)에 의존해 사유할 수 있을 뿐이고, 우리가 언어에 도달하고 언어를
사용할 수 있기 위해서는 세 단계의 은유를 거쳐 가야만 한다. 보이는
것 이전의 신경 자극으로부터 보이는 이미지로의 은유, 이미지로부터
소리(음성)로의 은유, 소리로부터 개념(단어)으로의 은유, 니체는 그
은유의 세 단계를 거쳐 우리가 언어에 도달하게 된다고—언어를 만들
어내게 된다고, 또한 언어를 사용하게 된다고—본다. 우리가 언어에 이
르기 위해서는, 그 이전의 세 가지 계기인 신경 자극과 이미지와 소리
를 통과해가야 하는 것이다. 세 단계의 은유를 말하면서 니체가 강조

하는 점은, 그 세 번의 과정이 어떠한 초월적이거나 선험적이거나 논리적인 법칙에 따라서도 전개되지 않는다는 것이다. 즉 그 세 번의 과정은 인간에 의해 자의적으로 진행되는 은유의, 즉 각 과정에서의 정보들의 장소 이동(여기서 은유는 언어 생성 이전의 작용이기 때문에 수사법에서의 은유법과 전혀 상관없는데, 니체는 '은유Metapher'라는 단어를 그 어원인 그리스어 '메타포라metaphora'가 갖는 본래적 의미에서, 즉 '장소 이동'이라는 의미에서 사용한다)의 과정들에 불과하다는 것이다. 먼저 앞의 두 단계의 은유에 대해 살펴보자. 신경 자극은 사물이 보이는 것(이미지)으로 나타나기 위해 요청되는 경험의 조건인 몸의 반응(접촉의 반응, 음악적인 힘에 대한 반응, 그것이 정확히 무엇인지 이후에 다시 밝힐 것이다)으로서, 그것으로부터 이미지로 넘어가는 과정(은유, '장소 이동', 즉 신경 자극에 들어온 보이지 않는 정보들이 보이는 이미지 정보들로 이동되는, 번역되는 과정)에, 그리고 이어서 이미지로부터 소리로 넘어가는 과정(즉 우리가 본 것을 무의식적으로 소리로 옮기고 표현하는 과정, 보이는 정보들을 소리 나는 정보들로 '장소 이동'시키는 과정, 가령 한 어린아이가 어떤 것을 보고 그것을 우리로서는 이해할 수 없는 소리나 옹알이로 표현하는 과정, 또한 어른들인 우리가 어떤 것을 보고 그것을 탄식이나 신음으로 표현하는 과정)에 어떠한 확고하고 보편적인 법칙도 없다. 그 두 단계의 은유는 다만 자연적이거나 동물적인 몸의 본능에 따라서만 전개될 뿐이다. 그 두 번의 은유를 거쳐 인간에게 나타나는 사물의 모습은, 물자체와 무관할뿐더러 어떠한 객관적이자 보편적인 사물의 형상과도 전혀 관계없다. 그 모습을 통해 "사물 자체에 관해 무엇인가를 알고 있다고 믿는" 인간은, 마치 음의 진동에 따라 평판 위에서 어떤 형태를 만들어내는 모래를 보고 음이 무엇인지 안다고 믿는 귀머거리와 같다.[12]

(이미지가 사물의 보편적 형상을 나타낼 수 없다는, 이러한 니체의 관점은 시각의 절대적 상대성을, 즉 사람들이 보는 한 사물의 이미

지에 어떠한 공통부분들도 없다는 것—그것을 니체 자신도 우리의 감
각들이 서로 유사하다는 사실을 인정하면서 부정한다—을 의미하지
않으며, 다만 한 사물로부터 가장 객관적이고 가장 보편적인 유일한 형
상을, 보이는 것 자체 또는 시각적 실재를 끌어낼 수 있는 법칙이 존재
하지 않는다는 사실을 확인시켜줄 뿐이다. 나는 그 사실의 증거들 가
운데 하나가, 수많은 화가가 찾아 나섰던 이미지의 실재—시각적 리얼
리티—가 여전히 결정되지 않았음을, 아니 결코 결정될 수 없음을 반증
해주는 회화 역사의 영고성쇠라고 생각한다. 한 사물의 본질적 형상이
어떠한 법칙에 따라서도 고정될 수 없는 정확한 이유는, 우리가 보는
그 사물의 이미지가 결코 완전히 대상화될 수 없기 때문이다. 그 이미
지는, 인간의 몸 안에서 작동하기에 절대적으로 비대상적인 보이지 않
는 음악적 요소—니체는 그것을 '신경 자극'이라고 부르며, "의지의 간
헐적 신경 자극의 형식들"은 바로 "리듬die Rhythmik"이다[13]—를 거쳐 가야
만 보이는 것으로 나타나기 때문이다. 따라서 우리는 '시각적 실재'라
는 것이 있다면, 그것에 사물의 보이지 않는 비대상적 요소가 이미 개
입되어 있을 수밖에 없다고, 따라서 그것에 도달할 수 있는 어떠한 객
관적 법칙도 존재할 수 없다고 말할 수밖에 없다. 또한 보이는 것 자체
를 추구했던 많은 화가가 사실상 사물의 그 보이지 않는 측면을 탐색

---

12 "신경 자극을 우선 하나의 이미지로 옮기는 것! 첫 번째 은유. 그 이미지를 다시 하나의
소리로 변형시키는 것! 두 번째 은유. 그렇게 그때그때마다 영역을 완전히 건너뛰어,
전혀 다른 영역으로 들어간다. 우리는 완전히 귀가 먹어 한 번도 음향과 음악을 지각한
적이 없는 사람을 생각해볼 수 있다. 이 사람이 모래를 뿌려놓은 평판이 진동되어
그 위에서 생기는 음향 도형을 놀라서 바라보고, 그 원인이 현의 진동이라는 것을
발견하고서는, 이제 사람들이 음이라고 부르는 것이 무엇인지를 안다고 확신하는 것과
마찬가지로, 우리 모두는 언어와 관련해 그렇게 하는 것이다"(니체, 「비도덕적」, 『전집』
3, 448쪽. 번역 수정).

72

했었다고 말할 수밖에 없다.)

언어가 초래한 전도 상황

어떤 소리(음성)가 사회적·문화적·역사적 합의나 결정에 따라 하나의
단어(개념)로 굳어지게 되는 과정, 즉 언어가 산출되는 세 번째 은유가
우리에게 특별히 중요하다면, 바로 그것으로 인해 인간이 동물과 구분
되어지고, 바로 그것 때문에 인간의 위치가 동물의 위치와는 비교할 수
없을 정도로 높은 곳으로 올라가게 되며(적어도 인간은 그렇다고 자
부한다), 그에 따라 인간 고유의 운명이 결정되기 때문이다. 인간의 특
별한 운명, 즉 자연을 그 자체로 놔두지 못한 채 자연에 대해 사유하고
인식하기를 원하는, 자연을 표상화하고 의식화할 수밖에 없는 운명, 자
연을 의식 내로 옮겨놓으면서 '교만하게도' 자연을 부정하는 동시에 과
학·학문·철학·법·도덕·종교를, 문화와 문명을 창조하기를 원하고 원
할 수밖에 없는 극적인 운명, 니체는 인간에 고유한 그 운명이 언어적
개념의 동일화 작용으로 인해, 오직 그것 때문에 결정되었다고 본다. 그
작용은 표상을 만들어내는 동시에 비동일한 것들(가령 서로 다른 각각
의 나뭇잎들)을 그 표상에 종속시키는—모든 다른 것들을 하나로 만들
어버리는—엄청난 위력을 가진 '잔인한' 것이다. "특히 개념이 생성되는

---

13 니체, 「디오니소스적 세계관」, 『전집』 3, 83쪽. 니체는 "예컨대 갑작스러운 공포를 말할
때, 우리는 고통의 '두근거림, 욱신거림, 콕콕 쑤심, 베이는 듯한 아픔, 간지럽힘'을
말한다. 이로써 의지의 간헐적 신경 자극의 형상들이 표현된 것처럼 보인다"(같은
곳)라고 쓰고 이어서 "의지의 신경 자극의 형식들"은 리듬이라고 덧붙였다. 말하자면
신경 자극은 우리가 어떤 사물을 경험할 때 그것의 이미지를 시각적으로 보는 것
이외의, 접촉의 보이지 않는 경험적 요소를 가리키는데, 그에 따라 그는 그 촉각적
요소가 우리의 모든 경험 가운데 최초의 것이자 그 최심부에 놓여 있다는 사실을
부각시킨다.

것을 생각해보자. 모든 단어는 그것이 전적으로 개별화된 일회적 원체험—모든 단어의 생성은 이 원체험 덕택이다—을 기억해야 할 필요가 없는 한에서, 어느 정도 유사하기는 하지만 엄밀히 말해서 결코 동일하지 않은, 즉 온통 상이한 경우들에 상응해야 함으로써만 곧 개념이 된다. 모든 개념은 동일하지 않은 것들을 동일하게 만듦으로써만 생성된다. 하나의 나뭇잎이 다른 잎들과 전혀 같지 않은 것이 확실하지만, 나뭇잎이라는 개념은 그와 같은 개별적 차이들을 임의로 단념함으로써, 즉 구별 짓는 차이들을 망각함으로써 형성되는 것이 확실하다. 이제 이 개념은 자연 속에는 마치 많은 나뭇잎과 독립적으로 '나뭇잎'이라는 것, 즉 하나의 원형이 존재한다는 생각을 일깨운다."[14]

　'나뭇잎 자체'로서의 나뭇잎의 원형이 바로 언어에 의해 형성(정확히 말해 '날조')된다고 지적하면서 니체는 여기서 플라톤의 이데아론을 암시적으로 환기시키고, 단도직입적으로 그가 언어가 만들어내는 착각의 희생자였음을, 원형으로서의 이데아가 사실은 언어적 환상의 산물에 지나지 않음을 폭로한다. 개별자들이 원인이고, 우리가 그것들에 대한 감각적 경험들을 거쳐 언어에 의존해 정립하는 보편적 표상이 결과임에도 불구하고, 그 일반표상(관념)이 개별자들의 보편적 속성을 규정하는 근거(원인)이자 법칙으로 군림하게 된다는 것이다. 그러나 언어 형이상학(언어 자체가 형이상학적이고 모든 형이상학의 발

14　「비도덕적」,『전집』3, 448~449쪽. 그렇게 생각한다는 것은, 즉 하나의 개념에 상응하는 어떤 원형이 있다고 믿는 것은, 그 이전에 언어를 사용한다는 것 자체가, 모든 피조물의 모든 행동 가운데 가장 '잔인하고' '무자비한' 것이다. 단번에 다른 모든 것들을 잘라내고 그것들을 하나로 만들어 버리기 때문이다. "언젠가 작은 틈새를 통해 의식의 방을 내려다볼 수 있었던 저 숙명적인 호기심은 얼마나 고통스러운가. 이제 이 호기심은 감지한다. 인간이 무자비한 것, 탐욕적인 것, 만족할 줄 모르는 것, 잔인한 것 위에—이를 모르고 있다는 사실에도 무관심한 채—쉬고 있다는 것을. 이는 인간이 흡사 호랑이 등 위에서 꿈을 꾸며 매달려 있는 것과 같다"(같은 책, 445쪽).

원지이다)에 따라 발생하는, 니체가 말년의 사유에서까지 끊임없이 비판했던 '원인과 결과의 전도顚倒'는 결코 단순하게 착각이라고 규정해버리고 지나쳐가버리면 그만인 것도, 우리가 손쉽게 벗어날 수 있는 것도 아니다. 다른 어떠한 것보다도 더 완강하고 더 지속적으로 우리를 결박하는 것이 언어라는 점이 사실이라면(우리가 언어에 의해 사용되는 것이지 결코 우리가 언어를 사용하는 것이 아니다), 우리 자신이 '인과의 전도'를 통해 끊임없이 전도되어 있다—거꾸로 놓여 있다. 더욱이 '인과의 전도'는 우리가 완전히 벗어나버려서도 안 되는 것인데, 그 전도 덕분에, 즉 법칙의 토대인 원형에 대한 사유 덕분에 자연을 부정하고 문화를 구축할 수 있었고, 그 이전에 '인간으로서' 생존(개인의 자기 보존, 집단의 자기 보존)할 수 있었기 때문이다. 인간의 엄청난 부정과 창조의 능력의 비밀이자 원천인 그 전도 자체를, 또한 원형(이 경우 원형은 좁은 의미에서의 플라톤적 이데아가 아니고, 그 이데아의 발생 근거로서의 '이데아', 즉 관념 또는 표상이 될 것이다)들 전체를 니체가 비판하는 것은 아니다. 어느 누구도 그 모든 것을 무시할 수도 무로 돌릴 수도 없다. 다시 말해 문화와 문화 세계 전체를 어느 누구도 완전히 부정할 수는 없다.

니체가 궁극적으로 문제 삼기를 원하는 것은 과학의 관념도 아니고 법의 관념도 아니며, 결국 그에게 마치 절대적 원형(초월적 이데아)이나 절대적 진리인 것처럼 사회 전반에 군림하거나 군림하기를 원하는 관념적 체제가 문제된다. 말하자면 사회와 역사를 지배하는 도덕(니체의 경우 기독교 도덕)과 형이상학(그의 경우 소크라테스·플라톤으로부터 내려오는 지성주의적 관념론 또는 의식 철학, 또한 그것과 밀접히 얽혀 있는 기독교적 형이상학)이, 우리의 입장에서 본다면 삶의 구체적·경험적 현장과 유리된 채 그것을 지배하려드는 모든 사회적 '이데올로기들'이 문제이다. 그것들 모두는 언어로 표명되고 정립될 수밖에 없는 담론들인데, 문제는 전혀 그 내부에서 얼마나 옳고 선하며

얼마나 정의롭고 합리적이고 아름다운 이야기가 나오느냐 아니냐에
있지 않다. 그것들이 만들어내는 관념들이 개별적인 것들(각자 고유한
인간들 또한 개별적 현상들·사건들·상황들·경험들)과 유리되어, 하
지만 위로부터 군림하면서 개별적인 것들을 하나의 법칙의 틀 안에 동
일화시킴으로써 우리의 구체적 삶(생명)을 왜곡하고 불구로 만들어 놓
는다는 데에 있다. 거기서 니체가 나중에 '유럽 허무주의'에 대해 밝히
면서 끊임없이 수행했던 비판의 단초가 발견된다.

언어: 원죄의 근원

그러한 도덕과 형이상학은 가장 극단적으로 인간을 자연과 세계로부터
분리시켜놓는다. 말하자면 그것들은 인간에게서 자연과 세계와 연결되
어 있고 통해 있는 기관인 몸을 제대로 작동하지 못하게 만들어놓고,
인간을 의식의 존재로 축소(인간의 왜소화)시키는 동시에 자연과 세계
의 존재 자체를 의식의 대상으로 축소시켜놓는다. 자연과 세계의 관념
화, 존재의 의식화, 즉 오직 언어를 숙주宿主로만 성장하는 동일성이 최
대한도로 작용해서 이르게 된 결과, 그러나 월권을 저지른 그 동일성의
작용에 따라 사실은 허위의 방식으로 인간과 자연-세계가 통합될 뿐이
다. 인간 자체와 자연-세계 자체의 통합이 아닌 인간에 대한 하나의 전
체적 관념과 자연-세계에 대한 하나의 전체적 관념의 종합, 흔히 말하
듯 '인간과 자연-세계의 변증법적 통일', 그러나 그것은 양자가 가장 극
단적인 방식으로 분리되었을 뿐이라는 실상을 반증해주는 구호일 뿐이
다. 그것은 "개체화라는, 악惡의 원초적 근거"[15]의 근거가 되는 것이 가장
전체적인, 나아가 '전체주의적인' 방식으로 작용해서 만들어낸 가공架空

---

15   『비극의 탄생』, 86쪽.

의 담론적 구조물을 가리키는 표현일 뿐이다.

"개체화라는, 악의 원초적 근거"의 근거는 바로 언어이다. 인간을 관념에 종속시키고 더 나아가 절대적 원형의 노예로 만들어 전도된 상태에 몰아넣는, 개념들의 전체로서의 언어 자체, 인간은 오직 언어로 인해서만 자연-세계로부터 분리되어 의식적 개체가 된다. 언어가 악의 궁극적 근원, 가장 근원적인 악이다. 따라서 언어를 사용한다는 사실 자체가, 보다 정확히 말해 언어에 붙들려 있다는 사실 자체가 인간의 원죄이다. 설사, 우리가 방금 전에 말했던 것처럼, 언어가 인간의 창조력의 근원이자, 그 이전에 생존에 필요불가결한 무기라고, 간단히 말해 필요악이라고 덧붙이지 않을 수 없다 할지라도 그렇다.

니체는 반복해서 "개체화의 상태를 모든 고통의 원천이며 근원, 즉 그 자체로 비난받을 것이라고 생각해야만" 한다고 말하고, 이어서 그 개체화의 속박으로부터 벗어났다는 사실을 "공기·물··흙·돌"로 변해버린 디오니소스의 "찢긴 몸, 디오니소스의 정념"이 대변한다고 밝힌다.[16] 물론 『비극의 탄생』 8항에서 그는 쇼펜하우어를 인용하면서 개체화의 원리 principium individuationis가 아폴론적인 것이라고 보지만, 디오니소스가 극복했다고 여겨지는 '개체화의 상태'는 소크라테스적인 것이다. 왜냐하면, 니체의 사유의 전체적인 맥락에서 보았을 때, 아폴론적인 것이 디오니소스적인 것의 발현을 위해 필수적으로 요청되기 때문이고, 아폴론적인 것의 핵심인 미적 가상Schein은 자연-세계와의 비분리 상태에서만 형성될 수 있기 때문이다. 아폴론적인 미적 가상에 의존해 인간은 "사방으로 끝없이 펼쳐진 채 포효하며 산과 같은 파도를 올렸다 내렸다 하는 광란의 바다"와 같은 자연-세계를 관조하고 견디어낼 힘을, 자연-세계와 마주해 그 안으로 함몰되지 않을 힘을 얻는다. 그러한 점에서 아폴론적인

---

16 같은 책, 85쪽.

미적 가상은 오직 자연-세계와의 관계를 전제하고서만 주관성을 추진시키고 보존한다. 반면 인간은 오직 언어만이 구성해낼 수 있는 소크라테스적인 것을, 즉 개념적인 것을 발판으로 삼아 자연-세계와 분리되어 관념적 영역으로 상승하는데, 이는 아폴론적 주관성이 또 다른 심화된 주관성으로 변형되는 것, 즉 개체화의 원리가 완성되는 것이다.

니체는 인간의 원초적 고통을 직시하라는 실레노스의 지혜의 말에 주목하기를 우리에게 요구한 적이 있다. "그[실레노스]가 마침내 왕의 수중에 떨어졌을 때, 왕은 그에게 인간에게 가장 좋은 것, 가장 훌륭한 것은 무엇이냐고 물었다. 그 마신은 미동조차 없이 부동의 자세로 침묵했다. 그러다가 왕이 강요하자 마침내 껄껄 웃으며 이렇게 말문을 열었다. '가련한 하루살이여, 우연의 자식이여, 고통의 자식이여, 왜 하필이면 듣지 않는 것이 그대에게 복될 일을 나에게 말하라고 강요하는가? 최상의 것은 그대가 도저히 성취할 수 없는 것이네. 태어나지 않는 것, 존재하지 않는 것, 무無로 존재하는 것이 바로 그것이네. 그러나 그대에게 차선의 것은—바로 죽는 것이네.'"[17] 태어나지 않는 것이 자신에게 최상의 답일 수밖에 없을 정도로 인간이 고통에 빠지게 되는 근본적 이유는, 개체화의 상태에 놓여 있기 때문이지만, 바로 언어가 그 분리의 상태를 만들어낸다. 인간은 언어 덕분에 자연-세계와 분리되어 자아의 주관적·관념적 영역을 구성하고 확보할 수 있게 되지만, 정확히 그러한 분리(언어가 야기한 분리)로 인해, 자연-세계를, 특히 자신의 구도에 들어오지 않는 사물과 현상과 사건을 종속시키고자 투쟁할 수밖에 없게 된다(니체가 「비도덕적」에서 말한, 동일하지 않은 것들을 동일화시키려는 끝없는 투쟁). 거기에 인간에게만 고유한, 인간만의 진정한 고통이 있다. 인간은 어떤 고통을 동물처럼 '그냥' 받아들이지 못하고,

---

17   같은 책, 41쪽.

그것을 자아화(주관화·동일화)시키려함으로써 덧나게 만든다(그 사실을 니체는 이후에 『도덕의 계보』에서 어떤 고통 앞에서 의미를 찾을 수 없거나 의미를 찾으려고 하는 더 큰 고통, "인간이 자신에게서 동물적인 과거를 강제로 떼어놓은 결과"인 "인간의 인간에 대한, 자기 자신에 대한 고통"[18]을 말하면서 다시 강조한다). 따라서 인간이 언어를 발판으로 삼아 자연-세계와 분리되어 관념적 영역으로 상승했다는 것은 사실상 인간이 그 영역으로 매몰(관념적 세계로의 매몰)된 것에 불과하다. 인간은—철학에서 흔히 말하듯—거기로 상승하는 것이 아니라 자신도 모르게 언어에 휘둘려, 자신도 모르게 어떤 단어들과 명제들의 명령에 복종함으로써 거기로 매몰당하는 것이다. 근본적으로는 자신의 의지와도 무관하게 자연-세계에 분수를 모르고 개입해서 '난도질' 하는 동시에 결국 자기 자신을 '난도질'하기에 이른다. 고통의 고통, 어떤 고통 안에 그냥 머무르지 못하고 그것을 자기와 결부시킴으로써 생겨나는 인간만의 고통, 디오니소스를 양육한 현자 실레노스는 니체에게 그 고통의 근거를 되돌아보도록 최초로 권했던 인물이었다.

개체화의 원리와 존재론적 악

니체는 미다스 왕에게 전해졌던 실레노스의 지혜의 말을 자신의 사유의 초석으로 삼지만, 실레노스가 제시한 첫 번째 답은 미다스 왕과 마찬가지로 니체에게도 이미 실천 불가능한 것이고, 니체는 실레노스의 두 번째 답도 문자 그대로는 실행에 옮기지 않는다. 그는 바로 죽지는 않는다. 그 대신 그는 동물들도 겪을 수밖에 없는 자연적 고통을, 생로병사의 고통을 관념적 영역에서 자아화시키려는 무리한 시도를 거부하

18　니체, 『도덕의 계보』, 『전집』14, 김정현 옮김, 책세상, 2002, 432쪽.

고, 그 생명의 고통을 정면으로 마주하고 그대로 긍정하고자 한다. 디오니소스적 긍정, 염세주의적 긍정, 그것은 적어도 자아 자신이 덧나게 하는 인간적 고통으로부터는 돌아서는 방법이기도 하지만, 보다 중요한 점은 그것이 언어로 인해 발생한 분리 이전의 상태로 되돌아가 존재의 연속성을, 존재의 실상을 회복하는 방법이라는 것이다. 즉, 삶 속에서 반복적으로 죽어가는(자아의 죽음, 개체의 죽음, '인간'의 죽음), 그렇게 죽음으로써 살아가는 방법, 니체는 그 방법을 통해 실레노스의 두 번째 답을 나름대로 실행에 옮기며, 그에게 그 방법을 제시해주는 것은 다른 그 무엇보다 예술이다.

"그러나 우리는 쇼펜하우어조차도 그것이 하나의 가치척도이기나 한 것처럼 그에 따라 예술을 분류했던 대립 관계 전체, 즉 주관적인 것과 객관적인 것의 대립 관계가 미학에서는 부적당하다고 주장한다. 왜냐하면 의욕하고 자신의 이기적 목적을 추구하는 개체로서의 주체는 예술의 근원으로서가 아니라 예술의 적으로서만 사유될 수 있기 때문이다."[19] 따라서 개체화의 원리의 파열은 자연-세계를 회복하기 위한 조건이 되며 예술적 현상이 되고, 또한 연극의 근원 현상에서 나타나는 낯선 자연을 가로질러가기 위해서는 개체의 포기가, 개체의 죽음이 전제되어야만 한다. "그 광란의 축제에서 자연은 비로소 자신의 예술적 환희에 도달하고, 그 축제에서 개체화의 원리의 파기가 하나의 예술적 현상이 된다."[20] 여기서 '개체로서의 이기적 주체'는 물론 어떤 도덕적 관점에서 보았을 때 이기적인 것이 아니며, 주객 분리의 대립 관계에 따라 단지 자아의 관념적 영역에만 머무르면서 자연-세계와 만나지도 접

---

19   『비극의 탄생』, 47쪽.
20   같은 책, 38쪽. "여기서 낯선 자연을 가로질러 가기 위해서는 이미 개체의 포기를 전제해야 한다"(같은 책, 72쪽. 번역 수정).

촉하지 못한 채 그것을 자신의 '대상 세계'로 축소시키려 한다는 점에
서 이기적이다. 니체에게서 분리가 모든 도덕적 악 이전의 존재론적 악
이며, 그러한 이기적 개체는 모든 도덕적 악에 선행하는 존재론적 악에
빠져 있다. 니체의 눈에는, 예술가라고 불리지만 이기적 개체를 대변하
는 자는 철학자 소크라테스와 거의 다를 바 없는, 단지 "자신의 의식적
인식을 반영"[21]할 뿐인 에우리피데스와 같은 자이다. 그와 같은 자는,
니체의 관점에서 보면, 예술가로서의 자격을 이미 상실했을 뿐만 아니
라 '예술의 적'으로 간주된다. 그러한 자는 비극을 죽인 소크라테스와
마찬가지로 설사 어떤 예술적 형식을 내세운다 할지라도, 근본적으로
는 개념적 인식과 논리적 추론에 의존해 자신의 의식의 영역을 정립한
후 그 영역 내로 모든 것을 포섭하기를 의지하는 자이다.

자연적 진리의 불가능성

따라서 분리로부터 해방되기 위해서는 먼저 소크라테스적인 것으로부
터, 즉 논리로부터, 그 이전에 개념(언어)으로부터, 결국 자아의 관념적
영역으로부터 해방되어야 한다. 그러나 그 해방은 결코 간단하게 성취
될 수 있는 것이 아니다. 개체인 한 자아가 스스로의 결단과 의지를 통
해 자기의 영역으로부터 벗어나기만 하면 모든 것이 해결될 수 있는 것
이 아니다. 왜냐하면 개체의 그 관념적(의식적) 영역은 물론 개별화와
주관성의 장소이지만, 그것이 사회적일 수밖에 없고 나아가 모든 사회
성의 토대인 언어에 의해 짜여 있기 때문이다. 그 사적 영역이, 한 자아
가 자신만의 영역이라고 자부할 수도 있는 그곳이 사실은 지극히 집단
적 영역일 수밖에 없기 때문이다.

21 같은 책, 120쪽.

그 사실을 니체는, 동물도 따라가는 자연적인 첫 번째 은유(신경
자극으로부터 이미지로의 장소 이동)와 두 번째 은유(이미지로부터 소
리로의 장소 이동)와는 달리, 언어가 산출되는 세 번째 은유(소리로부
터 개념으로의 장소 이동)가 문화적이자 사회적·집단적이라고 분명히
말함으로써 지적했다. '나뭇잎'이라는 소리가 하나의 개념으로 굳어지
기 위해서조차 한 개인을 벗어난 사회적이나 역사적인 합의 또는 결정
이 전제되어야만 하며, 어떠한 개인도 '나뭇잎'이라는 개념을 가리키기
위해 어떠한 다른 소리 기호도 택할 자유가 없다. 페르디낭 드 소쉬르
는 개인 혼자로서는 어떠한 가치도 정립할 수 없다고 말했다.[22] 니체는
유사한 사실을 과장된 어조로 이렇게 말한다. "그렇다면 진리란 무엇
인가? 유동적인 한 무리의 은유들, 환유들, 의인관들이다. 간단히 말해
서 시적·수사학적으로 숭앙되고 전용되고 장식된 대전大全, 한 민족에
게서 오랫동안 통용되면 그 민족에게는 확고하고 교의적이고 구속력
있는 것으로 여겨지게 되는 인간관계들의 대전이다. [……] 그것은, 도
덕적으로 표현한다면, 확고한 규약에 따라 거짓말해야 한다는, 모든 사
람에게 타당한 양식으로 무리지어 거짓말해야 한다는 책무이다."[23]

여기서 니체는 분명 과학보다는 도덕과 형이상학 그리고 그것들
에 기초한 사회 내의 일반적이고 관습적이며 타당하다고 여겨지는 견해
들을 염두에 두고 말하고 있지만, 적어도 그 말은 '진리'라고 여겨지는
모든 것이 인간관계와 사회성을 근거로 집단적으로 결정될 수밖에 없음
을, 어떠한 '진리'도 초월적이거나 자연적일 수 없음을 강조하고 있다.

왜 그럴 수 없는가? 답은 이미 주어져 있다. 개인들 "각각의 의식
적 사유는 언어의 도움으로만 가능"하기 때문이다. 따라서 한 개인이

---

22   F. de Saussure, *Cours de linguistique générale*, Payot, 1972, p. 155.
23   「비도덕적」, 『전집』 3, 450쪽.

자신의 사유에 대해 더할 나위 없이 내밀하다고 자부한다 할지라도, 그것이 이미 사회적으로 정립된 언어(문법, 사물들의 이미 결정된 의미들)를 통해 전개될 수밖에 없기에 일반적 테두리 내에 묶여 있을 수밖에 없다. (설사 그 테두리 밖으로 어느 정도 나가는 것이 절대적으로 불가능하지는 않더라도 말이다. 그러나 그 밖으로 나가는 것조차도 사실상 집단적으로 이루어질 수밖에 없다.) 따라서 개체인 한 자아가 분리로부터 벗어나기 위해 자기만의 어떤 영역으로부터 벗어나면 그만인 것이 아닌데, 사실 한 개인에게만 고유한 그러한 영역은 존재하지 않기 때문이다. 만약 그 자아가 분리를 진정으로 극복하기를 원한다면, 그는 사회 자체의 틀인 집단적 의식의 영역으로부터, 모든 자아들이 각자의 자기 보존과 집단의 보존을 위해 단단히 구축해놓은 그 공간으로부터 벗어나야만 하는 과제(과제? 과제 아닌 과제일 것이다)를 떠맡아야만 한다. '나'뿐만 아니라 사회 자체가 자연-세계로부터 이미, 언제나 너무나 멀리 떨어져나와 있는 것이다.

숭고로의 입구: 상징과 리듬의 몸

주관성과 보편성이 너무나 밀접하게 얽혀 있는 그 영역으로부터 해방되고 존재의 연속성을 회복하기 위해서는 어쨌든 언어로부터 해방되어야만 한다. 다시 말해 자연-세계로부터 언어라는 길을 거쳐 올라왔던 그 관념적 영역으로부터 다시 자연-세계를 향해 밑으로 하강해야만 한다. 자아인 동시에 자아이기 때문에 사회에 종속되어버린 '의식 기계'(자율적 주체이기는커녕 언어의 명령에 따라서만 생각하는 기계)일 수밖에 없던 자는 이제 자아이기 이전의 익명적 존재로 변신해서 사회 이전의 공간으로, 자신이 원래 태어났던 그곳으로 되돌아가야만 한다. "마야의 베일이 파괴되고 종족의, 즉 자연의 수호신으로서 하나로 존재"하는 순간을, "신비한 합일 상태와 자기 포기"의 순간을 붙들어야만 한다. 그 순간, 순간적으로 언어를 상실한 자가 마주하게 되는 것은 "공기·물·흙·돌"로 변형된 디오니소스의 "찢긴 몸, 즉 디오니소스의 정념"이다. 니체가 그 하강의 길에서 존재의 연속성을 되찾기 위해 제시하는 것은, 언어적 상징과는 다른 종류의 상징들, 디오니소스 축제에서 솟아났던 몸의 상징(춤과 몸짓이라는 상징)과 음악의 상징, 즉 디오니소스적인 것들이다. "한 번도 느껴보지 못한 것, 즉 마야의 베일이 파괴되고 종족의, 즉 자연의 수호신으로서 하나로 존재한다는 느낌이 표현되기 위해 밀려온다. 이제 자연의 본질이 상징적으로 표현되어야 한다. 새로운 상징 세계가 필요하다. 우선 입, 얼굴, 말의 상징적 표현뿐만 아니라 몸의 모든 부분을 리듬에 따라 움직이는 춤의 몸짓까지도. 그다음에는 다른 상징적 힘들, 즉 리듬과 강약과 화음을 통한 음악의 상징적 힘들이 갑자기 격렬하게 솟아오른다. 모든 상징적 힘의 이러한 총체적 분출을 파악하려면, 인간은 이미 저 힘들 속에서 상징적으로 스스로를 표현하고자 하는 자기 포기의 높이에 도달해 있어야 한다."[24]

　　여기서 니체는 몸을 통해 표출되는 춤과 몸짓이라는 상징과 음악의 상징이 상징적으로 동근원적이라는 사실을 말하고 있다. 이 두 종류의 상징은 물론 모두 대표적인 디오니소스적인 예술들인 춤과 음악의 요소들이며, 두 상징에서, 그것들이 모두 디오니소스적인 한에서, 중요한 것은 보이지 않는 것에 있다. 음악의 상징의 경우는 말할 필요도 없겠지만, 춤과 몸짓의 경우에도 중요한 것은 보이지 않는 측면에 있다. 가령 디오니소스 축제에 참가했던 사람들이 서로가 서로를 마주해 춤추고 몸짓들을 교환하면서, 니체의 표현대로 '자기 포기'의 상태에까지 이르게 되고 법열의 격정을 나눌 수 있었다면, 그들이 서로의 몸짓들을 단순히 '보았기' 때문이 아니라, 그들이 스스로의 몸들을 밖

24　『비극의 탄생』, 39쪽.

으로 표현하면서, 보이는 춤과 몸짓들과 보이는 모든 것을 가로질러 각자의 몸 내부에 침투하는 보이지 않는 것의 움직임에 이끌렸기 때문이다. 보이는 것들을 통과해서 주어지지만, 그 자체는 보이지 않는 그것, 몸 안에서 움직이는 보이지 않는 어떤 흔적, 디오니소스적 정념이 솟아나기 위해 반드시 요구될 뿐만 아니라 관조의 힘을 가져다주는 아폴론적 이미지의 배면에서 작동하는 그것, 몸의 상징과 음악의 상징의 동근원이자 두 상징이 수렴되는 지점인 보이지도 들리지도 않는 그것, 니체는 그것을 간단히 '상징Symbol'이라고 부른다. 그것은 춤과 몸짓의 경우가 아니라 음악의 경우에는 청각을 매개로 마찬가지로 몸 안에서 '그려진다'. 상징은 보이는 것이, 또한 들리는 것이 몸 안에서 변형되어 남은 정념의 흔적이다. 말하자면 구체적인 감각들로부터 촉발되었으나, 그것들을 받아들이는 몸 안에서 추상화(개념적 추상화와는 본질적으로 다른 추상화)되어 작용하는[25] 감각적 중심, 나아가 모든 구체적 감각의 지향점을 결정하는 감정의 중심, 그러나 그 자체가 보이지도 들리지도 않는 추상적인 것이기에 감각·감정의 중심에 놓여 있는 빈 중심이다. 보이는 것, 들리는 것, 즉 구체적인 이 감각들은 각각 다른 감각기관에 호소할지라도 몸 내부에서 비슷한 울림을 가져와 서로 유사한 상징들로 남을 수 있으며, 서로가 서로에게 상승작용을 일으켜 상징적 수렴 지대에서 종합될 수 있다. 그러한 종합에 따라 디오니소스

[25] 니체는 상징이 구체적 감각들을 넘어서서 작동한다는 점을 이렇게 밝힌다. "몸짓 언어의 의미: 그것은 보편적으로 이해되는 상징들, 반사작용의 형식들에 의한 언어이다. 몸짓을 창조하는 상태에서 눈은 당장 감긴다. / 본능적 음의 경우도 마찬가지다. 귀가 당장 닫힌다. 이러한 음조는 상징이다"(니체, 『전집』 4, 최상욱 옮김, 책세상, 2001, 85쪽). 또한 상징은 본능에 속해 있지만, 상징이 인식되었을 때, 그것은 개념으로 표현된다. "상징을 선택할 때 드러나는 것은 자유가 아니라 본능이다. / 하나의 인지된 상징은 항상 하나의 개념이다: 사람들은 그들이 표시할 수 있고 구분할 수 있는 것을 포착하는 것이다"(같은 책, 83쪽).

축제에서 사람들이 추었던 춤과 불렀던 노래는 서로 상승효과를 가져와 그들을 법열의 상태로 고양시킬 수 있었던 것이다("모든 상징적 힘들의 이러한 총체적 분출"). 본 것은 시각에 들어오고 들은 것은 청각에 들어오지만, 양자는 시각과 청각을 벗어나 몸 내부에서 유사한 방식으로 떨리고 울리는 상징들로 전환되는데, 그렇게 본다면 모든 상징은 음악적이다. 말하자면 "귀를 당장 닫히게" 만드는, 들리는 음악 이전의 "본능적인 음"이 상징인 것이다.

언어가 만들어내는 의식적 표상은 자연-세계로부터 인간을 분리시키고 사실상 거기에 대해 닫혀 있게 만들지만, 그러한 표상과 비교할 수 없을 정도로 더 깊이 인간 내부로 파고들어 가는 상징은, 그 자체가 인간의 가장 깊은 내부에서 움직이는 데에 따라, 인간을 자신의 자아로부터 가장 먼 외부로 끌어낸다. 상징을 자신 안의 지렛대로 삼아 인간은 자연-세계라는 가장 멀고 가장 낯선 외부로 향해 있게 되고, 거기로 열린다. 인간 몸속의 가장 깊은 곳에 있는 것(그러나 그것은 공간에 연장延長되어 있는 가리킬 수 있는 것이 아니며, 장소를 갖지 않는 장소이다)이 가장 멀리 있는 외부의 떨림과 울림을 감지하는 진동계가 되는 것이다. 말하자면 궁극적으로 상징은 분리를 넘어서서 도달할 수 있는 최고의 합일, 디오니소스적 합일을, 추한 것, 역겨운 것, 공포스러운 것, 불가사의한 것을 비롯해 모든 것을 향해 열려 있을 수 있는, 생명의 가장 큰 긍정의 형식을 가리킨다. 그러한 디오니소스적 긍정의 기관은 몸이다. 보이는 생물학적 몸이 아닌 보이지 않는 추상적인 몸이다. 상징의 움직임을 따라 자신의 외부를 향해 뒤집어진 몸, 따라서 자아를 갖지 않는 몸, 다만 외부를 향해 몸짓과 춤을 따라서 보이지 않게 방산되는 그것, 들리는 음악 이전의 '본능의 음악'이 울리는 그곳, 내부가 바로 외부이고 외부가 바로 내부인, 그러한 한에서 분리를 극복하고 합일로 나아가는 리듬의 몸, 니체에게서 숭고한 것은 의식의 영역으로부터 몸의 영역으로의 하강, 동일한 것들만을 다시 동일화하는 표상 작용으로부터 이질적인 것을 감지하는 리듬으로의 이행으로부터 발생하는 위상 격차가 초래하는 정념이다. 언어가 중단되는 지점에서 솟아나는 정념, 언어를 중지시키는 정념, 어떠한 몸보다도 더 벌거벗은 적나라한 몸으로 현시되는 정념.

상징과 자연적 삶·생

따라서 숭고한 것은 보이는 어떠한 것도 아니며, 어떤 특정 대상이 숭고한 것도 아니다. 숭고한 것의 계기는 몸 내부에서 떨리고 퍼져나가 울리는 상징이다. 다만 보이지 않고 들리지도 않는 흔적으로만 나타나는 상징, 그러나 그것은 결국 무엇을 '상징'하는가? 결코 사회-문화 세계로 완전히 통합될 수 없고, 그 세계에 차이의 심연을 가져다 놓는, 자연적인 나아가 동물적인 생로병사의 삶·생명을 상징한다. 사회-문화 세계의 자체 완결성(하나의 원이 매끈하게 닫힌다)을 믿지 않으면서, 또한 자연적 삶·생명의 편에 서서 양자 사이의 심연을 응시하는 니체는『비극의 탄생』9항에서 오이디푸스가 '오만hübris'했기 때문에 운명의 벌을 받았다는,『오이디푸스왕』에 대한 기존의 도덕적 해석을 거부하고, 그를 자신 이전에―어떠한 도덕을 통해서도 메울 수 없는―그 존재론적이자 실존적인 심연을 직시함으로써 스스로의 비극적 운명을 긍정했던 자로, 분리를 가져오는 '개체화의 엄격한 법칙'을 무너뜨렸던 선구적 인물로 간주한다. 니체에게 오이디푸스는 디오니소스적 긍정을 긍정하는 숭고한 인간을 대변한다. 오이디푸스의 숭고성이 사회-문화 세계와 삶·생명 사이의 심연에서 표출되는 것과 마찬가지로, 상징의 숭고성은 그 자체 내에서가 아니라, 그것이 다른 어떤 것과 충돌함으로써, 언어와 충돌함으로써(자연-세계와 사회적이자 개인적·주관적인 의식의 충돌과 다르지 않은 충돌) 출현한다. 상징은 언어가 설정해놓은 한계(곧 표상의 한계, 사유의 한계)를 끊임없이 넘어섬으로써 탈한계화되지만, 그 탈한계화는 다시 한계를 그리는 작용이 될 수밖에 없다. 탈한계화로 들어가는 한계, 한계로서의 탈한계화, 그것이 현시가 바로 숭고이다. 상징이 언어의 한계를 초과하면서 언어가 순간적으로 중지되는 지점이 발견될 수 있다 할지라도, 상징은 언어의 한계 바깥으로 초월할 수도, 언어 바깥에서 독자적으로 작용할 수도 없다. 왜냐하면 그것이 '즉자적'으로 자연적인 것이 아니라(정확히 말해 인간에게 '즉자적'으로 자연적인 것은 존재하지 않는데, 모든 것이 문화적인 동시에 자연적이고, 자연적인 동시에 문화적이다), 문화적인 것의 토대인 언어와의 갈등을 통해서, 문화적인 것의 한계이자 탈한계로서 생성되는 자연적인 것일 수밖에 없기 때문이다. 어떤 분쟁이, 어떤 어긋남이 숭고의 정념을 발생시킨다.

음악 · 이미지 · 개념 사이의 분쟁

그 사실은 이미 니체의 「비도덕적」에서 예고된 바 있다. "음악은 이미지와 개념에 대하여 어떠한 관계를 갖는가"라는, 위에서 인용되었던 니체의 물음은 그의 초기 사유뿐만 아니라 전체 사유의 근본 문제 (음악과 이미지와 개념 사이의, 즉 디오니소스적인 것과 아폴론적인 것과 소크라테스적인 것 사이의 관계)를 집약적으로 보여주며, 이 물음에 대한 우리가 보기에는 가장 명료한 대답이 「비도덕적」에 주어져 있다. 이 텍스트에서 니체는 언어 발생의 과정이, 보다 정확히 말해 언어 경험의 과정이, 나아가 우리의 경험 전체의 과정이(왜냐하면 언어 경험의 과정과 경험 전체의 과정이 다르지 않을 정도로 언어가 우리의 모든 경험에 깊숙이 개입하기 때문이다) 은유의 단계적 전개 과정에 따라 신경 자극의 영역, 이미지의 영역 그리고 개념의 영역을 차례로 거쳐 간다고 말한다. 여기서 신경 자극의 영역은 우리가 듣는 음악 이전의 본능의 음악(또는 어떤 의도된 목적을 실현시키기 위한 노력에 요구되는 힘이라는 일반적 의미에서의 의지와는 전혀 다른, 생명 현상 전체와 생명 활동 전체를 가리키는 니체적 의미에서의 '의지Wille'의 리듬)이 생성되는 곳이자 상징의 소재지로서[26] 디오니소스적 영역이며, 이미지의 영역은 아폴론적 영역, 그리고 개념의 영역은 소크라테스적 영역이다. 니체가 우리의 모든 경험이 은유적으로 연결되어 있는 이 세 영역을 거쳐 간다고 말할 때, 그는 셋을 통합할 수 있는 어떠한 절대적 법칙도, 어떠한 초월적이거나 선험적이거나 논리적인 법칙도 없다는 점을("그렇게 그때그때마다 영역을 완전히 건너뛰어, 전혀 다른 영역으로 들어간다"), 결국 셋 사이에 결코 메울 수 없는 틈들이 놓여 있고 수많은 구멍들이 뚫려 있다는 점을, 거기에 어떤 분쟁이, 어떤 어긋남이 있다는 점을 강조하는 것이다. 만약—절대로 불가능하겠지만—그러한 틈들, 구멍들이 존재하지 않는다면, 존재 전체와 우리의 경험 전체가 남김없이 개념들에 포착되어 마찬가지로 남김없이 언어로 표현될 수 있을 것이고, 표상들과 의식 바깥에는 아무것도 존재할 수 없을 것이다. 모든 것이 사유될 수 있을 것이고, 우리는 모든 것의 모든 의미를 완벽하게 파악할 수 있을 것이다—그것이 관념론의 오래된 꿈이 아니었던가! 따라서 그러한 존재론적이자 인식론적인 틈들, 구멍들이 존재한다는 사실은, 우리의 모든 경험에서, 신경 자극의 차원에서, 또한 이미지의 차원에서 개

---

26 상징은 앞에서 보았던 대로 구체적 감각들을 초과해서 그것들을 자체 내에 수렴시키는, 몸 안의 추상적 정념의 요소이다. 그것은 또한 어떤 사물을 아주 다른 영역으로 옮기는 기점("상징. 어떤 사물을 아주 다른 영역으로 전이시키는 것"—『전집』 4, 86쪽)이기도 하며, 그러한 점에서 은유(장소 이동)의 단계들이 전개되는 출발점이다. 따라서 신경 자극과 상징은 니체에게서 거의 같은 것을 가리킨다고 볼 수 있지만, 후자는 음이나 몸짓으로 표출되는, 음이나 몸짓의 발생 근거라는 보다 좁은 의미를 갖는다. "자연인은 단지 현상들의 상징만을 확고히 가지고 있지만, 그는 불려진 노래에서 자신의 상징들을 다시 완전한 음에 적용시킨다: 의지, 본질이 다시 더 완전히, 더 감각적으로 묘사되는 것이다"(같은 책, 83쪽).

넘들로 번역되지 못한 채 **빠져나가고** 소거되고 망각되는 요소들이 있
다는 것을 의미한다. (그러한 존재론적·인식론적 간극들이 극대화될
때, 즉 은유들 사이의 차이들이 최대치에 이를 때 디오니소스적 정념이,
숭고의 정념이 표출된다.) 또한 그 사실은 그렇게 상실된 요소들이, 의
식 철학이나 관념론의 전통에서 자주 표명되듯, 단순히 잡다하거나 비
존재에 가깝거나, 나아가 환상과 같은 무시해도 좋은 감각적·감정적
잉여물이 아니라, 그것들 가운데 존재에 대한 총체적 경험을 위해 필연
적으로 복구되어야만 할 부분들이 있으며, 바로 예술이 그 필연성에 응
답한다는 것이다. 회화와 같은 아폴론적 예술은 개념들과 명제들의 정
립에 따라 이미지의 영역으로부터 소멸되어버린 근원적 요소들을 복원
하고, 그것들이 갖는 힘을 보여준다. 음악과 같은 디오니소스적 예술은
담론이 구성됨에 따라 신경 자극(또는 상징)의 영역으로부터 제거되어
버린 원초적 요소들을 되살려냄으로써 그것들이 가졌던 자연적인 힘
을 표출시킨다. 철학의 완성 불가능성은 예술의 존재의 당위성과 필연
성을 반증한다. 수많은 미학자, 특히 직접 창조에 임했던 수많은 예술
가가 증거하고 있듯이, 언어로 표현할 수 없는 것이 있기에 예술이 존
재한다. 이를 「비도덕적」은 우리에게 다시 한 번 확인시켜주고 있다.

숭고한 분쟁

신경 자극의 영역으로부터 이미지의 영역으로, 이미지의 영역으로부
터 개념의 영역으로 넘어가는 것이 사회의 기준들이 구성되어가고, 우
리가 그것들에 맞추어 사회화되어가는 과정이라면, 그 과정을 역행해
나가는 것으로부터 예술의 경험과 미적 경험 일반 그리고 숭고의 경험
이 전개된다.[27] 그러나 숭고한 정념이 표출되기 위한 상징 작용의 극대
화는 그 자체의 신경 자극의 영역에서 단독적으로 발생할 수 없으며,
상징이 어떤 이미지와 급격하게 어긋날 때, 특히 언어의 한계(의미의 한

계)에서 언어와 과격하게 분쟁을 일으킬 때 발생한다.

먼저 숭고의 정념은 상징과 이미지가 갈등을 일으키는 양자의 한계 또는 탈한계에서 발생한다. 그것의 표출은, 무엇보다 먼저 자연-세계로 열려 있는 혼란스럽고 공포스러운 어떤 현상을 하나의 이미지로, 미적가상으로 전환시킬 수 있는 아폴론적 힘을 전제해야만 한다. 말하자면 죽음과 삶의 접경지대를 가리키는 동시에 존재의 실상 자체를 보여주는 그 현상(니체가 인용했던, 쇼펜하우어가 묘사한 '광폭한 바다')과 마주해서 압도당하고 거기에 겁에 질려 매몰되어서는 안 되며, 그것을 이미지화하면서 그것과 거리를 두고 자신의 경계를 굳세게 지키면서 절도와 평정 가운데 놓여 있어야만 한다. "개인, 즉 개체의 경계를 준수할 것, 그리스적 의미의 절도節度. [……] 윤리적인 신인 아폴론은 자신의 신도들에게 절도를 요구하고 이 절도를 준수할 수 있게 하기 위한 자기 인식을 요구한다. 따라서 아름다움의 미학적 필연성 이외에도 '너 자신을 알라'와 '너무 지나치지 말라'는 요구가 나란히 생겨난다."[28] 그러나 그러한 아폴론의 요구는, 문제가 된 현상 전체가 사실상 이미지로 전환되지 못하는 한계가 있기 때문에, 사람들에게 전해진 것이다. 그 현상 전체를 이미지는 자체 안으로 통합하면서 고정시키려 하지만 이미지화되지 않는 잉여는 이미지를 투과해나가 인간의 몸 내부에서 상징화된다. 이미지 자체가, '나'의 한계를 무너뜨리면서 '나'의 내부로 침입해 들어오기에 거리를 설정할 수 없는 상징과 구분이 되지 않는 한계까지 치닫게 되는 것이다. 보이는 것이 급격하게 보이지 않는

---

27 결코 그 역행은 사회에 대한 단순하고 손쉬운, 안일한—한마디로 사회에 대립해서 자아가 자신의 고유한, 보다 정확히 말해 자기에게 고유하다고 스스로 믿는 주관성을 내세우는—낭만적 반항이 아니다. 그 역행은 단지 탈-인식론적인 거리와, 그에 따르는 존재론적·실존적 거리를 증명할 뿐이고, 그 거리들을 전제해야만 실행될 수 있다.

28 『비극의 탄생』, 47쪽.

것으로 전환됨에 따라, 보이지 않는 것은 보이는 것의 한계를 초과해서
탈한계화시키려 하지만, 아폴론적인 절도의 미학적·윤리적 법칙 내에
놓여 있는 보이는 것은 자체의 한계를 보이지 않는 것에 다시 설정하려
고 하는 것이다. 그 아폴론적인 법칙은, 설사 광폭한 현상 앞에서라도
그것과의 거리 가운데 내면성(그것은 다만 미학적이고 윤리적일 뿐 개
념적 언어가 열어놓는 사유의 내면성에 속하지 않으며 그것 이전이다)
의 평정을 유지하라는 요청에 있다. 보이는 이미지와 보이지 않는 상징
의 한계에서의 분쟁, 즉 아폴론적 주관성의 법칙인 절도와 디오니소스
적 익명성(디오니소스적 합일)의 법칙인 과도가 끊임없이 서로 한계에
이를 때 숭고의 정념이 솟아난다. 그러나 그 정념을 단순한 감정의 폭
발이나 유약한 낭만적 '감상주의'와 구분되게 만들어주는 것은 아폴
론적 절도이다.

    숭고한 합일과 무감각
이어서 숭고의 정념은 언어와 상호작용을 통해 양자의 경계선상 또는
탈경계선상에 놓이게 되지만, 이는 물론 상징과 이미지의 대결에, 시간
의 흐름에 따라 순차적으로 상징과 언어의 대결이 이어진다는 것을 의
미하지 않는다. 이미지가 상징에 대해 그려주는 한계와 언어가 상징에
제시하는 한계는 동시적으로 발생하며, 그에 따라 리듬의 몸과 시각과
의식은 서로가 서로에게 개입하게 되고 서로를 제한하게 되며, 그 사실
로부터 리듬의 몸은 그 제한을 철폐시키려는 무한한 탈한계화의 움직
임을 추진하게 되고, 그로부터 숭고의 정념이 극에 이르게 된다. 니체
에 의하면 그 극에서 성취되는 것은 근원적 존재와의 합일, '디오니소
스적 합일'이라 불릴 수 있는 그것이다. "이 환영은 전적으로 꿈의 현상
이라는 점에서 서사적 성격을 지니고 있지만, 다른 한편 디오니소스적
상태의 객관화이기 때문에 가상 속에서의 아폴론적 구원을 의미하는

것이 아니라 정반대로 개체의 파괴와 근원적 존재와의 합일을 현시한
다."[29] 또한 그러한 합일에 들어간 자는 '진실로 존재하는 유일한 자아'
일 것이다. "[……] 그는 저 세계의 움직이는 중심점으로서 '나'를 말해
도 되는 것이다. 이러한 자아는 깨어 있는 경험적-현실적 인간의 자아
가 아니고, 진실로 존재하는 유일한 자아, 그리고 사물의 근거에 놓여
있는 영원한 자아이다."[30]

'근원적 존재와의 합일'과 '진정한 유일한 자아'라는 니체의 표현
들을 보고 우리는 그가 여전히 형이상학과 주체 중심주의 철학의 한계
내에, 좁혀서 보면 자신에게 큰 영향을 준 쇼펜하우어의 예술 형이상학
의 한계 내에 묶여 있다고 비판할 수 있을는지도 모른다—마르틴 하이
데거의 니체에 대한 비판을 기억해보자. 그러나 그러한 비판이 큰 의미
를 가질 수 없는 이유는, 니체의 많은 주제의 경우에 그런 것처럼, '형이
상학과 반형이상학' '주체철학과 탈주체철학'이라는 것들은 니체 자신
에게서, 그의 저작들에서 갈등 상황에 들어가 있으며, 나아가 이것이냐
저것이냐를 선택하기 불가능할 정도로 미결정성이나 결정 불가능성의
상황 내에 들어가 있기 때문이다. 우리의 문제는 위의 니체의 발언들을
염두에 두고 니체 내에서 또한 그 바깥에서 숭고한 정념 그 자체에 대
해 다시 주의를 기울여 보아야 한다는 데에 있다.

장-뤽 낭시는 숭고의 문제를 다루는 자리에서 이렇게 썼다. "숭고
한 관조에 빠진 정신은 상상력과 이성에 주의를 기울이지 않은 채 스
스로를 방기하며 그에 따라 상상력은 점점 더 확장된다."[31] 낭시에 의
하면, 일종의 정념인 상상력의 그러한 확장은 끊임없이 진행되면 무감

---

29   같은 책, 85쪽.
30   같은 책, 53쪽.
31   장-뤽 낭시, 「숭고한 봉헌」, 『숭고에 대하여』, 91~92쪽.

각apathie, 즉 "감각적인 것의 소멸에 대한 감수성", 즉 "생명력이 멈추는 느낌"[32]으로 열리게 되며, 바로 거기에 숭고의 감정의 정점이 발견된다. 낭시의 경우에도 숭고의 감정은 결코 단일한 하나의 근거로부터 유래하지 않고 서로 대립되는 것들(칸트의 숭고론을 재검토하고 있는 「숭고한 봉헌」에서 그것들은 상상력, 지성, 이성, 공통감각 등이다)이 상호 작용에 의해 동시에 서로 한계에 이를 때, 극점에, 즉 무감각에 이르게 된다는 점을 주목한다. 숭고한 감정이 단일한 어떤 것이 아니고 자연적인 감각과 문화적인 언어가 상호 중층 작용에 따라, 위상 격차를 일으켜 각각의 한계들이 수렴되는 공동의 한계에서 생성되는 복합적이라는 것이라는 점에 우리도 「비도덕적」을 비롯해 니체의 몇몇 텍스트를 다시 읽으며 주목했다.

사실상 상징을 거쳐서 표출되는 디오니소스적인 숭고의 정념(또는 니체의 표현대로 '디오니소스적 도취' '디오니소스적 열광')을 비롯해 크고 작은 모든 감정은 언어에 앞서거나 그 뒤를 따르면서, 언어와 더불어, 또는 언어를 거스르고 넘어서면서, 그러나 어쨌든 언어와 얽혀서만, 언어와의 관계 내에서만 발생한다. 언어가 멈추는 곳에서 사유·인식이 멈출 뿐만 아니라(그 사실을 니체는 반복해서 강조했다), 모든 감정도 멈춘다. 이는 자연과 문화 사이의 심연에 영원히 빠져 있을 수밖에 없고, 양자 중 어느 한 쪽에서도 충만한 존재와 단일한 자신의 본성을 찾아 완성시킬 수 없는 인간에게 운명과도 같은 것이다. 만일 디오니소스적 숭고의 정념이 극한에 이르는 시점에서 언어가 중단된다면, 그 중단은 아마 순간적일 수밖에 없을 것이고, 결국 의식화되지 않으며, 그 정념은 다시 언어가 개입하는 지점으로 떨어질 수밖에 없을 것이다. 거기로 떨어져야만 그 정념은 다시 추진될 수 있다. 그리고 언

---

32   같은 책, 86쪽.

어의 중지는 어떠한 충만한 '합일'도, 어떠한 도취의 감정도, 어떠한 열
광의 감정도 가져다주지 않고 오히려 탈한계화의 극점일 수밖에 없는
엄정한 무감각(스토아적 정신에 그토록 충실하고자 했던 사드가 애호
했던 단어)에 이르게 될 것이며, 무감각이 다시 언어의 그물 안으로 걸
려들게 되면 한계의 감정으로, '느낄 수 있는' 숭고의 정념으로 전환
될 것이다. '진정한 유일한 자아'도 존재하지 않고 '근원적 존재와의 합
일'도 이루어지지 않는다. '디오니소스적 도취'라는 것도 과연 믿을 만
한 것인가? 또는 이렇게 말할 수밖에 없다. 니체가 형이상학의 전통적
표현에 따라 '합일'이라고 부른 것은 물론 즉자적 자연성으로의 회귀
일 수는 없고, 그렇다고 또 다른 어떤 단일한 초월성으로의 상승일 수
도 없으며, 인간의 대자적·의식적 상태가 깨지는 한계에서 비롯된, 따
라서 언어의 실행과 그 중단을 전제할 수밖에 없는 충격 상태와 같은
것이다. 합일이 아니라 한계의 초과, 즉 보이는 것과 말할 수 있는 것의
한계의 초과, 언어 작용과 더불어, 반드시 언어 작용과 더불어 그 중지
를 전제해야만 추동될 수 있는 움직임, 한계의 탈한계화, 그 탈한계의
결과가 바로 무감각으로서의 숭고의 정념이다. 나 자신을 '느낄 수 없
는' 정념, 언어와 이미지가 빠져나간 자리에서의, 언어와 이미지 외부의
잉여의 감정. 그것은 어떤 보이는 것이나 보이지 않는 것을 거쳐서 '내'
가 '나'를 느낀다는 모든 감각과 감정의 기본적 형식을 와해시킨다. 거
기에 무감각의 숭고한 정념의 예외적인 작용이 있다. 그 작용은 결코
도취를 가져오지 않는다. 그것은 '나'로 하여금 자신의 몸 내부로 어떠
한 것도 끌어들이지 못하게 하면서 다만 무감각 속에서 그 몸을 외부
로 끊임없이 뒤집어놓은 채로 남아 있게 할 뿐이다. 무감각은 자기에게
로 돌아옴이 없는 마지막 탈존의 형식의 징표일 것이다.

3   모리스 메를로-퐁티:

관계들의 매듭

모리스 메를로-퐁티는 2차 대전 전후 프랑스에서 헤겔주의와 현상학·
실존주의가 중심 사조들이었던 시기에 활동했던 철학자이지만, 그의
사유의 독창성과 급진성은 지금까지도 뚜렷이 빛을 발하고 있다. 만일
니체로부터 하이데거를 거쳐 들뢰즈에 이르는 현대 철학의 탈형이상학
적인 중요한 하나의 흐름을 거칠게 말해 철학의 전통이 애호해왔던 이
성, 정신과 반성 능력에 대한 탈신비화의 역사로 본다면, 메를로-퐁티
의 사상은 그 흐름의 중간에 서서 중요한 하나의 매듭을 이루고 있다
고 볼 수 있다. 그 흐름에 들어가 있는 어떠한 철학에 대해서도 이성·
정신에 대한 감각이나 감정이나 몸의 무차별적 우선권을 주장하는 '맹
목적인 비합리주의'라고 단순히 비판할 수 없다면, 아마 메를로-퐁티
의 사상은 그러한 비판으로부터 가장 멀리 떨어진 곳에 놓여 있을 것
이다. 그는 우리 삶의 경험들이 왜 이성과 개념 이전의 몸에 근거하고
있는가를, 어떻게 반성 능력과 개념 구성의 능력 그 너머 또는 그 이하
에서 몸의 작용에 따라 이루어질 수밖에 없는가를 여러 중요한 철학
자(대표적으로 칸트·후설·하이데거)와의 대화를 통해 엄밀한 사유와
정치한 스타일의 산문으로 보여주었다(그는 매우 새롭고 대단히 급진
적인 하나의 사상을 고전적이며 매우 정교한 철학적인 문체에 담아냈
다). 메를로-퐁티는 의식 철학 또는 반성 철학으로부터 몸·지각의 우
선성에 기초한 탈관념론적 철학으로의 전환을 엄정한 철학적 태도로
확인시켜주고 있는 증인이다.

그 전환의 장면을 보고 보수적인 철학적 입장을 고수하면서 단순히 고개를 돌리거나, 반대로—그러나 마찬가지로—단순히 환호를 보내려고 하지 않을 '절도 있는' 그 누구에게나 메를로-퐁티의 주저 가운데 하나인『지각의 현상학』(류의근 옮김, 문학과지성사, 2002)은 한번 지나가볼 만한 가치 있는 길이라고 말할 수 있다. 또한 그 전환이 갖는 커다란 중요성에 대한 자각이 대학 바깥에서 활발한 활동을 전개하고 있는 철학자 조광제(철학 전문 시민학교, 철학아카데미 대표)로 하여금『몸의 세계, 세계의 몸: 메를로-퐁티의『지각의 현상학』에 대한 강해』¹를 쓰게 했을 것이다.

그러나 왜 메를로-퐁티는 의식·관념으로부터 몸·지각으로 돌아서야 했으며, 왜 조광제는 그에게서 이루어진 의식 철학으로부터 몸 철학으로의 전환에 주목하고 있는 것일까? 성급하게 대답하자면 의식으로서의 '나'가 아니라 몸으로서의 '나'를 통해 나 아닌 것과의 관계들, 즉 세계와 타인과의 관계들이 온전히 시작되고 전개될 수 있는 동시에 지속적으로 양자('나' 그리고 세계·타인)에게 열린 채로 남아 있을 수 있기 때문일 것이다. 의식은 나 아닌 것을 관념에 동일화된 것으로 추상화시키며, 이때 내가 나 아닌 것과 맺는 생생한 관계들 또는 관계들의 사건 자체, 즉 '존재'는 무시되거나 화석화되고 만다. 메를로-퐁티는 내가 무엇을 관념적으로 파악하여 나의 관리·지배하에 두기 전에 그 무엇과의 관계 자체에 '존재'가 기입되며, '존재'가 나의 몸에, 몸을 통해 지각에 휘감겨 들어온다고 말했다. 그에게 중요했던 것은 감각의 자유나 감정의 격양·도취나 몸의 방종과 같은, 흔히 우리가 '주관주의'나 '비합리주의'라는 딱지를 붙이곤 하는 것들이 전혀 아니었고, 오직

---

1   조광제,『몸의 세계, 세계의 몸: 메를로-퐁티의『지각의 현상학』에 대한 강해』, 이학사, 2004.

나 아닌 것과의 관계들과 그 관계들로 열리는 엄밀한—깨어 있는, 반反 주관적인, 반 나르시스적인—움직임일 뿐이었다.

조광제는 『몸의 세계, 세계의 몸』 말미에 메를로-퐁티가 『지각의 현상학』을 마감하면서 인용했던 생텍쥐페리의 한 문장을 다시 강조해 인용하고 있다. "인간은 단지 관계들의 매듭일 뿐이고, 인간에게 중요한 것은 오로지 관계들뿐이다." 우리는 따라서 결코 세계와 타인과의 관계들 너머에서 어떤 관념적 초월성 가운데 세계와 타인을 단번에 전체적으로 조망해서 규정할 수 있는 투명한 사유의 지평을 확보할 수 없을 것이다. "나는 모든 다른 나들의 교차점"에 불과할 것이다. 그러나 그 '교차점' 가운데, 따라서 관계들 가운데 애매한 존재가, 불투명한 역사가, 그리고 미완성의—결코 완성되지 않을, 그러나 바로 그렇기에 끊임없이 열려 있는—우리의 실존이 들어올 것이다. 그 관계들 각각은 물론 제약을 가지고 오지만, 그 제약은 또한 나 아닌 세계와 타인과의 만남과 접촉의 조건, 또한 그러한 한에서 자유의 조건이기도 한 것이다.

4 메를로-퐁티, 음악적 경험과 예술

I.

우리는 언제나 어떤 장소 가운데 있다. 또한 우리에게는 너무나 일상적이고 익숙한 장소들이 있다. 우리가 어떠한 행동을 하든, 어떠한 생각을 하든, 누구와 만나든 우리는 이미 한 장소 가운데 속해 있다. 그러나 공간은, 공간 자체는 그 이상이다. 내가 버스를 타기 위해 늘 보는 거리, 내가 출근해서 동료들과 함께 일하고 있는 사무실, 사무실에서 자주 가는 식당으로 가기 위해 건너가야만 하는 차도, 그러한 것들은 내게 익숙한 장소들이지만, 내가 눈 뜨면서 잠자리에 들기 전까지 내 앞에 놓여 있는 이 공간 일반은 외부의 익숙한 것이 아니라, 차라리 나에게 들러붙어 있거나 내 안에 자리 잡고 있는 나 자신의 일부처럼 보인다. 그것은 익숙한 것이라기보다는 나에게 들어와 있다. 그렇기 때문에 아마 칸트는 공간을 인간 외부에 자리 잡고 있는 어떤 것이 아니라, 인간의 정신 능력 가운데 하나인 감성이 활동하기 위한, 즉 직관을 위한 조건 또는 형식으로 생각했는지도 모른다.

그러나 다른 관점에서 생각해보자. 공간은 나에게 들어와 있지만, 그렇다고 '내 것'이지는 않으며 내가 통제할 수 있는 것도 아니다. 다시 말해 공간의 존재는 나의 의식 안으로 결코 환원되지 않는다. 공간의 '있음'은 어떠한 표상에도 부합하지 않으며 의식 그 너머이고 의식 그 이전이며 의식의 외부이다. 왜냐하면 공간보다 더 통제할 수 없는 것이 없기 때문이다. 나는 자신의 의도대로 필요하면 광주 금남로에서 서

울 장충동으로, 서울에서 뉴욕으로 파리로 장소를 바꿀 수는 있다. 그
러나 나는 어떠한 경우라도 공간이 주어지고 있는, 공간이 무차별적으
로 나에게 주어지고 있는 사건 앞에서 전적으로 수동적이고 무력하다.
그 사건은 모든 표상 이전에 발생하며, 모든 의식 작용에 선행하고, 나
의 모든 자발성·능동성 나아가 나의 자유 자체를 무시한다. 내 의지대
로—아마 권태 때문에, 또는 불안이나 불안정 때문에—장소를 이리저
리 바꾼다 하더라도, 이리저리 거리를 헤맨다 하더라도 공간은 전혀 바
뀌지 않고 그대로 나에게 주어지고 그대로 내 안에 남아 있다. 이는, 성
급하게 묻는다면, 인간이 근본적으로 수동적이라는, 인간이 어디에 매
달려 있는 존재라는, 피조물이라는 사실을 증명하지 않는가? 또한 때
때로 어떤 경우 왜 나에게 들어와 있는 공간이 그렇게도 낯선가, 왜 그
렇게도 나의 외부인가?

  그렇다면 공간과 더불어 나타나는 한 사물(예를 들어 한 개의 사
과)은 나에게 속해 있는가? 물론 그것은 나에게 속해 있을 수 있으며
나는 그것을 마음대로 처분할 수—예를 들어 먹을 수—있다. 그러나
문제는 그러한 것이 아니라 그 사물의 존재가 나의 의식에 남김없이 파
악될 수 있느냐는 것이다. 그 사물 자체가 아닌 그 존재가 나의 표상과
일치해서 그것을 '무엇'이라고 동일화해서 정의하는 동시에 이해할 수
있느냐는 것이다. 사물에 대한 과학적·철학적 성찰만으로 사물이 온
전하게 파악될 수 있는가? 또한 문제는 사물이 보이는 대로의 외현外現,
apparence과 일치하느냐라는 것이다. 만일 그럴 수 있었다면 사물에 대
한 사실적 복사인 사진만으로도 우리는 충분히 만족할 수 있었을 것이
다. 그러나 회화의 변천의 역사는 그것만으로 우리가 사물의 나타남에
대해 흡족하게 밝히지 못했다는 사실을 반증한다. 가령 폴 세잔Paul Cé-
zanne은 왜 그렇게도 집요하게, 끊임없이 반복해서 하나의 사물을, 가령
사과를 이미지로 표현하고자 했는가? 세잔의 사과는 예술가가 작품을
완성하려는 노력의 이유를 말해준다. 사물은 결코 내 안에서, 나의 내

면의 의식에서 완전히 전유專有되지 않으며, 그 존재는 의식의 외부 그리고 보이는 것의 외부에 있다.

그 사실은 예술 이전의 우리의 경험의 조건이고, 그 사실에 모든 예술의 근거가 있을 것이다. 만일 그렇다면 예술은 우리의 경험과 유리된, 또는 우리의 경험을 초월하는 어떤 특별한 활동이 아니라고 말할 수 있을 것이다. 예술은 여기에서의, 이 삶에서의 공간과 사물들에 대한 경험에서 비롯된다. 그러나 공간과 사물들이 나의 표상과 의식 이전에 주어지며 나의 외부에 놓여 있다는 것은 정확히 무엇을 의미하는가? 그것은 단순히 몇몇 비합리주의자나 신비주의자가 말하는 '신비'가 아니다. 그것은 모든 경험의 구조를, 사물들이 나의 의식과 표상에 고정되기 이전에 나와 맺는 역동적 관계를, 경험의 맨 밑바닥을 가리키고 있다. 여기서 우리는 그 경험의 밑바닥에서, 어떤 초월적 세계 또는 이 세계와는 다른 특별한 세계가 아니라 바로 거기에서 예술이 자라나온다는 사실을 살펴보게 될 것이다.

II.
감각과 개념

그 사실에 대해 생각해보기 위해 우리는 여기서 모리스 메를로-퐁티를 참조해보고자 한다. 또한 그의 세계와 예술에 대한 사유를 부각시켜보기 위해 그것을 몇몇 근대 철학자의 감각·개념·언어에 대한 관점들과 대비 하에 조망해보고자 한다. 물론 그렇게 함으로써, 적어도 우리 입장에서는, 메를로-퐁티의 한 측면이 보다 더 명확하게 드러나게 될 것이라고 보지만, 관건은 그것을 보다 더 잘 드러나게 하는 데에만 있지는 않다. 사유의 역사에서 하나의 같은 문제가 여러 사상가에게서 반복적으로 나타나고, 그들에게서 서로 다른 방식들을 통해 정식화되고, 서로 다른 지점들로 귀결된다는 사실을 살펴보는 데에 있다. 그러나 이

보다 중요한 것이 있다. 여기서 우리가 보게 될 그 문제는 감각과 개념 (언어)과 예술 사이의 관계인데, 우리가 그 문제 안으로 들어가기를 원한다면, 이는 다만 사유의 역사에 대한 관심 때문이라기보다는 하나의 사실을, 즉 위에서 말한, 의식에 완전히 소진되지 않는 사물들의 세계로부터 예술이 유래한다는 사실을 해명해보고자 하기 때문이다. 결국 그렇게 하기 위해 메를로-퐁티와 더불어 몇몇 근대 철학자를 소환해보고자 하는 것이다. 먼저 칸트와 마주해보자.

*

칸트에 의하면 경험에 최초로 알려지는 것은 감각이다. 감각은 우리의 의식 이전에 무차별적으로 주어지는 것이다. 그것은 우리의 수동성의 능력인 감성에 따라 선택이나 이해나 판단 이전에, 능동적 의식 활동 이전에 우리 안으로 단순히 들어온다. 매 순간 어디에 있든지 내 눈 앞에 온갖 감각이 무조건적으로 내 안으로 침투한다. 이는 칸트에게 경험의 발단이며 세계에 대한 모든 인식의 조건이다. 말하자면 감각은 우리가 무엇을 이해하기 위해 주어져 있어야만 하는 질료이다. 우리가 무엇을 이해한다는 것, 인식한다는 것은 그 감각이라는 질료에 사고의 틀 (형식)인 지성(백종현 교수의 『순수이성비판Kritik der reinen Vernunft』의 새 번역본에 따라 '페어슈탄트Verstand'를 '오성'이 아니라 '지성'으로 표기했다)을 부과한다는 것이다. 지성의 작용에 따라 무규정적 감각들의 집합 또는 덩어리(질료 덩어리, 즉 칸트가 말하는 '현상Erscheinung')는 어떤 형태를 갖게 된다—즉, 그에 따라 직접적으로 주어지는 감각적인 것들은 지성적인 것들(이해 가능한 것들)로 전환되어 규정된다.

그러나 감각적인 것들이 지성적인 것들로 변환된다는 것은, 감각에 지성의 능력이 개입한다는 것은 더 정확히 무엇을 의미하는가?

지성은 개념들의 산출 능력이다. "지성으로부터 개념들이 생겨난
다."[1] 개념Begriff은 일반적으로 언어라는 맥락 바깥에서 이해될 수 없으
며, 간단히 단어라고도 이해될 수 있다. 그러나 칸트는 어느 곳에서도
개념을 언어라는 관점에서 설명하지 않고 다만 여러 잡다한 (감각) 표
상을 하나로 묶는 일반표상이라고 말한다. 그는 개념들의 능동적 기능
이라는 것을, "서로 다른 표상들을 하나의 공통된 표상 아래서 정돈하
는 통일 활동이라고 이해한다"[2] 물론 칸트에게 개념은 언어와 관련을
맺지 않고 다만 우리의 정신 능력 가운데 하나인 지성에 내재하는 일종
의 기준처럼 간주된다. 그 증거는 그가 지성의 가장 기본적인 개념들,
즉 범주들이 우리의 정신이 선천적으로 타고난 틀이라고 보고 있다는
데에 있다.

　　그러나 개념들을 바탕으로 이루어지는 판단은 언어의 가장 기본
적인 구조인 주술 구조(SP구조)에 종속된다. 다시 말해 칸트에게서 한
사물을 이해하는 과정은, 그 사물을 개념 A(주어)로 놓고 그것의 술어
인 개념 B의 관계를 파악하는 데에 있다.[3] 그러한 한에서—칸트가 명시
적으로 밝히지 않은 바이지만—개념들의 산출 능력인 지성은 궁극적
으로 언어 능력에 부합한다. 나아가 그것은 궁극적으로 언어의 질서 내
에 있다고 말할 수 있다. 왜냐하면 "지성은 이 개념들을 그것들을 가지
고 판단하는 것 외에는 달리 사용할 수 없"기 때문이다.[4] 더 정확히 말
해, "우리는 지성의 모든 활동을 판단들로 환원할 수 있고, 그래서 지

1　　칸트, 『순수이성비판』, 백종현 옮김, 239쪽.
2　　같은 책, 288쪽.
3　　『순수이성비판』에서의 「분석 판단과 종합 판단의 구별에 대하여」(같은 책, 207~208쪽/A
　　 6~8/B 10~14)를 참조.
4　　같은 책, 288쪽.

성 일반은 판단하는 능력이라고 표상될 수 있"기 때문이다.[5] 사실『순수
이성비판』서론의 핵심 부분인「분석 판단과 종합 판단의 구별에 대하
여」를 보면, 칸트가 판단을 구분하는 방법이, 주어 A와 술어 B를 나누
고 이어서 B의 의미가 A의 의미에 포함되어 있는가 아닌가를 판정하는
데에 있다는 것을 알 수 있다. 또한 그는 'A는 B이다'라는 판단의 예로
서 여러 '언어적' 명제들(언어로 제시될 수밖에 없는 명제들)을 제시하
고 있다("모든 물체는 연장적이다" "모든 물체는 무겁다" "발생하는 모
든 것은 원인을 갖는다" "물체 세계의 모든 변화에서 물질의 양은 불변
이다" 등). 칸트에게 결국 판단은 언어 분석으로 이어진다. 즉, 그가 말
하는 판단의 실질적인 과정은 언어 분석의 과정이라고 볼 수밖에 없다.
나아가 지성이 결국 판단 능력과 동일한 것이라면, 지성의 모든 활동은
언어활동에서 마감되는 것은 아닌가? 그렇다고 말할 수 있다면 질료인
감각이 지성이라는 형식(틀)에 의해 규정된다는 것은, 결국 수동적인
상태에서 우리에게 무차별적으로 주어진 감각적인 것들을 언어로, 주
술 구조에 따라, 표현하고 설명한다는 것과 다르지 않게 될 것이다.

알 수 없는 어떤 것

라이프니츠Leibniz는 감각적인 것과 지성적인 것을 구분할 때―칸트에
비해 보다 더 명시적으로―언어적 기준을 제시한다. 라이프니츠는 감
각적인 것(그가 말하는 "혼연한 인식connoissance confuse")을 언어로 표현
할 수 없는 것에, 지성적인 것(그가 말하는 "판명한 인식connoissance dis-
tincte"[6])을 언어로 표현할 수 있는 것에 각각 대응시킨다. 이를 보다 자
세히 살펴보자.

---

5   같은 책, 289쪽.

어떤 사물이 주어질 때, 그것에 대한 정보가 불충분하게 알려져서 그것이 무엇인지 어떠한지 정확히 인지할 수 없는 경우, 라이프니츠는 그것을 "모호하다obscure"라고 말한다. 반면 어떤 것에 대한 정보가 충분히 주어져서 그것을 의심의 여지없이 분명하게 지각할 수 있는 경우 그것은 "명석한claire" 것이다. 라이프니츠가 말하는 혼연한 인식과 판명한 인식은 모두 명석한 것으로부터 갈라져 나온다. 즉, 명석한 것은 어떤 경우에는 혼연한 인식으로 이어지고, 다른 경우에는 판명한 인식으로 이어진다. "내가 한 사물을 다른 것들 가운데 식별할 수는 있지만, 그것이 갖는 차이들이나 속성들이 어디에 있는가를 말할 수 없다면, 그때 인식은 혼연하다. 그리고 우리는 어떤 시詩나 그림이 잘 만들어졌는지 아닌지 방법으로도 의심할 수 없이 명석하게 인식한다. 왜냐하면 거기에는 우리를 만족시키거나 우리에게 충격을 주는 알 수 없는 어떤 것 un je ne sçay quoy[un je ne sais quoi]이 있기 때문이다. 반면 내가 받아들인 표식들을 설명할 수 있을 때, 그 인식은 판명한 것이다."[7]

어떤 사물의 정보들이 분명하고 충분하게 주어진다면 그 사물에 대한 인식은 명석한 인식이다. 그러나 명석한 인식은, 우리가 그것에 대해 "말할 수" 있거나 "설명할 수" 있다면, 판명한 인식으로 발전하고, 그렇지 않다면 혼연한 인식에 머무른다. 즉 명석 판명한 인식은 언어라는 필터를 거쳐 정의定義, définition된 인식이다. 라이프니츠는 (명석) 판명한 인식을 정의를 통해 규정된 인식으로 보고 있으며 나아가 정의와

6 "혼연한 인식"과 "판명한 인식"의 현대 프랑스어 표현은 각각 'connaissance confuse'와 'connaissance distincte'가 맞겠지만, 당시의 프랑스어 표현에 따라, 그리고 참고한 책에 표기된 대로 그것들을 각각 "connoissance confuse" "connoissance distincte"로 표기했다(Leibniz, *Discours de métaphysique*, Gallimard, 1995). 이후에도 프랑스어 원어를 병기할 필요가 있을 경우 라이프니츠가 쓴 대로 표기한다.
7 같은 책, pp. 66~67.

(명석) 판명한 인식을 동일시하기도 한다—"정의 또는 판명한 인식."[8]

여기서 주목해보아야 할 점은, 혼연한 인식(명석하지만 혼연한 인식)과 판명한 인식(명석 판명한 인식)의 경계가 분명하지 않다는 것이다. 왜냐하면 혼연한 인식은 그것이 아무리 혼연하다 할지라도 절대적으로 설명할 수 없지는 않으며, 반대로 판명한 인식은 그것이 아무리 판명하다 할지라도 더 정교하게 정의될 필요가 있기 때문이다. 가령 라이프니츠가 혼연한 인식의 예로 든 어떤 시나 그림의 인식에 대해, 또는 말로 표현하기 힘든 어떤 감정에 대해 우리는 전혀 아무것도 설명할 수 없지는 않으며, 하나의 사물이나 현상이나 사건을 규명하는 정의는 언제나 보다 완벽하게 정의되어야 할 전제나 명제를 필연적으로 포함하고 있다.

라이프니츠의 혼연한 인식과 판명한 인식의 '상대적' 구별은, 칸트의 입장에서 본다면, 감각적인 것과 지성적인 것의 차이를 근원적으로 보지 못한 상태에서 이루어진 것이다. 이에 대해 칸트가 제시하는 증거는 라이프니츠가 혼연한 것, 즉 단순히 감각적인 것과 관련해 '인식'이라는 표현을 쓰고 있다는 데에 있다. 그러나 칸트는 감각적인 것을 통해 우리는 "사물 그 자체의 성질을 단지 불분명하게가 아니라 전혀 인식하지 못"[9]한다고 지적한다. 왜냐하면 칸트에게 인식은 오직 수동적으로 주어진 감각적인 것에 지성적인 것의 틀이 씌워져서 어떤 판단에 이르는 것 이외에 다른 것이 아니기 때문이다. 그에게 감각적인 것 자체는 다만 지성적인 틀에 맞추어지기 위한 질료에 지나지 않으며, 그 자체로서는 인식론적 가치를 전혀 갖고 있지 못할뿐더러 나아가 존재론적 가치도 갖고 있지 않다. 다시 말해 그것은 비존재에 가깝다. (그

8　같은 책, p. 67.
9　칸트, 『순수이성비판』, 264쪽.

러나 이러한 우리의 판정은 칸트가 『판단력비판Kritik der Urteilskraft』에서 감각을 상상력Einbildungskraft과 결부시켜 감성론이 아닌 미학의 지평에서 다시 구명할 때 어느 정도 유보되어야 할 것이다. 우리는 그 점에 대해 다시 살펴보게 될 것이다.) 칸트에 의하면, 감각적인 것은 지성의 영역을 침범할 때 다만 판단의 착오를 가져올 수 있을 뿐이다. "지성 아래 놓인 감성은, 지성이 그 기능을 적용하는 객관으로서, 실재적 인식의 원천이다. 그러나 그 동일한 감성이, 지성 활동 자체에 영향을 미쳐 지성으로 하여금 판단하도록 규정하는 한에서는 착오의 근거이다."[10]

그러나 지성의 작용에 잡히지 않는, 지성적인 것으로 전환되지 않는 감각적인 것은 어떠한가? 칸트라면 분명 그것은 판단되지 않는 것이기에 착오를 낳을 수조차 없다고 대답할 것이다. 그렇다면 그것은 단순히 무의미한 것인가? 가령 라이프니츠가 어떤 시나 그림에 들어 있다고 말하는, 우리가 무엇을 판단하기 위한 조건이 되는 정의 또는 명제의 틀에 붙잡히지 않는 "알 수 없는 어떤 것"은 단순히 무의미하거나 비존재인가?

칸트는 우리가 경험하는 세계를 지성의 영역을 기준으로 보고 있다. 그 사실은, 그가 경험은 어디까지나 감각이라는 질료를 바탕으로 개념들을 구성해냈을 때 발생한다고 말할 때, 분명히 드러난다.[11] 개념까지 이르지 못하는 감각적인 것, 개념 이하의 감각적인 것은 그 자체로는 경험이라고 말할 수도 없다. 개념적 구성이, 즉 판단이 경험을 가능하게 한다는 칸트의 견해는 세계를 인간 내면을 중심으로 파악하겠다는 코페르니쿠스적 전환의 의도를 보여준다. 칸트 이전까지 철학자

---

10 같은 책, 524쪽.
11 "경험은 의심할 바 없이, 우리의 지성이 감각이라는 원재료를 가공해서 산출해낸
    최초의 산물이다"(같은 책, 203쪽).

들은 세계가 어떻게 인간의 정신과 관계하는가라는 문제를 제쳐두고 '높은 위치에서' 세계에 대한 독단적인 견해들을 제출해왔을 뿐이다. 그러나 감각적인 것과 지성적인 것을 구별하고 전자가 후자에 종속되어 있다고 간주하는 그의 입장은 분명 이전의 형이상학에서의 기본적 전제들 중의 하나인 현상체와 지성체의 이분법=分法을—지성체가 현상체보다 우월하다는 견해를—받아들인 데[12]에서 따라 나온다. 문제는 물론 그러한 사실에, 칸트가 여전히 철학적 전통을 따라가고 있다는 사실에 있지 않다. 분명 칸트는 우리의 경험의 일반적 과정을 잘 보여주고 있다. 일반적으로 우리는 주어진 감각 자료들을 바탕으로 개념들을 구성해서 사물들을 판단하고 이해하며, 이는 우리의 경험이 진행되는 과정임에 틀림없다. 감각적인 것과 관련해 칸트가 틀렸다고 말하는 것이 문제가 아니라 칸트가 감각적인 것의 일면만을 보고 있다는 것을 지적하는 것이 문제이다. 모든 감각적인 것이 그 자체에 여분을 남겨두지 않고 순일하게 개념들 가운데 규정되는가? 과연 예술이 보존하고 있는 "알 수 없는 어떤 것"은 개념들로 완전히 규정될 수 있는가? 그것에 대해 아무것도 말할 수 없다는 주장도 분명 사실과 어긋나거나 과장이지만, 그것을 개념들로 남김없이 포착할 수 있다는 장담도 무리인 것처럼 보인다. 그러나 하나의 예술 작품에서 핵심적인 부분은 말할 수 있는 것 가운데 있는가, 아니면 말할 수 없는 것 가운데 있는가? "그것을 말로 표현할 수 있다면 왜 그것을 그리려 하겠는가?"[13] 이러한 프랜

---

12 『순수이성비판』의 발아가 된 칸트의 교수 취임 논문『감성계와 지성계의 형식과 원리들De mundi sensibilis atque intelligibilis forma et principiis』 제3절 참조. 칸트,『감성계와 지성계의 형식과 원리들』, 최소인 옮김, 이제이북스, 2007, 22쪽.

13 Ch. Domino, *Bacon Monstre de peinture*, Gallimard-Centres Georges Pompidou, 1996, p. 105에서 재인용. 또한 베이컨은 이렇게 지적한다. "회화에 대해 말한다는 것은 불가능하다. 우리는 다만 회화의 주변에 대해서만 말할 수 있을 뿐이다"(같은 책, 뒤표지).

시스 베이컨Francis Bacon의 물음에 대해 다시 생각해볼 필요가 있다. 나아가 우리를 관통하는 어떤 기쁨이나 환희 또는 어떤 고통이나 절망은 과연 개념들로 완전히 표현되는가? 왜 그러한 감정들을 표현하기 위해 학문적 언어가 아닌 시적 언어가 필요한지 다시 물어보아야 한다. 더 나아가 그러한 감정들뿐만 아니라 하나의 진부한 사물, 예를 들어 사과 하나의 경우, 그 존재는 언어 내에서 완전히 소진되는가?

역으로 생각해본다면, 하나의 사물이나 현상이나 사건을 설명하는 개념들 가운데 여전히 규정되지 않는, 개념들로 환원되지 않는 감각적인 것이 개입한다. 혼연한 인식과 판명한 인식 사이에는 정도의 차이밖에 없다는 라이프니츠의 말("그러나 판명한 인식에는 등급들이 있다. 왜냐하면 보통 정의된 개념들은 또다시 정의를 필요로 하고 혼연하게만 인식되기 때문이다"[14])은, 정립된 개념들·명제들·판단 가운데 감각적인 것이 잔존하고 있다는 사실을 보여준다. 따라서 다시 이렇게 물어야 한다. 지성적인 것은—즉 언어로 규정된 것은—자신이 자라나온 뿌리인 감각적인 것을 완전히 제거하는가?

감각의 동사성

다시 사과에 대해 말해보자. 세잔은 사과를 그리기 위해 보통 사람들이 상상할 수 없을 정도로 집중을 기울였다. 그가 자신의 작품에 쏟은 주의는 거의 비정상적인 것이었다.[15] 물론 그는 사과에 대해 말하지 않

---

14 Leibniz, *Discours de métaphysique*, p. 67.

15 잘 알려진 에피소드들이 전해주는 바로는, 그는 작품에 전념하기 위해 우연히 멀리서 보게 된 한 친구를 손짓을 보내 쫓아 보냈으며, 하루 더 작품에 몰입하기 위해 어머니의 장례식에 참석하지 않았다고 한다. 그러한 세잔의 태도에 대해 판단하기 쉽지 않지만, 그가 어디엔가 몰입해 있었다는 사실을 분명히 지적할 필요가 있다.

고 다만 그것을 수없이 반복해서 캔버스 위에 옮겨놓았다. 아마 어느 누구보다 더 세잔에게 한 사물의 존재가 언어 속에서 소진되지 않는다는 사실이 자명했을는지 모른다. 그는 사물을 보고 그리면서 사물에 대한 인식이나 사고나 정의와는 다른 활동에 들어가 있었다. 그는 사물을 볼 때 철학자들 일반과 다른 위치에 놓여 있었다.

철학의 전통에서, 본다는 행위는 객관적이고 명료한 인식에 가장 가까이 다가간 감각의 행위였다. 가령 르네 데카르트René Descartes는『철학원리Les Principes de la philosophie』에서 명석한 인식을 설명하기 위해 봄의 예를 들고 있다. "나는 주의 깊은 정신에 명백히 현전하는 인식을 명석하다고 말한다. 마찬가지로 우리는 대상들이 현전하면서 강하게 움직일 때, 그리고 우리의 눈이 그 대상들을 바라볼 때 명석하게 본다고 말한다."[16] 말하자면 데카르트에게 봄은 사물에 대해 거리를 둔다는 것, 사물을 내면의 관념으로 정확히 번역한다는 것이다. 봄은 사물을 내면화하는 것, 포착하는 것, 의식에 '종속'시킨다는 것이며, 그러한 한에서 명석한 인식이 가능하다는 것이다. 봄을 통해 설정되는 나와 사물 사이의 거리는 내가 능동성 가운데 사물을 대상화하면서 그에 따라 사물의 주체 또는 주인으로 서는 것을 가능하게 하는 거리이다. 그 거리를 전제하고서만 우리는 사물의 속성들을 지성적으로 파악하게 된다.

그 거리 안에 세잔이—한 인간인 한—전혀 들어가 있지 않았다고 말할 수 없다. 그러나 메를로-퐁티는 본다는 행위가 단순히 그러한 거리를 만드는 행위에 지나지 않는 것이 아니며, 내면화·관념화와는 다른 과정에 들어가 있다는 사실을 지적한다—분명 거기에 세잔이 자신

---

16 R. Descartes, *Les Principes de la philosophie, Œuvres et lettres*, Gallimard, 1953, p. 591. 데카르트의 이 문장은 위에서 검토했던 라이프니츠가 말하는 판명한 인식의 기원이 되는 것이다.

도 모르게 들어가 있었다고 말할 수 있다. "[……] 그[보는 자]는 같은 이유로 자신에게서 나온 시각을 사물들로부터 받는다. 많은 화가들이 말하듯이, 나는 사물들이 나를 바라보고 있는 듯한 느낌을 갖는다. 나의 능동성은 똑같이 수동적인 것이다."[17] 메를로-퐁티의 이 말은 본다는 행위 가운데에 단순히 사물을 '지성적으로' 규정하고 판단하는 '능동적' 작용만이 전제되어 있지는 않으며, 반대로 사물로부터 '수동적으로' 침입당하는 역작용이 포함되어 있다는 사실을 밝히고 있다. 가장 단순하고 기본적인 하나의 사물(가령 사과)에 대한 인식에서조차 감각적 요소가, 최초의 지성적인 것에서조차 감각적인 것이 개입하고 있는 것이다.

말하자면 메를로-퐁티에게서 본다는 행위는 거리두기와 내면화하기라기보다는, 그 이전에, 사물을 쓰다듬는다는 것palpation이다. 그것은 사물을 포착하고 이해하고 소유하는 행위라기보다는, 그 이전에 일종의 사물과의 만남·접촉이다. "우리는 아마도 촉각적인 쓰다듬음에서 그 대답을 찾을 수 있을 것이다. 촉각적인 쓰다듬음에서는 탐문하는 자가 탐문되는 것에 더 가까이 있다. 그리고 결국 눈이 더듬는 행위는 촉각적인 쓰다듬음의 특출한 한 변양이다."[18] 본다는 것은 보이는 사물을 내면에 고정시키는 지성적 행위이기 이전에 그 사물과 보는 자 사이에서 발생하는 대면이자 접촉이고 소통이다. 이로부터 두 가지 사실을 말할 수 있다. ① 시선에 물질적 차원에 한정된 측면이 있으며, 봄에 물질적인 요소가 있다. 시선은 사물을 포착해서 내면화하는 인식의 근거일 수만은 없다. 봄은 인식하는 정신의 내부로 환원되지 않는 물질

17 모리스 메를로-퐁티, 『보이는 것과 보이지 않는 것』, 남수인·최의영 옮김, 동문선, 2004, 199~200쪽. 번역 약간 수정. 또한 같은 주제와 관련해서, M. Merleau-Ponty, *L'Œil et l'esprit*, Gallimard, 1964, pp. 18~19 참조.
18 모리스 메를로-퐁티, 『보이는 것과 보이지 않는 것』, 191쪽.

적인 것의, 즉 시선과 사물의 만남과 얽힘이다. ② 보이는 것(사물)은, 데카르트가 말한 바와는 반대로, 단순히 연장延長을 속성으로 갖는 외부의 대상이 아니다. 그것은 보는 자와의 관계에서 주어지면서 마찬가지로 그에게 시선을 던진다. 그것은 단순히 물질적 대상이 아니라 보는 자 자신 안에서 '울리는 정신적인' 면을 갖고 있다.

세잔은 결코 자신의 상상력을 통해 사과를 아름답게 그려서 그것을 이미지로 재현(모방)했던 것이 아니다. 다만 그는 하나의 사물이 의식에 내면화·고정화 또는 명사화되기 이전에 주어지는 사물과의 접촉의 사건을, 그 존재를, 그 동사성을 표현했다. 사물은 하나의 표상(일반 관념, 보편 관념)으로 응집되기 이전에, 명사화되기 이전에 보는 자와의 관계 가운데, 그 동사성 가운데 자신을 드러낸다. 만일 그 역동적인 관계의 사건, 보이는 것과 보는 자 사이의 소통이라는 보이지 않는 동사적 사건이 선행되지 않았다면, 보이는 것은 내면에 하나의 표상으로 고정될 수조차 없다. 세잔은 사물과의 소통의 사건을 흔적처럼 자신이 칠했던 색 위에 새겨 넣었다. 이는 세잔이 자신의 어떤 주관적 감정을 객관적 사물 위에 투영했다는 것을 의미하지 않는다. 그가 자기 자신과 사물 가운데 한 쪽이 주체로 서고 다른 쪽이 대상으로 남기 이전에 서로가 서로에게 시선을 던지고 받는 익명의 감각적·동사적 사건 자체를 묘사했다는 것을 의미한다.

음악적 관념: 감각의 환원 불가능성

보이는 것과 보는 자가 관계를 맺는다는 것은 무엇을 의미하는가? 보는 자가 보이는 것을 볼 뿐만 아니라 보이는 것이 보는 자를 본다는 것은 무엇을 의미하는가? 양자 사이에서 이루어지는 봄에는 보는 자가 보이는 것에 가하는 작용(보는 행위)이 있을 뿐만 아니라, 보이는 것이 보는 자 안에 정념을, 즉 보는 자 내부에 새겨지는 흔적을 남기는 작용이 있다는 것이다. 감각되는 것과 감각하는 자 사이의 그러한 상호 영향에 대해 모든 경우—가령 '내'가 일출이나 일몰 때 해를 보는 경우나, 커피 잔과 같은 단순한 한 사물을 보는 경우, 나아가 웃거나 화가 난 타인을 보는 경우—에 말할 수 있다. 보이는 것(나아가 만져지는 것, 들리는 것 등 감각적인 것 일반)이 보는 자 안에 남기는 내면의 흔적, 떨림, 그것을 메를로-퐁티는 "음악적 또는 감각적 관념"이라고 부른다 ("음악적 또는 감각적 관념들idées musicales ou sensibles"[19]). "음악적 또는 감각적 관념", 여기서 메를로-퐁티는 '관념idée'이라는 서양 의식 철학 또는 관념론의 오랜 전통에서 애호되어왔던 용어를 쓴다. 그러나 음악적 관념(음악적 또는 감각적 관념)은 거기에서 일반적으로 말하는 (지적) 관념이 아니다. 그것은 사유하기 위한 조건인 사물의 일반 관념이나 보편 관념이 전혀 아니다. 개념에 부합해서 이해될 수 있는 지성적인 것인 사물의 표상이 아니다. 그것은 개념화를 위한 관념(그것을 메를로-퐁티는 감각적 관념과 비교해 "지성의 관념idée de l'intelligence"이라고 부른다)이 아니라, 개념 이전의 가장 근원적 관념, 개념으로 환원되지 않는 관념이다. 음악적 관념은 감각적인 것의 환원 불가능성을 의미한다. 또한 음악적 관념은 보이는 것(나아가 감각적인 것 일반)과 보는 자(감각하는 자) 사이의 상호작용을, 그 상호 가역성réversibilité을 나타낸다.

칸트에게서 감각적인 것은 지성적인 것(개념)으로 환원되는 원재료에 지나지 않는다. 그에게 감각적인 것과 지성적인 것을 구분하는 기준은 개념의 적용 여부이다. 즉 감각적인 것이 개념적으로 구성되어, 즉 'A는 B이다'라는 언어적 형식(주술 구조)에 붙잡혀 판단에 이르면, 그것은 지성적인 것으로 전환된다. 그러나 서양 의식 철학의 전통을 따

---

19 같은 책, 216쪽. 번역 약간 수정.

라가면서 칸트는 감각적인 것을 지성적인 것에 종속시켰고, 지성적인 것의 우위를 다시 한 번 우리에게 주지시키는 동시에 감각적인 것의 자율성 또는 환원 불가능성을 무시했다. 마찬가지로 라이프니츠도 감각적인 것(혼연한 인식)과 지성적인 것(판명한 인식)을 언어를 기준으로 구별했다(전자는 말로 설명할 수 없는 것이고 후자는 말로 설명할 수 있는 것이다). 그는 칸트와는 다르게 양자 사이에는 정도의 차이밖에 없다고 보았지만, 칸트와 마찬가지로 후자가 전자에 비해 우월하다는 입장을 견지했다.

감각적인 것이 지성적인 것보다 우월하다는 비합리주의를 옹호하는 것이 전혀 문제가 아니다. 메를로-퐁티가 말하는 음악적 관념의 새로움은, 모든 경험의 시작과 중심에 인간과 사물들 사이의 상호 역동적·동사적 관계가 놓여 있다는 사실을 가리킨다는 데에 있다. 칸트는 그 관계를 무시했고 인간이라는 주체를 중심으로 개념적·언어적 질서 내에서 사물들을 대상화·고정화·명사화시켰다. 라이프니츠는 감각적인 것과 지성적인 것이 구분되지만 또한 서로 중첩된다는 사실을 말했지만, 그 이유가 바로 인간과 사물들 사이의 관계라는 주객 비분리의 동사적 사건(양자의 가역성)이 우리의 모든 경험을 떠받치고 있기 때문이라는 것을 말하지 않았다. 메를로-퐁티가 제시한 음악적인 것은, 그에게서의 감각적인 것은 그 관계의 동사적·역동적 사건의 표식이다. 그것은 단순히 비합리주의적이거나 신비주의적이지 않으며 낭만적이지도 않고, 다만 우리의 모든 경험의 구조를, 즉 인간과 사물들이 서로 영향을 주고받으면서 얽혀 있다는("교직·교차l'entrelacs-le chiasme") 사실('리얼리티')을 가리키고 있다. 그 사실로부터만 우리는 감각적인 것의 환원 불가능성에 대해 말할 수 있다.

음악적 관념과 살

음악적 관념은 언어적 질서 내에서 고정되지 않는다. 그 관념은 개념들로, 언어로 규정할 수 없는 것이고 오히려 개념들과 언어 자체를 떠받치고 있는 것이다. 다시 말해 그것은 이미 언어화된 기호인—이미 언어인, 또는 언어로서의—지성적 관념[20]이 태어나는 모태이며 그 기반이다. 음악적 관념과 지성적 관념의 차이는, 연주회에서 어떤 곡을 연주할 때 들리는 음들과 그 곡의 악보와의 차이와 유사하다.[21] 즉, 음악적 관념들로 이루어진 세계는 사물들이 우리의 의식 가운데 화석화되기 이전에 우리의 감각 또는 몸과 맺는 단수적單數的, singulier이자 복수적複數的, pluriel이고 다의적多義的이며 생생한 동사적 관계들의 총체이며, 지성적 관념들로 구성된 의식의 내면은 그 관계들이 발생하는 사건들 자체가 언어적·사회적 의미들에 붙들려 보편화·일반화되고 추상화되며 결국 퇴색되는 장소에 지나지 않는다. 음악적 관념과 지성적 관념의 차이는, 흔히 우리가 말하는, 삶의 살아 있는 경험과 책을 읽어서 얻은 간접적 지식의 차이와 정확히 같다. 지성적 관념들의 모태가 되는 음악적 관념들이 이루어낸 세계는, 보이는 사물들과 나의 몸(가령 눈)의 상호작용에 따라 그 사물들이 감각과 정서의 내면에 마치 음악처럼 울리고 설탕이 물에 녹아 퍼지듯 스며들어가서 남은 보이지 않는 것의 세계, 예를 들어 "문학적 관념, 사랑의 변증법, 또한 빛의 분절들, 음향과 촉각의 전시 양식들"[22]이 현시現示되는 세계이다. 메를로-퐁티가 보이는 것이 우리 안에 흔적이나 스크래치처럼 남긴 보이지 않는 것을 표현하기 위해 '음악적musicale'(음악적 관념)이라는 형용사를 쓴 이유가 있다.

---

20 "기보법과 문법과 언어학과—우리가 자유롭게 사용할 수 있는 이미 주어진 명예로운 관념들인—'지성의 관념들'이 필요 없다는 것을 말하지 않는다"(같은 책, 219쪽).

21 같은 책, 218~219쪽.

22 같은 책, 214쪽.

왜냐하면 음악(우리가 듣는 예술의 한 장르로서의 음악)이 보이는 것과 보이지 않는 것이 상호 얽혀 들어가 있다는 사실(교직-교차)을, 관계라는 동사적 사건 자체를, 주체도 아니고 대상도 아니고 바로 그 사건 자체에 모든 경험의 발단이자 핵심이 있다는 사실을 상징적으로 보여주기 때문이다.[23]

음악적 관념들이 바탕이 되어 모든 경험을 떠받치고 있는 세계, 음악적 관념들이 총체적으로 일구어낸 공간이 바로 메를로-퐁티가 말하는 '살chair'이다. "살과 (음악적) 관념의 연관성"[24]이 존재한다. 살은 의식의 합리적·언어적 조작으로 규정된 대상들 그 이전 또는 그 이하의 세계, 그것들의 구성 조건이 되는 야생적인 감각적 세계이다. 살은 보이는 어떠한 공간도 아니며, 보이는 것과 보이지 않는 것(즉 음악적 관념들)을 총체적으로 아우르는 공간이다. 살은 객관적으로 가리킬 수 있는 어떠한 공간도 아니며 의식적 내면의 표상들의 총합도 아니고, 차라리 관계의 사건들이 펼쳐지는 안이자 바깥의 공간, 바깥이자 안의 공간이다. "살은 물질이 아니고, 정신이 아니며, 실체substance가 아니다."[25] 살은 관계 내에서의 공간, 또는 관계로서의 공간이다. 살은 경험의 대상 세계에도 경험의 주체에도 속하지 않는다. 그것은 경험 가능한 사물(감각 가능한 사물)과 경험하는 자(감각하는 자)의 관계의 사건(감각이 주어지는 과정 또는 감각하는 행위) 가운데, 즉 둘 사이에 존재한다. 그러한 의미에서 살은 사이-세계이다. 따라서 그것은 내면(의식이 아닌 감각의 내면)이자 또한 결코 전유할 수 없는 바깥의 공간이다. 그

---

23   "음악은 다름 아닌 존재Etre의 초안들, 존재의 밀물과 썰물, 존재의 자라남, 존재의
       번쩍임과 소용돌이만을 형상화하기 위해 너무나도 이 세계와 지정할 수 있는 것 이하에
       있다"(M. Merleau-Ponty, *L'Œil et l'esprit*,, p. 14).
24   모리스 메를로-퐁티, 『보이는 것과 보이지 않는 것』, 213쪽.
25   같은 책, 200쪽.

징표가 되는 것이 바로 음악적 관념이다. 살의 존재는 모든 경험의 중심이 외부에도 내부에도 있지 않고, 양자의 관계의 사건에 있다는 사실의 근거이다. 살은 그렇다고 외부와 내부를 총괄하는 어떤 무차별적이고 신비한 형이상학적 일자—者도 아니며, 양자의 관계의 사건에 따라 나타나는 감각적인 것들의 세계 일반이다. "우리가 조금 전에 살이라고 부른 것이 바로 이 가시성, 이 감각적인 것 자체의 보편성, 내 자신에 내재적인 익명성이다."[26]

개념화되지 않는 미적 대상과 숭고의 대상

음악적 관념이 완전히 개념화되지 않는 것이며 세계를 이루고 있는 가장 근본적인 것이라면, 감각은 결국 개념의 영역으로 환원되지 않는 것이며, 세계는 개념의 빛으로 남김없이 해명될 수 없는 것이다. 그러나 칸트 역시 모든 감각이 개념의 영역으로 환원된다거나 경험 세계 전체가 지성에 의해 개념적으로 파악될 수 있다고 보지는 않았다.

그러한 사실을 먼저 칸트의 미적 대상에 대한 분석이 증명한다. 잡다한 감각들을 하나의 종합으로 가져가는 능력인 상상력과 개념 구성의 능력인 지성 사이의 확정적 관계가 아니라 비확정적 조화의 관계에 의해 아름답다고 판단되는 미적 대상이 세계에 존재하며, 그러한 미적 대상은 개념적 규정을 벗어난다.[27] 왜냐하면 그것은 단순히 개념으로 포착할 수 있는 대상이 될 수 없는 주관적 요소를 갖고 있으며, 따라서 어떠한 개념적·논리적 판단의 대상도 될 수 없기 때문이다. 미적

---

26 같은 곳.

27 "미란 개념 없이 보편적 만족을 주는 대상으로 표상되는 것이다"(I. Kant, *Kritik der Uteilskraft, Werke*, 8, Insel, 1957, p. 288/B 17).

대상이 갖고 있는 그 주관적 요소가 바로 "쾌와 불쾌의 감정"이다.[28] 그러나 칸트가 말하는 미적 대상은 어떠한 판단도 요구할 수 없는 주관적 요소로만 이루어져 있지 않다. 어떤 대상이 가능한 한 쾌와 불쾌라는 우리의 주관적 감정에 호소하지 않고, 그 자체의 객관적 측면인 조화로운 형식적 표상 방식을 더 잘 드러내줄 때 미적 대상이 된다. 미적 대상은 지성의 규정적·개념적 판단을 요구할 수는 없지만 그 자체가 갖고 있는 기하학적이거나 조형적인 조화의 미를 갖고 있기 때문에 취미 판단을 요구할 수 있다. 말하자면 칸트에게 아름다운 것은 자극이나 감동을 주어서 주관적 감정을 흔들리게 하는 대상이 아니고, 우리에게 관조할 수 있는 충분한 거리를 주는 형식에 기초해 조화와 균형을 드러내는 대상이다. 가령 그는 사물의 색이 아니라 형태가 우리의 주관적 보편성을 요구할 수 있다고 보았다. 사물의 아름다움이 색이 아니라 형태에 있다고 본 것이다. 그에게 미적 대상은 수학적으로든 기하학적으로든 형식의 아름다움을 갖고 있는 것이며, 그에 따라 우리에게 관조의 거리를 내주는 것이다. 따라서 칸트에게 미적 대상은 우리의 일반적 경험 가운데 있지 않고 매우 제한되어 있다. 그에게 아름다운 것은 혼합된 색보다는 단순한 색이며, 색보다는 윤곽선이고, 구체적인 예를 들자면 단순한 그림 액자, 조각의 의상, 기둥 복도 등이다.[29]

또한 칸트에게서 숭고의 대상 역시 지성의 개념에 포착되지 않는 것이다. 어떠한 지성의 개념에도 포섭되지 않으며—즉 어떠한 표상에도 일치하지 않으며—"상상력에 대해 폭력적으로"[30] 보이고 이성의 이념을 부정적으로 지시하면서[31] 경이를 불러일으키는 숭고의 대상이 존

---

28   같은 책, p. 289/B 18.
29   같은 책, pp. 304~306/B 39~43.
30   같은 책, p. 330/B 76.
31   같은 책, p. 329/B 75.

재한다. 그것은 지성의 한계를 초과할 뿐만 아니라 우리의 감성적 표상 능력의 한계를 가리키고 그 한계를 넘어선다. 그것은 감각에 충격을 주지만, 그렇다고 감각으로 환원되지도 않고, 오히려 초감각적이거나 선험적인, 우리 안의 고귀한 능력인 이성의 사명을 일깨운다. 숭고의 대상은 초월적인 어떤 감정과, 즉 이성으로 열리는 감정과 연결된다. 그것은 이념적인 법칙에 대한 존경과 초감성적인 사명에서 비롯된 감정 속에서 이성의 자기 관계가 연출되는 장소일 것이다.

그러나 칸트에게서 미적 대상과 숭고의 대상은 세계의 일반적인 대상이 아니라 여분의 대상이다. 미美(아름다움)는 어떤 대상이 우리 정신의 한 제한된 조건(상상력과 지성의 조화)에 부합되었을 때 나타나며, 따라서 경험의 한 측면만을 드러낸다. 숭고의 감정 역시 우리가 엄청나게 큰 어떤 대상이 초감각적인 이념을 부정적으로 지시할 때 발생하는 특수한 경험일 뿐이다. 미적 대상과 숭고의 대상에 대한 칸트의 언급은 그가 감각적인 것을 지성적인 것의 틀 내에서 재단하지 않았다는 분명한 증거가 된다. 분명 칸트는 그렇게 재단할 만큼 단순하지 않았다. 그러나 그가 제시하는 미적 대상과 숭고의 대상은, 우리의 이 경험의 삶(또는 삶의 경험) 일반 또는 전체에 비추어볼 때, 매우 한정되고 특별한 것들이라고 말할 수 있다. 또는 이렇게도 말할 수 있다. 칸트에게서 감각과 관계하는 대상들은 지성의 형식에 따라 일반적으로 개념화될 수 있는 것들(그것들을 다루는 것이 『순수이성비판』에서 '선험적 감성론'으로 번역되는 '트란첸덴탈 에스테틱Transzendentale Ästhetik'이다) 그리고 단순한 개념적 규정을 거부하는, 『판단력비판』의 미학적 탐구의 영역에 속하는 것들이 있다. 칸트의 감각적 대상에 대한 이론에 이 분법이 존재한다.

음악적 관념으로부터 해명된 예술

따라서 그러한 칸트의 이론은 감각적 경험 세계에서 예술이나 미학적 탐구의 대상이 될 수 있는 것들을 축소시킨다고 볼 수 있다. 우리가 살아가는 감각적 세계 일반이 예술의 근원이며 미학적 탐구의 공간 자체이고, 거기에서의 우리의 삶 자체가 예술의 소재이며 예술적 창조·향유·성찰의 근원이라는 것을 보여주어야 할 필요가 있다. (칸트의 이론이 감각적 세계에서 미적 영역에 속할 수 있는 것들을 축소시켜놓았다면, 사실 칸트의 이론을 바탕으로 현대의 예술 작품을 설명하는 데에 한계가 있을 수밖에 없다.[32] 하나의 사과가, 책상 하나가, 한 풍경이, 들판이, 한 평범한 인간이 예술의 소재들이 될 수 있다. 예를 들어 귀스타브 플로베르Gustave Flaubert는 자신의 예술·글쓰기에서 무엇을 예술적 표현의 대상으로 삼는가가 중요한 것이 아니라─아무것이나 예술적 표현의 대상이 될 수 있으며─오로지 스타일만이, 보는 방법만이 중요하다고 말하지 않았던가.)

메를로-퐁티는 음악적 관념을 말하면서 우리가 살고 있는 이 세계, 우리의 모든 경험이 이루어지고 있는 살로 된 이 세계 자체가 예술은 말할 것도 없고 미적 경험 일반이 이루어지는 공간이라는 것을 보여준다. 음악적 관념은 구체적이고 개별적인 예술(회화·문학·음악 등)의 기저이기 이전에, '내'가 가령 하나의 사물(만년필·사과)을 보거나 들이나 바다 같은 자연을 보거나 또는 타인의 얼굴을 볼 때, 그러한 보이는 것들이 '내' 안에 남기는 흔적 나아가 떨림·울림과 같은 것이다. 세계에서 드러나는 어떠한 사물도 단순히 보이는 물질적 대상이 아니

---

32 물론 장-프랑수아 리오타르Jean-François Lyotard는 칸트의 숭고론을 바탕으로 현대 예술을 탁월하게 설명했다(J.-F. Lyotard, *Leçons sur l'analytique du sublime*, Galilée, 1991). 그러나 이는 리오타르가 칸트를 충실하게 따랐기 때문이라기보다는 자기 고유의 관점에서 출발했기 때문에 가능할 수 있었다.

며, '나'를 보고 '내'게 말을 걸어오면서 '내' 안에서 어떤 정념을 불러일
으키는—설사 경우에 따라서는 그 정념이 매우 미약한 것이라 할지라
도—보이지 않는 음악적 관념으로 전환된다(보이는 것과 보이지 않는
것의 가역성). 사실 원칙적으로 예술가는 세계(살의 세계, 세계의 살)
에서 음악적 관념으로 전환되는 아무 사물로부터 예술 작품을 만들 수
있으며(가령 현대 프랑스 시인 프랑시스 퐁주Francis Ponge는 창fenêtre, 포
도주vin, 라디오radio, 가방valise과 같은 진부한 일상의 사물들을 묘사하
는 '사물시'를 썼다[33]), 따라서 예술의 근원은 음악적 관념들 나아가 그
것들로 이루어진 세계 자체라고 말할 수 있다. "문학·음악·정념들 그
뿐 아니라 보이는 세계에 대한 경험 역시 라브와지에Lavoisier와 앙페르
Ampère의 과학 못지않게 보이지 않는 것에 대한 탐색이고 관념들[음악
적 관념들]로 된 우주를 드러내는 것이다."[34]

　보이는 것(사물)이 보이지 않는 것으로, 내면의 흔적으로, 즉 개
념에 결코 귀속되지 않는 음악적 관념으로 전환되는 과정, 그 과정은
근본적으로 살로 이루어진 세계에서의 경험 일반에서 진행되며, 그 과
정에 누구나 참여하고 있다. 예술가는 다만 그 과정에 다른 그 누구보
다도 더 주목하는 자, 나아가 그 과정을 표현 수단(예를 들어 언어·색
과 선·음과 리듬)을 통해 표현할 수 있고 타인들에게 설득력 있게 전
달할 수 있는 자일뿐이다. 예술가, 문인과 화가 그리고 음악가는 서로
다른 표현 수단들을 사용하고 서로 다르다고 일반적으로 여겨지는 영
역에서 활동하지만, 모두 음악적 관념들에 기반을 두어 작업하고 음악
적 관념들을 표현하려 한다는 점에서 하나이다. 다만 문인은 보이지 않
는 음악적 관념들을 언어에 투영하고, 화가는 색과 선에, 작곡가나 연

33　F. Ponge, *Pièces*, Gallimard, 1962.
34　모리스 메를로-퐁티, 『보이는 것과 보이지 않는 것』, 213쪽. 번역 약간 수정.

주자는 음과 리듬에 투영할 뿐이다. 음악적 관념은 모든 예술가가 돌아가고 있는 영감의 근원이며 나아가 모든 예술의 근원이다.

보이는 것이 내면으로 나타나는 보이지 않는 흔적, 즉 음악적 관념을 통해 우리는 살에 접촉하며 또한 살에 의해 수동적으로 접촉당한다. 음악적 관념은 우리가 감각적 경험 세계, 살로 된 세계를 개념들로 일방적으로 규정해 소유할 수 없다는 사실의 징표이다. 음악적 관념은 보이는 것이 내면에 그려지면서 남기는 흔적, '상처', 나아가 떨림vibration이다. 음악적 관념은 우리의 세계와의 만남·접촉(세계와 마주하는 경험)에서 세계를 완전히 전유할 수 없고 언제나 근본적으로는 수동성(당함)의 위치에 놓여 있을 수밖에 없다는 사실을 증명한다. 그것은 부정적否定的, négatif인 것, 소유할 수 없는 부재이다. "음악적 또는 감각적인 관념들은 정확히 부정성 또는 도려내어진 부재이기 때문에 우리는 그것들을 소유할 수 없으며 그것들이 우리를 소유한다."[35]

음악적 관념은 개념화할 수 없고 소유할 수 없는 보이지 않는 것, 부정적인—결정되지 않은, 규정될 수 없는—것이다. 그러한 관념을 그 자체에 가장 근접해서 표현하는 자는 예술가들 중에서도 특히 음악가, 작곡자나 연주자일 것이다. 왜냐하면 음악가가 택한 표현 수단인 음과 리듬이 화가의 선과 색이나 문인의 언어보다도 훨씬 더 미규정적이고 가장 보이는 이미지로부터 멀어져서, 즉 보이는 것을 가장 모방하지 않으면서 정념을 표현하기 때문이다(음악은 가장 비재현적·비모방적 예술이다). 말하자면 음악가의 표현 수단인 음과 리듬은 다른 표현 수단들보다도 보이는 사물로부터 가장 멀리 멀어져 가고 있기에 보이지 않는 음악적 관념에 더 가까이 다가가 있다. 하지만 모든 예술가들 각자가 나름대로의 표현 수단을 통해 표현하는 음악적 관념이 내면의 흔적

35　같은 책, 216쪽.

이고 내면의 울림·떨림을 가져온다면, 또한 그들이 창조해낸 예술 작품에 내용으로서의 의미나 보이는 이미지 배면에 보이지 않는 음악적 관념이 숨어 있다고 본다면, 모든 예술 작품은 어느 정도 음악적이다. 간단히 말해 음악적 관념이 그 자체 내에 음악성을 갖고 있는 관념("음악적 또는 감각적 관념들")이라면, 그리고 모든 예술이 궁극적으로 보이는 것에 대한 모방·재현이 아니라 표상되지 않고 보이지 않는 음악적 관념에 대한 표현이라면, 모든 예술은 어느 정도 음악적이다. 음악적 관념은 모든 예술의 모태이다.

존재로서의 음악적 관념과 예술가의 위치

여기서 메를로-퐁티는 놀랄 만한 결론을, 하이데거의 존재 사유를 단번에 요약하는 문장을 내놓는다. "[음악적] 관념은 이 세계의 보이지 않는 것이고 이 세계에 거주하고 있는 보이지 않는 것이고, 이 세계를 떠받치고 있는 보이지 않는 것이며, 이 세계를 보이게끔 하는 보이지 않는 것이고, 이 세계의 내적이고 고유한 가능성이며 이 존재자의 존재 l'Être de cet étant이다."[36] 음악적 관념은 '나'의 이 세계로의 열림과, 즉 '나'의 바깥에 있음이라는 탈존과 더불어 이 세계가 '나'에게 주어지고 나타나는 사건을, 어쨌든 이 세계와 '내'가 관계하는 보이지 않는 사건을, 즉 존재자의 존재를 알린다. 그 사건은 또한 탈존의 수행이며, 그 사건이 전제되어야만 비로소 사물들이 보이는 것으로 나타난다. 그렇기에 음악적 관념은 사물들을 그 자체로 드러낼 뿐만 아니라 '나'의 탈존과 동근원적인, 존재자들의 존재이다. 존재는 관계로 열리는, 관계 내에

---

36   같은 곳. 프랑스어는 인용자가 삽입했다. 원문은 M. Merleau-Ponty, *Le Visible et l'invisible*, Gallimard, 1964, p. 216.

들어가는 사건이며, '나'는 그 관계 내에서만 비로소 존재할 수 있기에 근본적으로는 또는 원칙적으로는 수동적이다.

예술가는 그러한 인간 존재의 수동성의 극한에 자리 잡고 있는 자이며, 그러한 한에서 존재에 가장 가까이 다가가 있는 자이다―메를로-퐁티는 여기서 스스로 명확하게 하고 있지는 않지만 예술가·시인은 존재 가장 가까이에 거주하는 자라고 말하는 하이데거와 만난다. "다시 말해 사물들이 우리를 소유한다. 우리가 사물들을 소유하는 것이 아니다. [……] 존재가 우리 안에서 말하는 것이다. 우리가 존재에 관해서 말하는 것이 아니다."[37] 존재가 스스로 말할 수 있도록 존재에 최대한 가까이 다가가 있음, 그러한 사실에 예술가에게 주어질 수 있는 영예가 있다. 그러나 그러한 예술가의 영예는 결코 예술가 자신에게 귀속되지 않고 그 자신에게 고유한 것이 아니다. 예술가의 영예는 그가 세계와의 관계에, 자신의 탈존에 충실했다는 사실만을 보여준다. 음악적 관념으로 드러나는 존재가 예술가가 속해 있는 인간 일반의 수동성을 증거한다면, 예술가는 다만 존재-관계 내에 들어가 있는 익명의 어떤 인간을 극적으로 대변하는 비인칭적 존재일 뿐이다.

---

37   모리스 메를로-퐁티, 『보이는 것과 보이지 않는 것』, 282쪽.

5 에로스의 말:

조르주 바타유, 에로티시즘과 두 종류의 언어

성의 모순과 역설, 삶의 모순과 역설

우리의 성性은 사회의 테두리 내에, 사회적 질서와 규범들 아래에 놓여 있다. 성이 사회적 틀을 넘어서거나 부술 수도 있는 어떤 계기나 상황이 주어질 수 있다는 것도 분명 사실이지만, 그 사실에 앞서는 사실은, 어떠한 형태로든 먼저 성이 사회로부터 통제되고 억압되어 있다는 것이다. 이 사실은 앞의 사실의 조건이거나 전제이다. 한마디로, 또한 당연한 말이지만 사회는 우리에게 무차별적이고 무제한적인 성적 자유를 허용하지 않으며, 모든 사회에서 언제나 성적 억압과 규제와 금기가 존재하고, 언제나 성과 사회는 적어도 어느 정도로는 대립의 양상을 보여 준다.

사회와 성의 최소한의 대립도—그것이 어떠한 것이든—인정하지 않거나 무시하거나 모르는 것, 그것은 인간이기를 포기하는 것, 곧 동물로 전락하는 것과 다르지 않다. 우리는 어젯밤에 벌였던 '그 행위'의 장면이 동료들의 눈에는 직접 그대로 보이지는 않았다고 믿는 하에서만 아침에 직장에서 그들과 자연스럽게 인사할 수 있으며, 아무리 급진적인 성 자유주의자라 할지라도 대낮에 사람들이 보는 앞에서 '행위'를 벌일 수는 없는 것이다. 그것은 은밀하게 벌어진다 할지라도, 톨스토이와 같은 사람의 눈에는, 아마 적지 않은 사람들의 눈에는 너무 끔찍하게까지 보일 수도 있다. 성과 연관된 어떤 것이나 어떤 측면은 누구나 뻔히 알고 있는 것임에도 불구하고 마치 그렇지 않은 것처럼 감추어야 하는 법法, 우리의 뿌리를 숨겨야 하는 법이다. 이는 단순히 도덕적 위선은 아니며, 인간 존재에 거의 필연적일 수밖에 없는 조건이다.

오이디푸스가 주위의 만류에도 불구하고 자신이 누구인가를 알기 위해 자신의 비밀을, 자신의 뿌리를 끝까지 추적해 나갔을 때, 그가 발견했던 자는 인간이 아닌 동물, 보다 정확히, 동물로 전락한 인간이었다. 사람들의 눈에 자신의 어머니와 잠자리를 함께한 자는 인간이 아니었고, 그 사실을 오이디푸스는 이해하고 받아들였기에 스스로 눈을 찌르고 자신이 왕으로서 다스렸던 공동체 사회를 떠났던 것이다. 인간이 아닌 자는 인간 사회에 머무를 수 없는 법이다. 물론 오이디푸스는 인간 세계에 발을 들여놓은 적이 없는 동물이 아니기에 근친상간 금지라는 법이 무엇인지 납득하고 있지만, 그에 따라 자발적으로 방랑의 길을 떠나지만 결코 인간의 법을 절대화하지 않는 동시에 그 법 아래에서 질식당한 왜소한 인간으로 남지 않는다. 그는 법 너머의 삶 자체를, 법을 깨뜨릴 수 있기에 결코 단순한 동물의 삶에 머무를 수 없는 인간 자체의 삶을 긍정한다. 깨진 법의 균열 사이로 솟아오르는 인간의 생명 자체에 대한 긍정, 바로 거기에 오이디푸스의 이야기가 인간은 자신의 운명을 알 수 없으므로 오만해서는 안 된다는 교훈을 주고 있다는 도덕적 해석에 반대하면서 니체가 그 비극과 관련해 부각시킨 쟁점의 핵심이 있다(『비극의 탄생』, 9항 참조).

오이디푸스의 죄는 단순히 오만했다거나 한계를 지키지 않았다는 도덕적 결함에 있지 않다. 그것은 도덕의 차원을 넘어서는, 인간 존재 자체의 죄, 법을 받았다는 죄일 뿐이다. 인간으로 태어났고 살아간다는 죄, 따라서 죄 아닌 죄, 그러한 한에서 그것은 법·사회 그리고 인간의 생명·실존 사이의 메울 수 없는 벌어진 틈을 가리켜 보여준다. 물론 오이디푸스의 이야기가 전적으로 인간의 성에 대한 것으로 축소될 수는 없지만, 그 이야기에서 성은 하나의 핵심적 심급으로 자리 잡는다—나아가 우리가 잘 아는 대로 그 이야기는 정신분석학에 이르게 되면 성적 존재로서의 인간과 인간의 성적 상황을 대변하는 것으로 부각된다. 사회는 물론 성(본능으로서의 성, 종족 보존을 위한 성)을 바탕으로 구축되었지만, 마찬가지로 성(실존으로서의 성, 욕망과 쾌락으로서의 성, 인간의 자유의 실현과 표현으로서의 성)을 억압하고 규제함으로써, 거기에 법을 부과함으로써 성립한다. 사회 내에서 무제약적으로, 무제한적으로 성을 추구해서도 안 되고 드러내서도 안 된다. 우리가 성 일반에서—특히 우리를 존재하게 만든 부모의 성을 기억해보자—무언가를 감추어 덮고 그것이 아닌 것처럼 해야만 한다는 것은 우리의 뿌리를 직시하고 까발리기를 두려워하고 터부시한다는 것을 의미하지 않는가? 우리가 오이디푸스처럼 아버지를 살해하고 어머니와 같이 잠자리에 눕지는 않았을지라도, 우리는 그와 마찬가지로 우리의 탄생의 근거를 날것 그대로 폭로해서는 안 되는 것이다. 우리는 거기에 있는 비밀을—그것이 우리에게서는 오이디푸스의 특별한 경우와는 달리 사실은 전혀 비밀이 아님에도 불구하고—비밀로서 그대로 놓아두어야만, 적어도 그대로 놓아두는 척이라도 해야만 한다(이 의무는 오이디푸스의 경우에서도 마찬가지로 그대로 준수되었어야 할 것이었다). 그러나 동시에 우리는 그와 마찬가지로 그 근거 또는 그 비밀을 파헤치고 노출시키고 싶어 하는 욕망을 갖고 있지 않은가? 그 욕망이 바로 동물적인 성적 본능과는 완전히 다른 에로티시즘이다.

에로티시즘과 언어의 대립

성과 사회의 대립이란 실질적으로 어떠한 것인가? 그 대립은 우리 자신의 경험 속에서 어떻게 알려지는가?

이 물음에 대해 생각해보기 위해 여기서 에로티시즘에 대한 중요한 통찰을 우리에게 제시해준 조르주 바타유Georges Bataille의 이러한 말을 되돌려보자. "경험[그가 말하는, 또한 그가 주목하는 극단의 에로티

시즘의 경험을 포함하는 '내적 경험expérience intérieure'] 속에서, 언명된 것
은 아무것도 아니거나 하나의 수단 그리고 하나의 수단인 것만큼이나
하나의 장애물이다. 중요한 것은 이제 바람에 대한 언명이 아니라 바람
자체이다."[1] 이 문장들은, 우리가 바람에 대한 언명 때문에, 간단히, '바
람'이라는 단어 덕분에 바람을 의식(인식)할 수 있게 되었기는 하지만,
'바람 자체'에 접근할 수 없게 되었다는 사실을 암시하고 있다. 불행하
게도, 절망스럽게도, 나아가 비극적이게도, 여기서 그보다 더 과장된
표현을 아무것이나 더 덧붙일 수 있을 텐데, 왜냐하면 언어로 인해 '바
람 자체'에 접근할 수 없다는 불가능성이 인간의 궁극적 문제와 비극
을 요약하기 때문이다(이 점에 대해 다시 말해야만 할 것이다). '바람'
이라는 단어는 우리가 '바람 자체'에 다가가고자 시도하는 데에서 장애
물, 걸림돌이다. 왜냐하면 하나의 단어는, 나아가 언어 자체는, 바타유
가 『에로티즘L'Érotisme』에서 강조한 바 있는 '존재의 연속성continuité de l'
être'을 깨뜨리기 때문이다. "어떤 지고의 한 순간에 전체적 전망은 결코
우리에게 주어지지 않는데, 그것을 언어는 분리된 측면들로 조각낸다.
[……] 따라서 언어 속에서 우리는 우리에게 중요했던 것을, 즉 서로가
서로에게 의존되어 있는 명제들의 형태 안에서 숨어버리고 마는 것을
포착하지 못하며, 그 명제들 각각이 연결되어 있는 총체는 나타나지 않
는다. 우리의 주의注意는, 문장들이 감추어놓은 그 총체에 고정되어 있
지만, 이어지는 문장들의 명멸이 충만한 빛이 될 수는 없다."[2]

   그 '지고의 한 순간'에 연루된 에로티시즘은 동물적 성의 차원에
서 성적 본능을 충족시키려는 움직임으로 결코 환원될 수 없다("에로
티즘, 동물적 성과 대립하는, 내적 경험의 '직접적인' 측면"). 왜냐하면

---

1   G. Bataille, *L'Expérience intérieure*, *Œuvres complètes*, V, Gallimard, 1973, p. 25.
2   G. Bataille, *L'Érotisme*, *Œuvres complètes*, X, Gallimard, 1987, p. 268.

그것은 인간의 존재 조건으로부터, 즉 언어로 인해 존재의 연속성이 깨졌다는 사실로부터 발원하며, 또한 인간 존재의 지향점으로, 즉 언어가 단절시켜놓은 존재의 연속성이 순간적으로라도 복원되는 지점으로 열려 있기 때문이다. 언어로 인해 우리는 스스로 의도하지도 원하지 않았음에도 불구하고 바람의 관념(인식된, 의식된, 표상된 바람)과 '바람 자체' 사이의 균열 속으로, 관념적 세계와 실재적 세계 사이의 심연에 '함몰enlisement'[3]되어(추락) 두 세계 사이에서 '찢긴 존재'(헤겔의 표현)가 되었으며, 동물적 본능과 다른 에로티시즘은 우리를 그 심연을 건너뛰어 총체적 하나의 세계를 복구하려는 시도로, 즉 '찢김'을 넘어서서 우리 자신의 전全 존재를 되찾으려는 시도로 내몬다.

바람의 관념으로부터 '바람 자체'로 넘어가거나 되돌아가는 것은, 에로티시즘의 경우, 의식으로부터 감각으로, 몸(성적인 몸, 몸의 쾌락과 욕망)으로 넘어가거나 되돌아가는 것이다. 그러한 이행 또는 회귀의 전제는 순간적으로라도 의식을 멈추게 하는 것, 언어의 공간으로부터 이탈되어 빠져나오는 것이다. 그러나 그것은, 바로 언어가 모든 사회성과 모든 사회적 관계와 규칙을, 간단히, 인간의 사회 자체를 떠받치고 있다고 본다면, 사회라는 공간으로부터 떨어져 나오는 것과 다르지 않다. 가령 오이디푸스를 파멸로 몰아넣었던 척도인 법을 부정하고 정지시키고 무화시키는 것이다. 범죄, 하지만 실정법에 위반되는 단순하고 명백한 범죄가 아니라—또는 그러한 범죄이기 이전에—, 사회와 생명·실존 사이에서 입 벌린 메울 수 없는 불가피한 틈으로 파고들어 갔다는 프로메테우스적인 범죄, 즉 바타유가 강조하는 위반transgression, 그것을 통해 에로티시즘은 비로소 "죽음까지 파고드는 삶"이자 "삶 가운데에서의 작은 죽음"이 된다. 그 삶이자 죽음은 동물이 아닌 인간만

---

3 "그러나 다른 사람들이 함몰을 보는 곳에서 나는 운運의 지상권을 본다"(같은 책, p. 245).

의 것이다. 왜냐하면 위반이 설사 부부 사이에서 벌어지는 미약한 것이라 할지라도 위반을 전제하지 않는 에로티시즘이란 존재하지 않기 때문이다. 에로티시즘의 경험에 이르기 위해 위반의 필연적 조건이 되지만 결국 부정해야 할 대상이 존재한다면, 그것은 바로 사회의 언어적 공간 또는 사회적 언어의 공간(동물들이 서로 교환하는 몸짓들과 행동들에 제한적으로 드러나는 자연적 기호들과는 완전히 다른 '제도의 기호들'의 공간)이다. 즉 인간은 에로티시즘에 도달하기 위해 모든 규칙과 모든 기준, 모든 법이 이미 정립되어 있는 인간 자신만의 공간을 부정해야만 한다.

에로티시즘의 정상에 오르기 위해서는 위반을 행해야 하며, 위반을 행하기 위해서는 언어 내에 존재해야만 하고, 같은 말이지만 사회 내에, 법과 금기 내에 존재해야만 한다―그로부터 "금기interdit와 위반의 대립적이고 상보적인 원초적 관계"[4]라는 잘 알려진 바타유의 테제가 도출된다. 하지만 이러한 사실에 주목해볼 필요가 있다. 우리가 동물처럼 성의 모든 것을 대낮의 밝은 빛 아래에 스스로 까발려놓을 수 없다면, 동물로 전락하지 않기 위해서뿐만 아니라, 우리 자신의 성적 매력을 포기할 수 없고 이성異性을 유혹하기를 완전히 단념할 수 없기, 결국 에로티시즘을 완전히 내팽개칠 수 없기 때문이다―그러나 동물로 전락한다는 것과 에로티시즘을 완전히 망각한다는 것은 결국 같지 않은가? 우리는 에로티시즘의 끈을 놓지 않기 위해 사회 내의 타인의 시선에 적어도 어느 정도는 부합해야 하거나 최소한 그것을 묵살하지 않아야 한다. 동물처럼 더러워서는 안 되고, 가능한 깨끗해야만 하며, 정숙하거나 적어도 정숙한 척이라도 해야만 한다(아름다운 자태, 매혹적인 형상, 조화로운 균형, 그러한 것들은 언어적·사회적 질서가, 결국 이성

---

4   같은 책, p. 194.

적·지적 질서가 조형적인 형태로 번역되어 남은 것들이다).

위반: 에로티시즘의 반사회성

바타유에게서 에로티시즘은 "금기와 위반의 대립적이고 상보적인 원초적 관계"를 전제하며, 그 관계가 설정되어 있지 않다면 에로티시즘은 정상에 오를 수 없다. 다시 말해 에로티시즘은 사회의 규제적 언어(금기·법)의 정립을 전제해야 하지만, 또한 그 언어에 도전하고 대립해야만 실행될 수 있다. 나아가 그것은 금기와 법 같은 사회의 규범적 언어뿐만 아니라 모든 사회적 언어, 따라서 언어 자체(왜냐하면 '사회적 언어'라는 표현에서 '사회적'이라는 단어는 췌언에 지나지 않기, 즉 모든 언어는 사회적이기 때문이다)를 부정하는 순간에 이르러야만 극단으로, 본래적 의미에서의 강렬함intensité으로 열린다. 언어의 무화無化와 그에 따르는 의식의 중단이, 한마디로 '비-지非-知, le non-savoir가 우리를 극점의 에로티시즘으로 인도하는 것이다. "우리가 지식에 대한 의지를 포기할 때마다, 우리는 보다 더 거대한 어떤 강렬함의 세계와 접할 가능성을 갖게 된다."[5] 언어와 의식의 순간적(바타유는 에로티시즘의 극한에 언제나 '순간적'으로밖에 접근할 수 없음을 말했다) 중지에 따라 열리는 비-지의 법열의 세계는 의식·언어 그리고 지식으로 구성된 현실의 일상적 세계, 규칙들로 구획화된 바로 '이 세계'와 대립하는 동시에 그것을 넘어선다. 그에게 언어 대한 부정과, 즉 비-지에 대한 긍정과 이세계 또는 이 사회(그가 말하는 '제한 경제'에 따라, 이익의 추구와 이익의 경제적 교환에 의해 지배되는 사회)에 대한 부정은 동근원적이다.

5   G. Bataille, "Les Conséquences du non-savoir", *Œuvres complètes*, VIII, Gallimard, 1976, p. 159.

결국 바타유가 부각시키고 있는 것은, 연인들이 여는 '공동체'와 사회 사이의 갈등과 대립이라고 말할 수 있다. 그러나 우리가 수많은 소설과 영화를 통해 잘 알고 있는 그 대치 상황은 물론 바타유에게만 고유한 주제가 아니다. 연인들과 사회 사이의 불화는, 질풍노도의 시대나 낭만주의 이후로—즉 『젊은 베르테르의 슬픔』 이후로, 또한 예나의 초기 독일 낭만주의 서클이 일부일처제를 부정하면서 구축하고자 했던 새로운 사랑의 공동체 이후로, 또한 노발리스가 사랑했던 소녀와 사별하고 이 세계 너머의 어떤 초월적 세계를 그리워하고 그리는 시인이 된 이후로—바그너의 『트리스탄과 이졸데』를 거쳐 초현실주의에 이르기까지, 나아가 자신도 모르게 낭만주의의 영향권 아래에 놓이게 되어버린, 사랑의 비밀을 탐색하기를 원했던 우리 근현대인 일반에 이르기까지 적지 않은 경우 사회와는 다른 어떤 신비하고 매혹적인 신비한 세계로 진입했다는 사실을 알리는 신호로 여겨져 왔다. 연인과 사회의 분쟁이 크면 클수록 사랑은 보다 더 심오하고 보다 더 진정한 것이 되었던 것이다. 바타유는 그러한 '낭만주의적' 관점을 되풀이해서 보여주고 있지만, 그 관점을 극단의 지점까지 밀어붙인다. 에로티시즘의 진정한 공동체는 언어가 한계에 이르고 비-지가 군림하기까지 사회와 부딪혀야만 하고, 사회 바깥으로 향해 나가 위반으로 사회를 넘어서야만 하는 것이다.

바타유가 사랑에 대한 지나치게 감상적이고 비현실적인, 나아가 '퇴폐적인' 입장만을 반복해서 표명하고 있다고 비판할 수 있을는지도 모른다. 그러나 그에게 에로티시즘이란 남녀의 사랑이라는 문제로 결코 축소될 수 없으며, 전적으로 인간 존재, 나아가 존재 자체에 대한, 그리고 비존재 자체인 죽음에 대한 물음과 결부된다. 이 사회에서의 제한 경제의 논리에 따라 이루어지는, 인간들 사이의 피상적인 관계 그 너머로 다가가고, 어떤 혁명적인 움직임을 정치와는 다른 에로티시즘—하지만 정치적인 것과 결코 분리될 수 없는 에로티시즘—에 가져오는 것이 관건이 된다. 궁극적 문제는 소통의 혁명 또는 혁명적 소통에, 우리 자신의 존재를 내기에 걸어놓고 죽음을 담보로 이루어질 벌거벗은 소통에 있으며, 위반은 그 자체로는 무의미하고 오직 그러한 소통을 위한 계기로서만 조명될 뿐이다.

"금기와 위반의 대립적이고 상보적인 원초적 관계", 말하자면 "위반은 금기에 대한 부정이 아니며 금기를 넘어서고 금기를 완성하는 것이다".[6] 이러한 바타유의 명제는, 위반이 그 끝에서 부딪히게 되는 것은 금기(또는 법)이며, 금기는 다시 위반되어야 할, 에로티시즘의 실행 조건일 수밖에 없다는 점을 말하고 있다. 한마디로 에로티시즘은 금기와 위반 사이에 놓여 있으며, 양자 사이를 오가는 아마도 무한한 왕복운동, 결국 아포리아에 봉착하게 되는 움직임일 수밖에 없을 것이다. 우리는 그의 여러 소설에서 위반의 범죄들을 저지른 인물들이 법과 부딪히고 법 앞에 가로막혀 마치 기독교적 의미의 속죄하는 것 같은 장면들과 마주하게 된다. 위반이 이르게 된 막다른 골목은 결국 금기라는 사회의 규범적 언어이고, 결국 사회가 쳐놓은 울타리 내에 있을 것이다. 그에 따라 우리는 바타유가 강조하는 에로티시즘이 한편으로는 일탈과 속죄를 반복하는 무의미한 움직임을 미화하는 동시에 낭만적 사랑의 범죄자를 찬양하고 있다고 도덕적 관점에서 비판할 수도 있을 것이고, 다른 한편 그것이 충분히 극단으로 멀리 나아가지 못한 채 결국 기독교의 한계 내에 머무르지 않았느냐는 '비도덕적'이고 '급진적인' 관점에서 의문을 제기할 수도 있을 것이다. 그러나 지금까지 우리가 주목해온 에로티시즘의 경우 단순히 도덕적이거나 비도덕적인 관점은 피상적일 수밖에 없는데, 왜냐하면 바타유 자신이 모든 도덕적 차원에 앞서는 실존적 차원에서, 도덕과 마찬가지로 비도덕도 벗어난 인간들의 '소

---

6   G. Bataille, *L'Érotisme*, p. 66.

통'이라는 측면에서 에로티시즘에 대해 물으면서 모든 것을 시작했기 때문이다. 또한 거기에 그가 가져온 새로움이 있기 때문이다.

'찢긴 존재'

언어(금기와 법을 규정하는 언어 그리고 제도와 체제를 떠받치고 있는 규범적 언어는 물론이고 언어 일반)에 대한 부정은 지식에 대한 부정으로 이어지며, 그것은 사회나 문화에 대한 부정으로 확대되고, 결국 비-지에 대한, 나아가 인간들 각자가 자기보존의 삶에만 매달려 있는 이 사회 너머의 삶과 죽음이 겹쳐지는 신성한 공간에 대한 긍정으로 귀결된다. 그러한 부정, 결국은 언어에 대한 부정(또는 망각)으로부터 비-지에 대한 긍정으로의 이행이, 말하자면 경제와 합리성을 추구하는 이성으로부터 쾌락과 향유의 절정(축제)으로의, 몸의 감각의 극단적 자연성으로의 추락이 바로 에로티시즘이다. 그러나 에로티시즘이 발원하는 감각적 몸의 지상권적 자연성은, 그 추락이 가져올 위상 격차 때문에 동물의 '자연적'—이 단어의 본래 뜻대로 풀어쓴다면, 원래부터 그러한—동물성과 결코 같아질 수 없고, 신성神性과 겹쳐진다.

바타유가 부조浮彫하는 에로티시즘은 지식(언어)과 비-지의, 사회성과 자연성의, 이성과 몸의 이항 대립으로부터 유래하며, 그러한 점에서 우리는 그가 헤겔이 말하는 '찢긴 존재'라는 관점을 근본적인 것으로 받아들이고 있다고 말할 수 있다. 그러나 바타유는 에로티시즘을 그러한 이분법을 극복하려는 이행 또는 추락의 시도이자, 인간으로 하여금 총체적 존재를 되찾게 해주는 움직임이라고 보고 있다. 그러나 그가 위반이 금기를 완전하게 한다고 말할 때, 인간은 여전히 지식과 언어를 버릴 수 없고 결국은 사회 내에 있을 수밖에 없는 존재로 남는다. 따라서 인간은 '찢긴 존재'라는 조건을 완전히 넘어설 수도 없지만, 그 조건 내에 영원히 고정되어 있을 수도 없는 모순으로 남는다. 이에 대해 바타유가 그 모순에 대한 해결책을 제시하지 않았다고, 어떤 낙관적 전망을 제시하지 않았다고 비판할 수 없는데, 왜냐하면 그 모순은 결국 신이 아닌 피조물로서의 인간, 유한성의 인간이라는 현실을, 한마디로 언어를 버릴 수도 없지만 언어와 합일될 수도 없는—완전한 지성적 존재가 될 수도 없는—우리의 현실을 정직하게 표현하고 있기 때문이다. 하지만 그가 에로티시즘과 위반과 금기에 대해 말하면서 마지막으로 강조하고자 했던 소통(내밀성intimité의 소통)의 문제를 되돌려보면서 이렇게 물어보자. 인간들 사이의, 연인들 사이의 급진적인 소통에, 우리는 단순히 대립된 것들 사이에서 전개될 이행을 통해, 즉 한편으로는 지식·사회성·이성에 대한 부정을 통해, 다른 한편으로는 비-지·자연성·몸에 대한 긍정을 통해 다가갈 수 있는가? 그 이전에 우리에게서 언어와 몸은 이분법적으로 분리되어 있기만 한 것인가?

몸의 대타성對他性, 몸의 언어

모든 사유(사고)는 의식적이며, 사유가 의식적이라는 것은 그것이 '나'를 매개로 전개될 수밖에 없다는 사실을 의미한다(이는 물론 도덕적 관점에서의 결함이 아니고, 다만 사유의 본성이다). 사유가 헤겔이 말한 대로 대자적對自的이라면, 즉 '나' 자신에 비추어진 것이자 타자를 예상하고 있는 것이라면, 그것은 '나'와 나 아닌 것의 병립並立과 대립을 전제하지 않고는 전개될 수 없다. 사유는 나 아닌 것을 자기 자신으로 되돌려야만 시작될 수 있으며, 그렇기에 사유는 언제나 반성réflexion의 과정, 즉 자기를 반영하는(반성, 즉 레플렉시옹réflexion의 근거가 되는 라틴어 동사 레플렉테레reflectere의 일차적 의미는 '반영하다'이다)일 수밖에 없다. 이는 사유를 진행시키는 의식 자체가 대자적이며, 반성적이라는 사실을 말해준다. 의식이 설사 자신에 대한 어떤 극단적인 부정이나 모순에 부딪힌다 할지라도, 의식은 그것들을 일단 받아들여야만 사유를 이어갈 수 있는데, 변증법적 종합 이전의 그 받아들임 자체가, 이미 어떤 것을 자기에게 비추어보는—자기에게 반영하는—, 어떤 것을 자기에게로 되돌리는 반성의 경로이다.

감각하고 느끼는, 감지하는 몸 역시 의식과 마찬가지로 외부(사물들·타인들·공간)의 자기 아닌 것을 향해, 그것에 '대해서' 작용하지만, 몸 자체에는 자기로 되돌아갈, 자기를 중심으로 삼을 계기가 존재하지 않는다. 몸은 오직 공존 또는 얽혀 들어감의 형태로만 외부와 단순히 '함께' 존재할 수 있을 뿐이다. 의식은 그것이 마주하고 있는 것을 자기에게 되돌릴 고유의 시간을 확보할 수 있지만, 몸은 즉각적으로 자기가 아닌 것을 감각하고 느끼며, 그러한 한에서 스스로를 느낀다. 나의 몸은 공간에, 한 풍경에, 하나의 사물에 직접적으로 열려 있으며, 그것들 모두는 나의 몸에 무매개적으로 침투하고, 그 몸과 '같이' 존재한다—그 공동 존재의 징표가 어떤 것과 마주할 때 내가 어떠한 형태로든 반드시 동반할 수밖에 없게 되는 느낌이다. 의식이 아니라 몸이 나 아닌 것과 진정한 의미에서 공동적으로 '평등하게' 존재하며, 내-존在·存(인-시스테레in-sistere, 나를 자신 안에서 지속시킴, 나를 자신 안에 지속적으로 가져다 둠, 그것은 의식의 반성적 활동이다)의 계기가 배제된 탈존脫存(엑지스테레existere, 나를 바깥에 놓아둠)의 원초적 기관이다. 의식 작용의 궁극적 중심은 외부로부터 내부로 들어오는 구심력 운동인 반면, 몸은 내부로부터 외부로 열리는 원심력 운동에 따라서 존재한다.

우리의 몸은 자신 안에 웅크리고 있는 즉자적 몸이, 기계적인 몸이 아닐뿐더러, 이 점이 중요한데, 몸은 대자적이지 않다. 의식은 자기 반성적, 즉 자기 반영적이며, 의식 활동의 중심은 외부를 내면화(자기화)하는 자기로의 회귀의 움직임에 있는 반면, 나의 몸은 마찬가지로 외부와 관계하지만, 타인에게 보여짐이 가장 핵심적인 존재 방식이며, 그 타인에게 보여짐 자체는 타인에게 내맡겨짐과 다르지 않고, 그 내맡겨짐은 내가 어떠한 방식으로도 되돌릴 수 없는 탈존의 한 방식이다.

나는 자신의 얼굴을 거울이나 사진에 나타나는 이미지로만 볼 수 있는 반면, 나 자신의 맨 얼굴을 볼 수 있고 보는 자는 언제나 타인일 뿐이고, 나의 표정들과 몸짓들도 원칙적으로는 스스로 되돌릴 수도 어찌할 수도 없는, 결국 타인에게로 향해 있고 타인에게 위탁되어 있는 것들이다. 몸은 대자적이라기보다는, 즉 자기 자신에 대해 있기보다는, 또한 타인을 '의식'하고 있기보다는, 대타적對他的이다—타인에 대해 존재하고, 타인에게 위임되어 존재한다. 몸은 나 자신 안에 머물러 있지 않고, 몸의 경우 나 자신이 중심점도 귀결점도 아니다. 보다 정확히 말해 몸은 주체(주인)를 갖고 있지 않고, 근본적으로 나 자신을 향해 있을 수 없고, 따라서 나 자신에 대해, 나 자신에게 말하지 않으며, 외부를 향해, 타인을 향해 뒤집어져서 '말한다'.

몸, 미메시스, 정념 그리고 언어 이전의 언어

'몸이 말한다.' 그 사실에 대해 우리가 예술과 미학의 영역에서 자주 접하게 되는 '미메시스'라는 개념을 통해 살펴보자. 미메시스는 원래 그리스 문화의 여명기에 의식儀式을 집전하는 제사장이 보여주었던 몸짓들, 몸으로 표현되는 춤을 의미하는 단어였다.[7] 또한 미메시스는 몸짓들과 소리와 말을 통해 내면의 보이지 않는 감정을 표출함으로써 존재의 경험(종교적이자 예술적인 경험)을 표현하고 공유하는 것을 의미했다. 주목해봐야 할 바는, 흔히 '모방'으로 번역되기도 하는 이 단어가 사실은 눈으로 보이는 외적인 것을 복제하는 행위와, 즉 모방과 질적으로 다른 것을 나타냈다는 점이다. 이 그리스어 단어가 이후에 라틴어 이미타티오imitatio로 번역되기는 했지만, 전자가 몸의 표현을 통해 궁극

---

7   이 책 23~29쪽 참조.

적으로는 보이지 않는 감정의 표현과 전달과 '감염'을 가리켰던 반면, 후자는 보이는 것들과 보이는 현실의 정확하고 사실적인 모방(복사, 재현)을 의미했다는 점에서 양자 사이에는 대단히 먼 거리가 놓여 있다—사실 미메시스와 이미타티오는 거의 완전히 다른 것들을 의미한다. 미메시스는 물론 보이는 몸을 통해 표출되지만, 그 중심에 놓여 있는 것은 보이지 않는 감정·정서의 표현과 전달과 소통이다. 이는 다만 하나의 역사적 사실이 아니며, 몸의 표현에서 핵심적인 것은 지금도, 언제나 보이는 어떠한 것도 아니고 다만 어떤 느낌의 전달과 공유라는 사실을 말해준다(춤을 함께 추는 사람들에게서 중요하고 자극적인 것은 드러나는 동작들을 서로서로 따라한다는 데에 있지 않으며, 말로 표현되지 않는 어떤 느낌을 공유하는 데에 있고, 이는, 우리의 주제와 관련해서 본다면, 연인들이 몸을 나누는 행위에서도 마찬가지이다). 미메시스가 귀결되는 보이지 않는 어떤 느낌은, 보이는 몸이 남긴 보이지 않는 무형無形의 몸 또는 보이지 않지만 느껴지고 만져지는 유형有形의 '영혼'의 공동화에서, 한마디로 정념의 공동화에서 비롯된다. 여기서 정념은 음악적이다. 즉 그것은 모든 들리는 음악적 리듬이 표현하려는 들리지 않는 원초적 리듬인 영혼의 움직임의 현시이다. 또한 정념은 연극적이다. 즉 그것은 필연적으로 사람들 사이에서, 나와 타인 사이에서 전달되고, 서로가 서로에게 감염됨으로써 서로가 서로에 대해 '존재하게' 만든다.

　　모방(이미타티오)은 나중에 회화가 예술의 중심으로 자리 잡게 됨에 따라 예술과 예술 활동 전반을 가리키는 개념으로 대두되지만, 모방 이전에 미메시스가 예술의 핵심에 놓여 있었고 모든 예술을 대변하는 표현이었다. 예술에서 궁극적 문제는 보이지 않는 음악적이고 연극적인 것을 표출하고 나누는 데에 있다는 것이다. 그러나 바로 그 음악적이자 연극적인 것, 즉 정념은 예술 이전의 삶에서 몸의 표현이 남긴, 외부로 향해 보이지 않게 방산되는 내적 움직임 자체이며, 또한 타인

(들)에게로 전달됨으로써만 현시되는 일종의 '언어'이다. 원심력 운동에 따른, 외부를 향한 정념의 '엄밀한' 정위定位, 자아로 되돌아오지 않는 정념의, 외부를 향한 '엄밀한' 방향 설정, 그것은 언어 이전의 언어, 또 다른 언어이다. 언어의 원형으로서의 언어, 시詩 이전의 시, 시의 원천, 행위로서의 시, 몸의 시, 말하자면 씌어지지 않은, 씌어지지 않는 시, 가령 한 시인이 자신이 쓴 시가 궁극적으로 도달해야 할 지점으로 여겼던 것, 즉 한 발레리나의 엄밀하고 타협 없지만 강렬한 몸짓이 마지막에 소묘素描하는 보이지 않는 그것이다. 모든 예술이, 모든 문학과 회화와 음악이 궁극적으로 지향하는 동시에 환원되고자 하는 그것, 마찬가지로 한 연인이 마지막으로, 최후로 자신이 사랑하는 자에게 전하고 싶은 몸짓-말. 몸은 자기 안에 머물러 있지도 않고 자기로 되돌아가지도 않으며, 다만 외부로 열려 있을 뿐이고, 외부로의 방향성을 갖는 틀 내에 있을 뿐이다. 몸은 언어처럼 구조화되어 있다.

모든 것을 걸었던 사랑을 이제 잃어버린 한 남자가 아무도 없는 폐허에 서서 덩그러니 남아 있는 벽에서 벽돌 하나를 꺼내 그 틈새에 숨결(몸인가, 침묵인가, 말인가? 고유명사인 그녀의 이름인가? 몸짓이지만 말? 몸짓이자 말?)을 불어넣고 다시 그 벽돌로 구멍을 막고서 돌아선다.

몸의 연장延長으로서의 언어

물론 언어는 우리의 의식 활동 전반을 떠받치고 있고 한정하고 있으며 규정하고 있다. 우리는 언어를 통해 생각(사유)하며 인식하고 분류하고 판단한다. 이 간단한 명제는, 의식 활동이 여러 정신 능력들(감성, 오성, 이성, 판단력)의 협력과 대립을 통해 이루진다고 보았던 근대적 인식론의 맹점을 정확히 지적하면서 현대 철학의 문을 열었다. 이 명제를 가장 간결하게 다시 표현해주는 것이, '언어가 살해한다'라는, 알렉

상드르 코제브의 헤겔 해석의 중심에 위치한 잘 알려진 테제이다.[8] (다시 살펴보겠지만, 조르주 바타유의 언어에 대한 사유의 기반에는 이 헤겔-코제브의 테제가 놓여 있다.) 우리가 한 존재자를 언어로 지칭하고 그 의미를 밝힐 때, 가령 내 앞에서 짖고 꼬리치면서 왔다 갔다 하는 '복돌이'를 '이 개'라고 지칭하자마자, 이 단수적이고 감각적인 존재자는 즉시 포유동물로, 네발 달린 짐승으로 일반화·추상화되면서 본래 그 자체가 놓여 있던 단수적이자 구체적인—그것을 감각 가능할 수 있게 해주었던—시공간을 박탈당한다(시공간의 지평에서 주어진 생생하고 감각적인 존재자가 '살해당해' 어디에도 없는 관념의 존재로 박제화되는 것이다). 그렇게 감각적인 것들에 제약되어 있는 구체적 시공간을 언어와 담론을 통해 뛰어넘어서 추상적인 자유의 공간에서 사유하고 규정하고 살아나가는 것, 인간 고유의 책임과 자유 내에 거하는 것, 그것이 헤겔-코제브가 말하는 정신의 삶이다. 우리는 언어를 통해 자유의 공간이 열리는 데에 따라 사유하고 인식하며 판단하고 창조한다. 우리에게 그러한 삶은 정당한 동시에 떠맡아야 할 것이며, 우리는 그 삶을 벗어날 수도 회피할 수도 없다.

언어가 우리의 의식 작용을 규정하고 관리할 뿐만 아니라 의식의 삶을 가능하게 한다는 것은 분명한 사실이지만, 그렇다고 우리의 언어 사용(말하는 것, 글 쓰는 것)에서 몸이 완전히 탈각脫却되어 있는 것은 아니다. 다음과 같은 말은, 언어가 의식의 구심력 운동(내면화 작용, 사유와 인식과 판단)을 추진하기 이전에, 또한 그럴 수 있기 위해 몸 자체의 원심력 운동에 이미 들어가 있을 수밖에 없다는 사실을 밝혀주고 있다. "나는 외부의 공간과 나의 고유한 몸을, 서로를 서로에게 옮겨놓기 위해 그것들을 내 자신에게 표상할 필요가 없다. 양자가 나에 대해

---

8   A. Kojève, *Introduction à la lecture de Hegel*, Gallimard, 1947, pp. 542~543.

존재하는 것으로, 또한 양자가 내 주위에 펼쳐지는 어떤 행동의 장을 구성하는 것으로 충분하다. 마찬가지로 나는 단어를 알고 입 밖으로 말하기 위해 단어를 나 자신에게 표상할 필요가 없다. 내가, 단어가 분절되고 소리 내는 본질을, 나의 몸의 변조들 가운데 하나로, 나의 몸을 사용하는 가능한 한 방식으로 소유하는 것으로 충분하다. 누군가 찌른 내몸의 한 장소에 내 손을 가져가듯이 나는 단어를 참조하는 것이다. 단어는 나의 언어적 세계의 어떤 장소 내에 존재하며, 나의 장비 가운데 하나이다."[9]

나는 언어를 사고의 도구로서가 아니라, 보다 정확히 말해 사고의 도구로 사용하기 이전에 몸의 도구로서, 몸의 장비로서, 몸 자체로서 사용한다. 물론 언어는 가시적으로 보이는 몸과 분리되어 있지만, 그 작용에서 마치 나의 몸의 감관들의 일부인 것처럼 외부로 원심력 운동을 통해 '튀어나가' 있고, 나로 하여금 나 아닌 것들로 향해 열리게 하는 동시에 나를 그것들과의 관계에 놓아둔다는 것이다. 언어는 몸과 마찬가지로 외부로의 통로이며, 그러한 한에서 몸의 일부이거나 몸이 연장延長된 것이고, 또한 모든 매체가 결국 감관들의 활동 영역을 확장시키는 더듬이 역할을 한다고 본다면 가장 원초적인 매체이다("단어는 [……] 나의 장비 가운데 하나이다"). 언어가 몸이 확장된 것이라는 이러한 모리스 메를로-퐁티의 성찰은, 사고와 인식이 인간에게 고유한 정신 능력 덕분에 가능하다고 보았던 근대적 인식론을 거부하면서 바로 언어가 사고 작용과 인식 작용의 전제가 되는 표상들(일반 관념들)을 제공한다는 사실을 간파한 현대 사상가들(헤겔과 그 이후의 몇몇 사상가들, 예를 들어 니체·소쉬르 그리고 메를로-퐁티 자신)의 관점을

---

9 M. Merleau-Ponty, *Phénoménologie de la perception*, Gallimard, 1945, p. 210. 인용자 강조.

보충하는 동시에 언어가 갖는 새로운 지평을 연다. 언어는 우리를 사고·인식·판단의 동일한 준거점인 표상들로 되돌려서, 존재자들을 우리의 의식에 현전시키고 동일화(보편화·일반화)시키지만(존재자들을 우리 안으로 끌어당기는, 언어의 구심력 운동), 그 이전에 먼저 언어는 몸의 연장으로서 우리를 의식 외부의, 의식 이전의 단수적 존재자들을 향해 끌어내는 것이다(우리를 존재자들을 향해 방산시키는, 언어의 원심력 운동). 언어는 몸처럼 구조화되어 있다.

　　몸과 언어 양자는 모두 단순한 주어진 구체적 감각과는 다른 '지향된', 어디로 전위되어 있는 느낌의, 즉 추상적이고—보이지 않고—음악적인 정념의 동일한 궤적을 따라간다. 몸뿐만 아니라 언어도 외부로나 있는 출구·통로이고, 언어라는 그 출구·통로는 또한 정념의 길이며, 그 길을 따라 우리는 우리 자신이 아닌, 의식 내로 동일화될 수 없는 타자와 마주하게 되는 것이다.

　　언어는 무형의 몸이며, 몸은 무형의 언어이다. 우리에게 몸은 언어처럼 표명하고 표명되며, 언어는 몸처럼 표현하고 표현된다. 이는 단순히 인간과 관련된, 또는 인간에게 고유한 하나의 사실을 밝혀줄 뿐만 아니라, 인간의 본성 자체가 자연이나 문화 어느 한 쪽에서 결정될 수 없음을, 따라서 인간의 어떠한 결정된 본성(본질)이라는 것도 존재하지 않음을 말해준다. 즉 인간에게서 필연적으로 몸과 언어가 얽혀 있기 때문에, 양자가 얽혀 있지 않다면 인간이 인간일 수 없기 때문에 "인간에게서 모든 것은 가공된 것이지 자연적인 것이다".[10]

　　몸과 언어가 얽혀 있음에 따라 나는 말하거나 글을 쓰면서 몸의 감각을 외부로 가져다놓으며, 마찬가지로 몸으로 표현하면서—문제가 된 에로티시즘의 경우, 몸을 교환하면서—자신의 감각을 외부로 정위

10　같은 책, p. 221.

시키는 동시에 자신의 **몸을 타인에게** 송신하는 기호로 전환시키게 된다. 또한 몸이나 언어를 **통해 열리고** 마주하게 된 나 아닌 것(타자, 즉 사물이나 공간, 또는 타인)은 단순히 보이는 형태를 가진 구체적인 감각 대상으로만 남지 않고 들리지 않는 음악적 리듬으로 내 안에서 파동의 흔적을, 정념을 가져다주게 된다. 몸과 언어는 모두 공통적으로 탈존(자신을 바깥에 가져다둠)을 가동시킨다는 점에서, 내가 아닌 것을 예상하고 마주하고 있다는 점에서, 타자와의 관계의 사건을 추진한다는 점에서—관계를 전제하고 움직인다는 점에서—겹쳐진다. 인간에게서 언어는 몸처럼 작동하며, 몸은 언어처럼 작동한다. 나는 언어 또는/그리고 몸을 통해 타자로 향하고 타자를 만지며—감지하며—, 결국 타자는 감각 대상으로만 남지 않고(그것으로만 남는다면 타자는 '타자'가 아니다) 감각되지 않는—구체적 감관(들)에 들어오지 않는—무형의 어떤 것으로 전환되어 나를 만진다. 타자에 의해 내가 만져진다. 몸뿐만 아니라 언어를 통해 내가 외부로 나가고 외부가 내 안으로 들어오는 그 역동적 움직임은 음악적이며, 그 음악적 움직임은 내 안에서 정념으로 흔적을 남긴다. 그 정념이, 음악적 느낌이 바로 내가 아닌 것과의 관계에서 내 자신이 고정된 주체가 아니라는 사실의, 따라서 내가 아닌 것의 존재의, 따라서 외부와의 관계의 징표이다. 내가 만져지지 않는다면, 내가 구체적으로 감관(들)에 감각되는 것을 무형의 감지(감각이 아닌 감지)되지 않는 것으로 느끼지 않는다면, 어떠한 경우에도 나라는 주체와 어떤 대상만이 남을 뿐 관계는 열리지 않는다.

긍정: '누더기'의 말

에로티시즘이, 사랑이, 성행위가 문제되는 곳에서 말의 교환은 이미 몸의 교환이며, 몸의 교환은 이미 말의 교환이다. 거기서 몸의 교환은 결코 각자가 자신의 감각기관들(구체적인 감각들)의 쾌락과 만족을 얻

는 데에서 끝나지 않으며, 말의 교환이 최종적으로 남기는 정념과 다르
지 않은 것을 소통하는 데에까지 나아갈 수 있고 나아가야만 한다. 우
리는 언어를 습득하면서, 또한 언제나 언어 내에 존재하고 살아가면서
단순히 개념들과 그 의미들만을 소유하고, 그에 따라 단순히 사고하고
인식하며 판단만 한 것이 아니라, 이미 타인(들)과의 관계에 놓여 있게
되었고, 그 관계의 궁극적 징표인 정념을 감지하고 있다. 에로티시즘
역시 그 관계를 배제하고서는 절정에 이를 수 없으며, 에로티시즘의 절
정 역시 보이지 않는, 비구체적인 정념의 소통 내에 자리 잡는다. 에로
티시즘에 말이 개입한다는 것(그것은 에로티시즘이 반드시 단어들과
문장들로 번역되어야 한다는 것이 아니라, 정념의 소통으로 나아간다
는 것이다), 그 사실은 어떤 도덕적 요구나 의무로 반드시 번역될 필요
는 없으며, 차라리 에로티시즘과 관련된 모든 윤리의 기초가 되는—그
러나 그렇지 않을 수도 있다—조건을, 인간 존재가 언어 위에 놓여 있
다는 실존적 조건을 다시 한 번 확인해줄 뿐이다.

전반적으로 바타유의 언어에 대한 사유는, 코제브의 '언어는 살
해한다'는 명제 위에 서 있다(바타유는 그의 헤겔 강의에 참석했었고,
그 강의로부터 자신의 사상의 기초가 되는 영감을 얻었다). 언어는 구
체적 시공간 내에서 감각되고 경험되는 '단수적單數的' 존재자들을 '살해
해' 관념의 보편적 공간에 묻어놓는다. 그에 따라 언어는 그것들이 '살
해'된 이후에도 완전히 제거되지 않고 잠재적으로 남아 있게 되는 '죽
어 있는 자연'의 영역을 만들어내게 되고, 결국 그 영역과 사회의 영역
(우리의 의식이 끊임없이 종속되어 있는 제도의 영역, 또한 금기가 지
배하는 영역, "분출하는 삶의—그리고 죽음의—경험을 언어로 인해 대
치할 수 있게 되는 어떤 중립적 영역, 어떤 무심한 영역. 나는 여러분께
언어를 경계하라고 권하기를 원했다")[11]을 분리시키고 양자 사이에 갈
라진 심연이 생겨나게 만든다. 코제브에 근거한 그러한 바타유의 언어
에 대한 사유를 따라가서 우리가 다시 만나게 되는 것은 헤겔이『정신

현상학』 서문에서 강조한 '찢긴 존재'이지만, 바타유가 헤겔을 끝까지 따라가지 않으면서 궁극적으로 부각시키는 것은 의식과 사회의 영역으로부터 몸의 자연적 영역(향유, 광란, 축제이자 고통)으로의 역이행(역행逆行), 언어로 인해 요구되었지만 언어를 부정함으로써 실행되는 추락('함몰')이다. 한마디로 에로티시즘의 실행, 따라서 결국 바타유는 에로티시즘과 언어의 대립적 관계, 양자가 서로를 부정하는 관계만을, 즉 언어가 소진되고 스스로를 부정하게 되는 밤에 내리는 침묵의 어두움 또는 어두움의 침묵(비-지)만을 부각시킨다. 가령 "내기가 이어지고 있던 사막"과 같은 장소에서 에드와르다Edwarda의 두 다리 사이에서 입 벌린 갈라진 '누더기guenilles'가 상징하는 신神이 거하는 공간만을.[12]

바타유를 부정할 수 있는가? 에로티시즘이 우리의 치부를 드러낸다는 것을 부정할 수 있는가? 그가 스스로 벌거벗으면서("나는 창녀가 옷을 벗듯이 사유한다"), 우리를 벌거벗겼다는 것을 부정할 수 있는

11 G. Bataille, *L'Érotisme*, p. 257.

12 "나는 내 상태에 대해 아무 말도 할 수 없었을 것이다. 동요와 빛 가운데 밤이 내 위로 떨어졌던 것이다. [……] 어떤 목소리, 너무나 인간적인 목소리가 나를 마비상태에서 끄집어냈다. 마담 에드와르다의 목소리는 그녀의 가냘픈 몸처럼 음란했다.
―그녀가 말했다. 너 내 누더기를 보고 싶니?
[……] 그녀는 앉아서 벌어진 다리 하나를 위로 올려 붙들고 있었다.
[……]
나는 슬며시 더듬거리며 말했다.
―너 왜 이런 짓을 하지?
―그녀가 말했다. 너 알지, 나는 신이야.
―나는 미친 거지.
―아니 전혀, 너는 봐야만 해. 보라구!"(G. Bataille, *Madame Edwarda, Œuvres complètes*, III, Gallimard, 1971, pp. 20~21)
또한 바타유의 이 충격적이고 아름다운 이야기 『마담 에드와르다Madame Edwarda』를 여는 이러한 문장들을 되돌려보자. "너는 혼자인가? / 추운가? 너는 어느 정도까지 / 인간이 바로 '너 자신'인지 아는가? / 어리석다는 것을? 벌거벗었다는 것을?"(같은 책, p. 15)

가? "신은 한 마리 돼지Dieu serait un porc"[13]일 것이며, 우리는 돌이킬 수 없이 갈라지고 찢긴 결핍된 존재, 바로 에드와르다의 '어리석고 벌거벗은' '누더기'에 지나지 않는 존재일 것이다.

그러나 그 '누더기'는 자연의 즉자적 존재로 남아 있지 않고 그 자체가 타자를 향하여 '말한다'. 그러나 그 말은 사회로부터 떨어지는, 금기의 부정적 언어가 아니고, 몸의 침묵이 말하는, 금기로부터 촉발되었을지라도 '자연'이기에 금기를 모르는 긍정의 언어이다. '그렇다'라고 말하는 언어, 나 자신이 당신을 향해 뒤집어져 있는 몸이라고, 그 몸을 이제 '맡긴다'라고 말하는 언어, 신이 아닌 우리로 하여금 찢긴 채로만, 유한한 몸에 묶임으로써만 말하게 하는(우리가 그 언어를 말하는 것이 아니고, 사실상 그 언어가 우리로 하여금 말하게 하는 것이다) 언어. '벌거벗은 진실'을 말하게 하는 언어, 결국 몸의, 몸의 침묵의 언어, 그것은 타자(타인)로 향해 있음 자체의 들리지 않고 읽히지 않는 언어이다. 몸 자체가 음악이, 정념의 음악이 되는 것이다. 에로티시즘의 극단에서, 연인과 몸을 나누는 데에서 우리가 음식을 먹을 때 느끼는, 욕구의 완벽한 만족(어느 시점에서 다시 불만족 상태에 처하게 되고 다시 욕구를 불러오겠지만 적어도 한순간 즉자적으로 충만한 만족)을 소유할 수 없는 이유가 거기에 있다. 우리가 연인의 몸을 어떠한 방식으로도 '먹을' 수 없는 이유가 거기에 있다. 우리의 몸 자체가 결코 즉자적 만족만을 원하는 본능의 몸이 결코 아닌 것이다. 우리의 몸 자체가, 우리의 의식이 원했든 원하지 않았든, 이미 타자로 향해 있고, 타자에 의해 공유되어, 즉 타자로 인해 '쪼개져' 있는 것이다. 나는 언어 때문에 '찢긴 존재'가 되고 말았지만, 이번에는 타자 때문에 게다가 '쪼개져' 있다. 나의 몸의 어떤 부분이 보이지도 않고 실증적으로도 사회적·제도

---

13   같은 책, pp. 30~31.

적으로도 확인할 수 없는 것으로서 이미 타자에게 넘어가 있는 것이다. 그 타자 자신도 자신이 위탁받은 지도 모르고 있는, 검증될 수 없는 그 부분이 나와 타자 사이의 분리를, 무한한 거리를, 또한 무한히 횡단해야 할 거리를 만들어낸다. 그로부터 결코 한 번에, 또한 결코 한 번도 즉각적이고 충만한 만족을 주지 않는 에로스의 욕망이 비롯된다. 에로티시즘은 타자의 타자성에 무한히 다가가는 과정이지만, 결국 끊임없이 타자로부터 밀려나는, 즉 타자의 타자성을 강요받고 위탁받는 과정이다.

우리가 '사랑'이라고 부르는 것에서뿐만 아니라 몸을 나누는 행위에서조차 절정은 보이는 생물학적 몸의 울타리 내에서가 아니라, 말에서, 들리는 말이 아니라 몸의 말에서, 이 순간 내가 오직 너에게로 향해서만 존재한다는 사실을 표현하는 몸에서 열린다. 그 정상頂上은 '말하는' 데에서, 말의 교환과 소통에서, 즉 몸(벌거벗은 몸뿐만 아니라 표정, 손짓, 몸짓, 한 방울의 눈물, 웃음, 미소, 숨결, 돌아선 등, 어쨌든 표현되는 몸)의 말이 가져오는 '내밀성intimité'(바타유가 부각시킨 이 단어)의 소통 가운데에서 발견된다. 그 말, 금지의 명령을 내리지도 않고 금기로 유혹하지도 않는, '그렇다'의 긍정의 언어, 사회적 법 내에서 결코 규정될 수 없는, 관계 자체로서의 언어, 그 관계의 언어가 연인들을 관계의 시작부터 끝까지 움직이고 연인들 안에서 움직인다. 사실 단어들로 말해지지도 않고 씌어지지도 않는 침묵의 언어 때문에, 개념적이자 사회적인 언어와는 다른 그 언어 때문에, 즉 닫혀 있는 즉자적 몸이 아니라 타자로 열려 있을 수밖에 없는 대타적 몸 때문에 우리는 '불행하게도' 사랑을 소유하지도 '먹지도' 끝장내지도 못한 채, 다만 사랑으로 영원히 만족하지 못한 채 무한히 열려 있기만 '하라'는, 부정 아닌 긍정의 명命만을 받게 된 것이다.

에로스의 말: '쪼개짐'의 말과 고독

바타유가 그 사실을 몰랐는가? 그가 헤겔적 언어관과 마찬가지로 헤겔적인 '찢긴 존재'(그가 자주 쓰는 표현들인 '찢김déchirement' '찢긴 상처 déchirure')에 묶여서 역사에서 버림받았던 성적인 몸(그럴 것인데, 기독교가 지배했던 서양에서나 유교가 지배했던 동양에서나 그 몸은 지나치게 천시되어왔다)과 무시되었던 그 몸의 나눔을 반작용에 따라 과도하게 부각시키는 동시에 사람들에게 거부감을 줄 수도 있는 포르노적 상황을 자신의 글쓰기에서 자주 연출했던 것은 사실이다. 바타유의 담론 자체와 그것이 보이게 규정해놓은 의미의 차원에서 본다면, 사회와 언어에 대립하고 그것들을 거부하는 닫힌 성적인 몸에 지나치게 무게를 두어왔던 것이, 즉 몸·말의 소통을 무시해왔던 것이 사실이다. 그러나 자신의 담론 그 너머에서, 자신의 글쓰기가 규정해놓은 드러난 의미들 그 아래에서 그가 하나의 행위일 수밖에 없는 글쓰기를 끊임없이 실행에 옮겼다는 사실 자체가, 그가 에로티시즘을 끝까지 '말'(이 '말'은 마찬가지로 몸의 말을 필연적으로 포함한다)로 실행했다는 사실 자체가 그 스스로 에로티시즘이 성적인 몸들 안에 갇힐 수 없고 몸의 언어의 무한성으로 열릴 수 있고 열려야만 함을 잘 알고 있었다는 사실의 정확한 증거가 된다. 바타유가 문학과 시의 원천인 (몸의) 말을 무시하고 닫힌 성적인 몸 안에서 만족했다면, 그는 그토록 끈질기게 그 말을 글쓰기로 실현시키려 하지 않았으리라.

그러나 말이 증발되어버린 채 연인들이 스스로 탐닉하는 성적인 몸에 갇히는 상황은 빈번히 발생할 수 있고, 우리도 경험할 수 있는 것이며, 어쨌든 바타유가 자주 무대화하고 있는 것이다. 다른 관점에서 본다면 또한 바타유가 자주 연출하는 것은 연인들 둘만이 이루는 공간이다. "나의 존재 너머에 먼저 무無, néant가 있다. 찢김 가운데, 결핍의 고통스런 감정 가운데 내가 예감하는 것은 바로 나의 부재이다. 나의 그 감정을 가로질러 타인의 현전이 드러난다. 그러나 그 현전은, 타자가 이번에는 자기 쪽에서 자신의 무로 향해 있을 경우에만, 그가 자신의 무 속에서 스러질 경우에만 [······] 완전히 드러난다. '소통'은 스스로를 거는 위험에 빠진—찢긴, 불안정한, 둘 모두 무 위로 향하는—두 존재 사이에서만 이루어진다."[14]

바타유의 이 문장들은 다시 위반을, 사회적·의식적 자아들이 무화되고 변형되면서 무로 향하는 정념이 군림하는 상황을 묘사하고 있다. 그 무로의 추락(또는 '함몰')에 에로티시즘의 한 부분이 있음을, 그 추락이 에로티시즘의 시작임을 부인할 수 없다. 그 추락에 따라 연인들은 자신들이 지속적으로 묶여 있었던 차별화·위계화된 사회라는 현실적이자 관념적인 공간으로부터 '자연적인'(사회에 대해 상대적으로 자연적인) 몸으로 돌아갈 수 있게 되고, 몸의 '자연적인' 평등(무차별성)을 되찾을 수 있게 된다. 그러나 그 추락의 고통스러운 감정과 다르지 않은, 무로 향해 있는 정념은, 즉 '찢긴 존재'의 정념은 무를 고정화시키지 않을 것이며, 그 자체가 무 안에서 고정되지 않고 머무르지 않을 것이다. 그러나 바타유에게서 연인들의 정념이 무 안에 갇히는 것은, 자주 그들이 성적인 몸(위반과 쾌락과 향유의 몸, 결국 반사회적인 몸) 안에서 융합(연합)되는 동시에 갇히는 것과 다르지 않게 나타나며, 결국 그들 둘만의 '공동체'에 갇히는 것으로 나타난다—설사 애매한 점이 없지 않다 하더라도 그렇다.

분명 성관계에서 연인들이 사회와는 다른, 사회에 대한 차이로서의 몸의 공간으로 추락(이행)하는 계기가 있지만, 그 움직임은 둘의 관계의 하나의 조건일 뿐이다. 왜냐하면 이 경우 연인들의 몸들은 그것들 자체에 머무르지 못한 채 그 외부로, 타자로 향해 가는 정념-말로 응결될 수 있으며—따라서 그 몸들은 보이지 않는 몸-말로 전환될 수 있으

14 G. Bataille, *Sur Nietzsche, Œuvres complètes*, VI, Gallimard, 1973, pp. 44~45.

며─, 그에 따라 '찢긴' 정념은 '쪼개진' 정념으로 변형되면서 더 심하게 덧날 수 있기 때문이다. 정념은 보이는 몸 안에도, 닫힌 성적인 몸 안에도, 무 안에도 안착하지 못한 채 무한히 타자로 향해 가며 무한히 관계 내에서 움직인다. 한마디로 말해 정념은 몸의 원초적 대타성을 추진시킨다. 연인들이 닫힌 성적인 몸을 가로질러 그 몸을 열고 대타적 존재로서의 몸을 육화시킬 가능성을 배제할 수 없다. 몸의 근본적 대타성, 몸은 근본적으로 성적인 몸이지만 마찬가지로 근본적으로 대타적 몸, 즉 말로서의 몸인 것이다(그 두 몸은 서로 대립하기만 할 수도 있지만 공통의 지점을, 에로티시즘과 범애汎愛가 만나는 지점을 찾을 수도 있으며, 만일 양자가 서로 대립하기만 한다면 에로티시즘은 그 자체가 오를 정상을 상실하게 된다). 몸의 원초적인 대타성, 왜냐하면 그 몸은 언어를 완전히 망각할 수 없기 때문이다. 대타적 존재로서의 몸, 즉 타자로 향해 '쪼개져' 있고, 그렇기에 타자가 들어오는, 우리 모두의 공동 영역을 가리키는 몸, 반쪽짜리 몸 또는/즉 반쪽짜리 말, 아마 그 점에서 에로스가 풍요의 아버지(포로스)와 빈곤의 어머니(페니아) 사이에서 태어난 자식이리라. 그러나 에로스의 그 빈곤이, 쪼개져 있음을 견디는 것이, 소유할 수 있는 사물이 아니고 욕구의 만족에서 끝날 수 없는 관계의 무한성을 가리킨다. 다시 말해 고독이, 타인의 응답 없음을 견디는 또 다른 하나의 말이, 외부로 향해 뒤집혀 있을 수밖에 없는 말이. 그것이 끈질기게 무한을 향한 한 걸음을 떼는 것이다. 타인의 응답의 부재에 멈추지 않고 끊임없이 뒤집어지는 몸이, 즉 이미 하나의 언어인 것이 바로 시 자체이며, 모든 시의 원천으로서의 시이자 모든 언어의 추동력推動力 자체이다. 다시 말해 연인들로 하여금 그들 둘에 갇혀 있지 않을 수 있게 만드는 사랑, 그들 사이의 차이를 인정하지 않을 수 없게 만드는 그것, 그렇기에 그들이 아닌 다른 공동체들과 함께 그들이 공동으로 열어 놓고 있는 범애, 바로 거기에 사랑의 아이러니가 있다. 우리는 고독함으로써만, 고독을 견딤으로써만, 자신의 고독이 모두의 고독임을, 몸-말이 기입되어 있는 공동의 고독임을 납득함으로써만 함께 있을 수 있는 것이다. 사랑하는 자는 유일한 존재이기에 고독한 것이 아니라, 외부로 뒤집어져 있기에, 몸이기에, 즉 들리지 않는 말을 들리게 하기 위해 견디고 기다리는 몸이기에 고독한 것이다.

2부

언어, 철학 그리고 정치

1 행위로서의 외존外存:

레비나스에 대한 하나의 반성

급진적인 관계

엠마누엘 레비나스Emmanuel Levinas는 현대 유럽 철학에서 가장 독창적인 철학자들 가운데 한 사람이다. 그 이유는 그가 다만 기존의 사유의 흐름을 바꿀 수 있는 획기적인 한 이론을 제시했기 때문만도, 단순히 사유의 나아갈 방향에 대해 또 다른 이정표를 제시했기 때문만도 아니다. 그보다 본질적인 이유는 그가 존재, '무엇'에 대한 앎·지식·이론에 가장 큰 가치를 두는 서양 철학의 헬레니즘적 전통에서 벗어나 타인, 이웃, '누구'에 대한 책임·환대·유대紐帶를 강조하는 헤브라이즘의 전통을 서양의 철학적 담론의 중심으로 끌어들였기 때문이다. 현재 타자(타인)라는 주제와 관계하에 레비나스의 사상이 관심의 대상이 되고 있다는 사실은 헤브라이즘 고유의 전통, 이론보다는 타인들과의 유대를 사유의 중심으로 삼는 전통이 담론의 중심에서 조명되고 있다는 것을 의미한다.

물론 사유의 방법에서 특히 에드문트 후설의 현상학을 참조하는 레비나스는 헬레니즘의 전통과 결별하지 않는다. 그러나 그의 타자의 철학은 헤브라이즘의 중요한 한 흐름과 내밀하게 연결되어 있다. 레비나스가 맞닿아 있는 그러한 헤브라이즘의 조류는 유일신과 선택된 이스라엘 민족 사이의 계약을 교리의 기반으로 삼는 정통 유대교(좁은 관점에서 파악된 특정 민족 종교로서의 유대교)에 귀속되지도 않고 카발라와 같은 유대 신비주의로부터 파생된 것도 아니다. 그것은 12세기의 유대 철학자 마이모니데스Maimonides의 예를 따라 합리적·과학적 탐구를 중요시하고 모든 종류의 신비적 우상을 배격하는 합리주의 위에서 있다. 또한 그 유대사상은 본질적으로 개인의 영혼 불멸이 아니라 가난한 자, 과부·고아·이방인을 염려하는 모세와 예언자들의 윤리와 정의에 기반을 두고 있다. 그것은 타인과의 관계에 대한 윤리적 성찰과 사회 내에서의 정의의 실현이라는 관심 내에서만 하나의 종교가 되며, 그 특성은 랍비 아키바Aquiba의 다음과 같은 일화에서 드러난다. "'왜 당신들의 신, 가난한 자들의 신은 그들을 먹여 살리지 않는가'라는 어느 로마인의 물음에 랍비 아키바는 '우리로 하여금 영벌을 면하게 하기 위해'라고 대답했다."[1] (부연 설명을 하자면, 그 배제된 자들을 책임질 자들은 신이 아니라 우리 인간들이며, 그들을 외면한다는 것은 영벌을 받게 될 조건이라는 이야기이다.) 헬레니즘으로부터 헤브라이즘에로 건너감, '무엇'에 대한 이론·앎의 추구로부터 '누구'에 대한 책임의 발견에로 넘어감, 그것을 레비나스는 형이상학(존재론)을 제일철학으로 규정했던 아리스토텔레스의 입장에 거슬러 다음과 같은 표어로 표현했다. '제일철학으로서의 윤리L'Éthique comme philosophie première.'

칼 포퍼Karl Popper는 모든 철학은 철학 이전의 전철학적前哲學的 체험과 결부되어 있다고 말한 적이 있다. 그러한 포퍼의 말은 아마 다른 어떠한 경우보다 엠마누엘 레비나스의 경우에 정확히 들어맞는다. 레비나스는 자신의 사상을 구성하기 이전에 그에게 분명 원형의 상처로 남았을 충격적 체험을 겪었으며, 그것은 나치의 유대인 학살의 체험이다 (사실 그는 그 학살의 역사 한복판에 있었으며, 그 학살에 희생된 수많은 유대인 중에는 그의 출생지인 리투아니아에 있었던 그의 가족들도 포함되어 있었다). 레비나스의 철학은 한마디로 말하면 유대인 학살의

---

1   E. Levinas, *Difficile liberté*, Albin Michel, 1963, 1976, 1995, p. 36.

체험에 대한 반성의 결과이다. 어떻게 하나의 이데올로기는 정치적 목적하에 수많은 타인에 대한 학살로 이어질 수 있는가? 그 학살이 이루어진 순간은 역사 전체의 무의미를 말하지 않는가? 그 거대한 무의미, 집단적 폭력과 살해에 이어지는 무의미 앞에서 우리가 다시 찾을 수 있는 의미의 근원은 어디에 있는가? 이러한 물음들이, 지금도 여기저기서 전쟁과 어떤 집단에 대한 폭력과 파괴가 계획되고 실행되고 있는 현실 앞에서, 레비나스가 타인이라는 문제의 관점에서 우리에게 던질 수 있는 것들이다.

레비나스는 그리스적 전통에 충실했던 다른 많은 서양 철학자와는 달리 여러 문화를 체득하여 자신의 사상에 참고했다. 그에게 어린 시절부터 정신의 토양이 되어주었던 것은 『구약성서』와 러시아 문학(고골·푸시킨·톨스토이·도스토예프스키)이다. 그리고 그의 사상의 형성에 결정적인 역할을 한 것은 탈무드이다. 나아가 그의 사상이 궁극적으로 표현하고자 하는 것은 헤브라이즘의 전통에 이어지는, 탈무드로부터 자라난―'이성적'이라는 의미에서의 정신적이지도, 그렇다고 '초현세적'이라는 의미에서의 초월적이지도 않은, 전적으로 '윤리적'이라는 의미에서의―'영적인' 힘이다. 하지만 레비나스는 유대교 사상가가 아니냐는 질문(장-프랑수아 리오타르)에 아니라고 대답한 적이 있고, 탈무드에 관한 여러 저작을 남기기는 했지만 헤브라이즘의 전통으로의 단순한 복귀를 의도하지 않는다. 그는 헤브라이즘과 탈무드의 전통에 자신의 사상을 편입시키고자 하는 것이 아니라, 그 전통에서 얻은 영감을 통해 현대에 우리가 아마도 망각했을 '영적인' 힘을 불어넣고자 한다. 이러한 그의 계획은 시인 에드몽 자베스Edmond Jabès나 모리스 블랑쇼의 작업과 연계되며, 여기서 영적인 힘이란 모든 가시적·사회적 기준·정체성―가령 민족적 동일성, 국적, 정치적 당파, 나아가 이데올로기적·사상적·철학적 동일성―그 이하, 그 바깥에서 나와 타인의 관계와 소통이 갖는 힘이다. 다시 말해 그것은 어떤 가시적·사회적 동일성

의 공유에 따라 발생하는 모든 권력—동일성(정체성)을 공유한 자들의
정치적·사회적 권력, 또한 담론을 지배할 수 있는 권력—속에 뿌리내
리지 못함에 따라 헐벗음·배제와 고독의 고통에 노출된 자들 그리고
그들에 깨어 있으면서 주의하는 자들의 소통이 갖는 힘이다. 인간의 벌
거벗은 실존을 공동화할 수 있는 힘, 한마디로 정의正義, justice의 힘, 권
력이 배제된 힘이다. 레비나스의 사상은, 우리가 아는 대로, 현대 철학
의 한 축을 이루고 있는 타자의 문제에 대한 최초의 정식화이자 그 문
제 한가운데에 놓여 있다. 그가 말하는 타자는 때로 단순히 타인을 의
미하기도 하지만, 보다 좁은 의미에서 바로 정치적·사회적·이데올로
기적 동일성의 기준들에 대한 차이를 현시시키는, 모든 사회적 치장이
벗겨진 실존에 기입된 자이다. 그에게서 타자는 정의를 요구하는 자이
며 윤리적 관점에서의 타자이다.

　레비나스에게 '나'와 타자의 관계는 급진적 관점에서의 관계, 모
든 정치적·이념적 계기 그 이하, 그 너머의 관계이다. 그 관계는 사회
적 동일성들에 기초한, 인간들의 모든 관계의 공백空白에 있다. 말하자
면 그것은 모든 가시적·사회적 관계에 선행하며, 그것에 대해 초월적
이다. 그것은 '나'와 타자의 관계 그 자체가 절박한 중요성을 갖게 되
는 지점에서의 관계이다. 물론 우리는 사회에서 살면서 사회생활을 이
루는 어떤 공통의 이념이나 가치나 이익에 따라, 어떤 동일성의 기준에
따라 타인과 관계를 맺는다. 그러나 레비나스가 말하는 '나'와 타인 사
이의 초월적이고(여기서 '초월적'이라는 표현은 '초현세적' 또는 '초세
계적'이라는 것이 아니라, 자아로부터 끊임없이 무한히 벗어난다는 의
미를 갖는다) 급진적인 관계는 그러한 동일성의 관계 배면의 관계이다.
어떤 가시적 동일성의 공유가 기준이 될 수 없는 관계, 물질적으로나
사회적으로 배제와 차별의 고통에 노출된 타자와의 관계, 인간의 적나
라한 실존에 기입된 타자와의 관계, 타자와의 전前-근원적인(전-의식
적인) 가까움proximité의 관계, 그렇게 본다면 그 초월적 관계는 가시적으

로 고정된 사회적 집단—국가·민족·가족 그리고 사회의 단체들—과도 동일시될 수 없기 때문에 비가시적이기는 하지만, 너무 이상적理想的이기에 있을 수 없는 관계가 아니다. 그것은 사회성社會性과 상관없지 않으며, 모든 사회적 동일성의 배후에서 형성된, 형성되어야 할 관계이다.

그러나 레비나스의 윤리적 관점이 심오하거나 감동적일 수도 있고, '옳을 수도' 있고, 현재 우리에게 무엇보다 더 요청되는 것이라고 볼 수도 있지만, 그것을 윤리적 지평 바깥에서 볼 필요가 있다. 우리는 이렇게 물을 수 있다. 하지만 우리에게 왜 타자가, 타인과의 관계가 필요한가? 그럴 것이다. 헐벗음, 배제와 고독에 내몰린 타자를 환대해야 할 것이다. 그러나 근본적으로 물어볼 수 있다면, 왜 그래야 하는가? 그것이 단순히 도덕적이거나 윤리적인 관점에서 옳기 때문인가? 이러한 물음들에 대해 생각해보기 위해, 레비나스에게서 타자의 윤리와 연결되는, 보다 정확히 말해 그것을 뒷받침하고 있는 '있음il y a'의 존재론에 대해 살펴보자.

익명적 '있음'

플라톤에서 칸트, 헤겔로 이어지는 의식 철학의 전통에서, 인간은 자신이 마주한 현상세계를 능동적 정신의 능력으로 개념화하는 자로, 그에 따라 그 세계를 관리하고 통제할 수 있는 주인으로 나타난다(물론 플라톤의 경우 인간에게 초월적인 관념인 이데아를 제시했지만, 우리로서는 그러한 이데아 역시 개념적 질서 내에 있다고 간주한다). 그 철학적 전통에서 인간이 직접적으로 감각을 통해 받아들이는 잡다한 무규정적無規定的 현상세계는 궁극적으로 비존재非存在에 가까운 것으로 남는다. 거기서 그 세계는 인간 의식에 의해 동일화(개념화)되어 이해 가능한 세계로 전환되어야 하며, 그 이해 가능한 세계가 존재로 여겨진다. 그러나 레비나스는 개념화 이전에, 의식 활동 이전에 주어지는 무규정적 현상이 인간의 이해와 무관한 '비인간적인' 것으로 남게 되는 지점에 주목한다. 그 지점은, 그 현상이 의식에 개념적으로 파악되기 이전 또는 이후에 주어지고, 따라서 개념화 작용을 벗어나 독자적인 현전으로 스스로를 긍정하게 되는 곳이다. 말하자면 레비나스는 과거 플라톤·칸트·헤겔이 틀 잡아놓은 의식 철학에서 가정된 잡다한 무규정적 현상의 세계 그리고 개념적으로 구성된 이해 가능한 예지叡智의 세계 사이의 동일성을 거부한다. 전자는 후자로 통합되지 않으며, 무규정적 현상은 개념화 이전에, 사유·인식·판단·이해 이전에, 의미화 이전에 어떤 효과를 불러일으킬 수 있다. 무규정적 현상은 비존재이거나 오류를 가져오는 단순한 착각의 근거가 아니고, 인간의 모든 지적 작용 이전에, 그것에 대해 자율적으로 자체의 현전을 통해 나타난다. 그것은 개념들로, 주어들과 술어들의 결합으로 파악되기 이전에, 사물들과 그 양태들에 대한 판단이 주도하는 지적인 이해의 차원과는 다른 차원에서 그 자체로 나타나고 존재한다.

　사물들에 대한 이해 이전의, 그 이해의 전제 조건으로서의 현상, 즉 구체적 형태를 갖춘 사물들에 대한 규정(동일화) 이전 또는 이후에 주어지는 무규정적인 '물질적' 현상을 레비나스는 '요소élément'라고 불렀으며, 그것을 존재의 가장 근원적인 나타남의 방식이라고 보았다. 요소, 우리는 모든 경험에서, 구체적인 사물들을 인식하기 전에 요소 가운데 둘러싸여 있다. 하지만 요소는 우리가 어떤 원시적인 자연 현상을 마주했을 때, 사물들이 자연의 가장 기본적인 구성 요소인 물·바람·흙·불(4요소)로 환원되는 듯한 자연 현상 앞에서 본질적으로 드러난다. 예를 들어 "거친 바람이 부는 넓게 펼쳐진 밭고랑, 대지의 소리 없는 부름이 들리는 겨울 들판의 황량한 휴한지"[2] 앞에서. 요소는 사물들

2　하이데거, 『예술 작품의 근원』, 오병남·민형원 옮김, 예전사, 1996, 37쪽.

이 주어지기 위한 배경과 같으며, 모든 사물에 대한 경험과 인식 배면에 항상 드리워져 있지만, 원시적인 어떤 자연 현상을 마주했을 때, 어떤 정서적 효과와 함께, 신비와 함께 숨김없이 나타나게 된다.

레비나스가 "요소의 확장은 신비한 신들의 군림과도 같다"[3]라고 말할 때, 그는 암묵적으로 하이데거를 염두에 두고 있다. 요소는 하이데거가 강조한, 인간이 돌아가야 할 거주의 공간이자 인간의 지배를 거부하는 낯선 공간인 대지에 부응한다. 다시 말해 요소의 나타남은 한편 동일화된 사물들의 주어짐 이전의 더 근원적이고 더 풍요로운 나타남이지만, 다른 한편 "겨울 들판의 황량한 휴한지"는 요소로서 존재의 풍요로움과 더불어 존재의 불모성을 드러낸다. 요소의 나타남은 인간이 마주하고 있는, 인간이 그 속에 빠져 있는 현상세계가 사실은 어떠한 의식의 동일화 작용으로도 규정될 수 없는 인간 권한 바깥의 세계라는 것을 알린다. 현상세계가 요소의 나타남의 방식으로 주어질 때, 그 세계는 낯선 세계로, 모든 세계와 다른 세계로, 익명의 것, 비인칭적인 것으로 변한다. 레비나스에게 '있음'은 현상세계가 요소의 형태로 드러날 때 현전하며, 긍정할 수도 부정할 수도 없는 것으로, 인간의 모든 정신 작용에 포섭되지 않으면서 그 자체로, 즉 절대적으로 '물질적인' 것으로 현전한다. "'있음'의 익명의 웅얼거림, 즉 향유 한가운데에서조차 불안을 가져오는, 4요소의 통제할 수 없는 소란."[4] '있음'은 가장 적나라한 존재, 사물에 대한 의식의 동일화 이전에 날것의 나타남, 존재자 없는 존재l'exister sans existant이다. 하지만 '있음'은 문자 그대로 우리 앞에 어떠한 존재자도 없는 상태, 단순한 진공상태를 뜻하지 않는다. '있음'은 설사 우리가 존재자들로 가득 찬 공간에 있다 할지라도, 그 존

3   E. Levinas, *Totalité et infini*, Nijhoff, 1961, p. 116.
4   같은 책, p. 133.

재자들로 건너가는 인간의 탈존ex-sistence의 근원적 헛됨, 그 무의미를 말한다.

따라서 '있음'이 존재자들에 대한 의식의 동일화 이전의 존재라는 사실은, '있음'과 마주할 때 우리가 우리 자신을 둘러싼 존재자들이 갖는 보편적인 의미들을, 실용적(도구적) 관점 또는 보다 정신적인 관점에서의 의미들을 파악할 수 없게 된다는 것을 뜻하지 않는다—그것은 난센스에 불과할 것이다. 그 사실은, 존재자들이 갖는 일반적인 의미들이 발견되고 확인되기 위한 전제조건인 '있음'과의 관계에 '내'가 수동적으로 매몰될 수 있다는 것을, '있음'과 '내'가 관계 맺는다는 사건 자체, '있음'으로 '내'가 건너가는—또는 '있음'이 '내'게 다가오는—동사적 행위 자체의 한계와 무의미를 말한다. '있음', "우리가 접근하려는 존재는 명사로 표현할 수 없는, 그 자체가 동사인 존재 작업 자체이다. 왜냐하면 언제나 존재자라야 긍정할 수 있기 때문이다. 하지만 그 존재를 부인할 수도 없기 때문에 그것은 스스로 존재 주장을 하는 셈이다. 모든 부정 뒤편에서 이 존재의 환경, '힘의 장'으로서의 존재가 모든 긍정과 모든 부정의 장으로 다시 나타난다. 그것은 존재하는 대상에 결코 매어 있지 않다. 그러므로 그것을 익명적이라고 부른다".⁵

'있음': 인간의 일상

따라서 '있음'은 다만 어떤 적나라한 자연 현상 앞에서만 드러나는 것이 아니다. '있음'은 사실은 하나의 존재자에 대한 인식에서조차 이미 '존재의 환경'으로 주어져 있지만, 어떤 상황에서—'항상'은 아니지만—남김없이 자신을 주장할 뿐이다. 레비나스는 '있음'의 체험을 설명

---

5 엠마누엘 레비나스, 『시간과 타자』, 강영안 옮김, 문예출판사, 1996, 41쪽.

하면서 밤에 홀로 잠자리에 든 한 아이가 느끼는 공포 그리고 우리가
처할 수 있는 불면증의 고통을 예로 들었다. 밤에 홀로 누운 그 아이를
공포에 몰아넣는 것은 어떤 특정한 대상이 아니다. 아이는 적막한 잠
자리에서 어떤 희미한 소리를 들으면서, 무언가 있는 듯하면서도 없고,
아무것도 없는 듯하면서도 무언가 있는 '현상' 앞에서 질린다. 우리가
불면증으로 고통받을 때, 의식은 깨어 있기를 강요당하면서도, 어떤 특
정 존재자를 대상화하면서 이를 발판으로 자기에게로 복귀하지 못한
다. 불면증 가운데 의식은 끊임없이 울리는 어떤 소리, 무규정적 '현상'
앞에서, 그 어떠한 것도 대상화시키지 못하고, 그 '현상'에 매몰된다. 불
면증의 고통은, 레비나스의 '현상학적' 관점에서 보았을 때, "대상화하
는 의식fin de la conscience objectivante의 끝"[6]에서 비롯되는 데에서 오는 고통,
즉 의식이 '있음'에 함몰되는 데에서 오는 고통이다.

　　모리스 블랑쇼는 "있음, 그것이 인간의 일상(l'il y a, c'est le quoti-
dien humain)이다"[7]라고 분명하게 말했다. 그 말은 우리의 일상 전체가
언제나 '있음'의 공포 내에서 이루어지고 있다는 것을 의미하지 않는
다. 다만 우리가 '있음'의 무의미 앞에 노출될 수 있는 계기가 전적으로
배제될 수 없다는 것이다. 그러한 사실은 간단히 말해 결코 우리 인간
이 현상의 주인이 아니라는 사실, 현상을 어떤 초월적 관점 하에 전체
적으로 파악해서 소유할 수 없다는 사실과 다르지 않다. 우리는 불면
증 때문에 고통받을 때뿐만 아니라, 가령 때때로 거리에서 자동차들과
사람들의 물결 가운데 서 있을 때, 또는 한 카페에서 웅성거리는 알아
들을 수 없는 소음 속에서 의식적 이해의 한계에 이르지 않는가? 일종
의 어지러움에 빠지지 않는가? 나아가 각종 매체들을 통해 쏟아져나오

6　　E. Levinas, *Éthique et infini*, Fayard, 1982, p. 48.

7　　M. Blanchot, *L'Entretien infini*, Gallimard, 1969, p. 366.

는 정보들, 루머들 속에서…… 문제는 '내'가 그것들이 무엇을 의미하는지 이해하지 못한다는 데에 있지 않다. 그것들은 난해한 과학이나 철학의 이론이 아니다. 다만 문제는 그것들이 어느 순간 '내'가 통제할 수 없는 익명의 힘의 장처럼 '내'게 다가오며, '내'가 그것들과 관계한다는 사실 자체가 무의미와 한계로 다가올 수 있다는 것이다. "있음, 그것이 인간의 일상이다." 어떤 의미에서 인간은 원시적 자연의 폭력에서 아직 벗어나지 못했다.

'있음'은 익명의 동사적 존재이다. '있음'은 인간 쪽에서 모든 존재자가 동일화되고 규정되어 한계지어진다 할지라도 그 바깥으로 통제할 수 없이 넘쳐나는 존재 그 자체이다. 무규정적인, 무한정적인 것으로서의 '있음', 무의미의 근거로서의, 의미의 한계로서의 '있음'. 레비나스는 '있음'을 강조하면서, 철학적 관점에서 보았을 때, 관념론의 종말, 의식적 주체의 종말을 다시 한 번 확인한다. '있음'은 사물들의 세계 전체의 존재를 관리하고 지배하지 못하는 인간의 근본적인 무능과 한계를 알린다. 그러나 '있음'은 다만 의식의 한계뿐만 아니라, 또한, 보다 넓은 의미에서, '유물론적' 관점에서, 인간이 사물들을 소유하고 향유할 수 있는 한계를 말한다. 사물들의 세계는 '나'에게 항상 이해 가능한 것으로, 향유 가능한 것으로 주어지지 않는다. 그것은 인간의 모든 동일화 작용에 반란을 일으킬 수 있다. '있음'은 미래에 대한 불안을 가져온다. 레비나스에게 역사에서 '있음'의 결정적이고 극적인 사건은 아우슈비츠에서 벌어진 사건이었을 것이다. 아우슈비츠의 밤, 이제 곧 처형될 한 유대인의 머리 위에 내린 아우슈비츠에서의 밤의 공간은 그에게 자신이 맺었던 세계와의 관계가 이해할 수 없는 것으로 끝나게 될 것이라고 끊임없이 예고했을 것이다. 그에게 공포스럽지만 벗어날 수 없는 '있음'의 익명적 사건의 무차별적 전개를 펼쳐 보여주었을 것이다.

결핍으로부터의 관계

우리의 물음으로 다시 되돌아가보자. 우리에게 왜 타자가, 타인과의 관계가 필요한가? 만일 '내'가 자신이 마주한 모든 현상의 근거이자 산출자이자 지배자·주인이라고 가정해보자. 홀로 충만한 존재라고 가정해보자. 아니면 적어도 '내'가 마주한 모든 현상에 의미를 부여할 수 있는 완전한 의식의 주체라고 가정해보자. 본질적으로 '나'에게는 타인이 필요 없다. 독일 관념론자들, 예를 들어 피히테나 헤겔의 경우에, 주인으로서의 정신인 '나'를, 모든 것을 의미로 포착할 수 있는 주체를 말하면서 결코 타자를 진정으로 요청할 수 없다. '있음' 앞에서 드러나는 무의미는 '내'가 근본적으로 결핍된 존재임을, 또한 의미를 찾기 위해 타인을 필요로 하는 자임을 알린다. 타자의 얼굴이 모든 의미의 원천이다. '나'는 '있음'의 무의미에서 벗어나기 위해, 그 무의미에 대항하기 위해 타인을 필요로 한다. 근본적으로 본다면 인간은 '있음'의 존재론적 무의미 때문에 타자를 부르는 것이다. 만약 우리 모두가 혼자 자족적으로 완전히 충만하게 존재할 수 있다고 가정한다면, 우리에게 과연 타인이 필요할 것인가? 신神은 자족적이고 충만함에도 불구하고—또는 자족적이고 충만하기 때문에—피조물들을 사랑할 수 있을는지 모른다. 그러나 피조물로서의 인간은—있음이 가져오는—결핍 때문에 타인을 부르는 것이다. 결핍이 '나'와 타인의 관계의 조건이다. 레비나스의 표현에 따르면 "'있음'의 부조리한 소음을 중단시키는 타인과의 교제"[8]가 '나'와 타인의 관계를 이룬다.

따라서 존재 자체인 '있음'이, 존재론적인 '있음'이 모든 관점에서, 설사 윤리적 관점에서 보더라도 원초적인 동시에 최초의 문제이다. 인간이—'나'이든 타인이든—'있음'에 영원히 매몰되지 않을 수 있다면,

---

8   E. Levinas, *Totalité et infini*, p. 239.

신처럼 '있음'의 근거이기에 만약 '있음'을 '있음' 바깥에서, 초월적 높이에서 지배할 수 있다면 근본적으로는 타인과의 관계도 윤리도 필요 없다. 윤리는 '있음'의 무의미에 말려들어간 '나'의 존재로부터, 타인의 의미로 보충되어야 할 결핍된 탈존으로부터 시작된다—그로부터 "'나'는 근본적으로 타인에게 빚진 자"라는 레비나스의 명제가 도출된다. 나아가 윤리는 '있음'에 매몰되어가는 타인 앞에서 정서적 수준에서, 즉 레비나스가 말하는 '감수성sensibilité'의 수준에서 영향받고 충격받을 수 있다는 데에서 시작된다.

따라서 타자가, 타인과의 관계가 필요한 근거는, 또한 타자에 대한 환대가 요구되는 근거는 어떤 형식적 도덕법칙에서 발견되지 않는다. 우리는 근본적으로 어떤 도덕적 법칙이 '명령'하기 때문에 타자를 환대하는 것이 아니다. 타인과의 관계는, 나아가 타자에 대한 환대는 '있음'으로 인해 야기된 인간 존재의 결핍에서, 그리고 그 결핍 때문에 정서적 수준에서 영향받고 상처받을 수 있다는 사실에서 비롯된다. 그러한 레비나스의 입장은 도덕의 근원을 도덕법칙에 대한 존중에서, 이성에 의한 의지의 직접적 규정, 감성적 경향에 의해 영향받지 않는 자유의 확보에서 찾았던 칸트의 입장[9]과 대립한다.

윤리 또는 도덕의 문제에 관해서, 레비나스와 칸트의 유사점과 변별점에 대해 전체적으로 조망하기 위해서는 보다 광범위하고 면밀한 검토가 요구된다. 하지만, 윤리나 도덕의 근원으로 거슬러 올라가 본다면, 레비나스가 칸트보다 더 급진적이라고 볼 수 있다. 칸트는 그

---

9 "실천법칙에 있어서는 이성은 직접 의지를 규정하고, 이성과 의지의 양자 사이에 들어오는 쾌와 불쾌의 감정에 의해서 [의지를] 규정하지 않으며, 실천법칙에 붙어서 생기는 감정에 의해서도, [의지를] 규정하지 않는다. 이성이 '순수한 이성'으로 실천적일 수 있는 것만이, 이성으로 하여금 법칙을 수립할 수 있도록 한다"(칸트, 『실천이성비판』, 최재희 옮김, 박영사, 1991, 26쪽).

의 실천철학에서 인간 정신의 어떤 특별한 능력을 부각시켰다. 다시 말해, 그는 거기서 인간에게 모든 자연적 존재 상위에 있는 이성적(도덕적) 자유의 주체의 위치를 부여했다. 칸트는 그에 따라 인간이 기본적으로 처할 수밖에 없는 존재론적(실존적) 조건을 보지 못한다. 인간은 존재·자연으로부터 분리되어 자신의 자율성을, 동일성을, 자유로서의 도덕적 주체성을 긍정하기 이전에, 이미 '있음'으로 인해, '있음' 앞에서 결핍 가운데, 즉 자신의 결정적 비동일성 가운데 처한 자이다. 바로 그렇기 때문에, 즉 윤리적 차원 이전의 존재론적 차원에서 인간은 타인과의 관계를 요구하는 것이다―이는 성인聖人에 가까운 주체의 윤리적 주체성·책임성을 끊임없이 부각시키면서 레비나스 자신이 암시하기는 했지만 강조하지 않은 바이다. 그러한 실존적 조건―'있음' 앞에서 결핍되어 있음, 그에 따라 타인과의 관계를 요청함―에, 그 조건을 전제하고 나서야, 만일 어떤 도덕법칙이 있을 수 있다면, 그것이 정초될 것이다.

진리·명제 바깥의 타자

레비나스는 어떠한 경험적이거나 선험적인 도덕법칙도 말하지 않는다. 우리가 그의 윤리학을 준거로 삼아 배울 수 있는 도덕법칙은 없다. 삶의 지침이 되거나, 도덕적 판단의 준거가 될 수 있는 이러저러한 양식良識과 가치를 정립하는 것이 레비나스의 윤리학의 목적이 아니다. 그러나 레비나스에게서 하나의 법칙처럼 강조되는 것이 있다면, 그것은 타인과 나 사이의 비대칭성asymétrie일 것이다. 비대칭성은 윤리의 관점에서 타인이 '나'에 대해 절대적 우선권을 갖는다는 것을 의미한다. 타인은 나보다 선善에 또한 신神에 더 가까이 다가가 있으며, 따라서 '나'를 가르치는 교사처럼 나타난다. 타인은 '나'보다 더 헐벗은 자, 더 고통받는 자이고, '나'는 그를 환대해야 할 자, 그의 헐벗음과 고통에 대해 책임지도록 부름 받은 기소된[accusé] 자이다. "그는 예컨대 약한 사람, 가난한 사람, '과부와 고아'이다. 하지만 나는 부자이고 강자이다. 우리의 상호 주관성의 공간은 대칭적이 아니라고 말할 수 있다."[10]

타자 앞에서 의문에 부쳐진 자, 기소된 자로서 '나'는 주체이다. 그러한 레비나스의 주체에 대한 생각은 의식 철학의 전통에서 이어져 온 주체 개념에 부합하지 않을 것이다. 윤리의 관점에서 부각된 레비나스적 주체는 의식의 자기 확인과 자기 긍정에 따라 나오는 의식적 주체가 아니다. 그 주체는 세계 선체를 매개하는, 세계의 중심으로서의 주체, 또한 세계를 매개로 자기에게로 복귀하는 주체가 아니다. 그 주체는 타인의 헐벗음 앞에서 상처받고 감수성의 수준에서 동요될 수 있는 자, 또한 타인의 가난과 고난과 고통에 대해 책임성으로 답해야만 하는 자, 따라서 타인에 의해 자기가 원하지도 않았음에도 불구하고 주체로 지정된 자이다('기소된 자'). 분명 레비나스는 '나'와 타자의 관계에서 '나'에게 이 고정된 주체의 역할을, 항상 타인을 책임지는 자의 역할을 부여한다. 타자와의 관계에서, '나'의 역할의 특성을 보여주는 명료한 표현이 바로 '비대칭성'이다.

비대칭성에 대한 레비나스의 끊임없는 강조가 한편 그의 사상을 감동적으로 울리게 하고 있고, 다른 한편, 독자들을 당황하게 한다. 다음과 같은 레비나스의 극단적인 표현들을 살펴보자. "타인을 위해 죽어감의 영광." "끈질긴 인내와 함께—자신에 거스르면서 끊임없이 죽어가는, 그 순간을 유지하는, 거기서 늙어가는 기소당한 자의 전적인 참을성 가운데에서의 동일성." "타인이 지은 죄까지 속죄하는 나의 책임성." "갚는 데에 따라 더 커져가는 빚." "자신을 복종시키는 주체성은 고통의 고통이다—궁극적으로 자신을 내어줌 또는 자신을 내

---

10   레비나스, 『시간과 타자』, 101쪽.

어줌 가운데에서의 고통. 주체성은 상처받기 쉬움이다. 주체성은 감수
성이다." 비대칭성은 분명 현실의 '나'와 타인의 모든 관계를 표현하지
는 않는다. 그것은 실존적 관계의 모든 실상을 말하지도 않는다. 그것
은 너와 나의 평등의 원리가 지배하는 현실의 관계를 뛰어넘어, 궁극의
윤리적 가치에 대해 말한다. 비대칭성은 반자본주의적이며, 어떤 면에서
는 반민주적이다. 그것은 타자를 위해 끊임없이 희생하는 '나'의 위치
를 강조한다. 레비나스에게서 주체는 어떤 대상이나 세계를 매개로 자
기를 정립하거나 정립할 수 있는 의식의 주체가 아니다. 그 주체는 타
인을 위해 자기를 내어주고 희생하며, 타인 앞에서 자기를 잊어버리는
자이다. 자기를 잊어버림을 통해 끊임없이 감수성의 동요 속으로 내몰
린 자. 레비나스에게서 의식이 회수할 수 있는, 의식이 항상 동일한 것
으로 정립할 수 있는 자기의식과 같은 주체가 없다. 그러나 레비나스는
왜 '주체'라는 용어를 쓰는가? 자기를 잊어버림 그리고 비움에 따르는 대
속代贖에서 주체 아닌, 누구(명사적 주체) 아닌 다만 행위(동사적 행위)만
이 있지 않은가? 자기를 잊어버림 가운데, 자기를 비움 가운데, 자기의
부재不在 가운데, 따라서 '나'로의 복귀의 불가능성 가운데 다만 타인을
향해 나아가는 주체 아닌 '어떤 자'가 있을 뿐이다. 그 누구인가 타인
을 향해 나아감, 그로 건너감, 자기 바깥에서 타인을 향한, 타인을 위한
외존(外存, ex-position, 타인과의 관계에 놓임, 타인을 향한―위한―
탈존, 타인 앞에서의 노출[11])이라는 행위만이. 타인으로 건너감, 타인을

---

11 '엑스포지시옹ex-position'은 타인과의 관계를 중요한 주제로 삼은 몇몇 현대 프랑스
철학자들(레비나스와 더불어 블랑쇼, 특히 장-뤽 낭시)가 쓰고 있는 표현이다. 이
단어는 자신 바깥에 놓임, 즉 탈존을 의미하지만, 특히 타인과의 관계에서 인간의 존재
양태를 가리킨다. 즉 외존은 타인과의 관계에서 자신 바깥으로 나감, 타인을 위해
스스로를 드러냄, 타인을 위한 기호가 됨과 같은 의미를 갖는다. 이 용어는 간단히
노출로도 번역될 수 있지만 맥락에 따라 다른 번역어가 요구될 때도 있다.

위함—타인을 위해 대신 죽기까지 타인을 위함—이라는 행위를 통해 이르게 되는 것은 의미의 보존일 것이다. 그 의미는 주제화主題化, thémati-sation될 수 있거나 어떤 명제로 표현될 수 있는 의미가 아니라, 그러한 의미가 가능하기 위해 전제되어야 하는 의미, 모든 의미의 열림 자체로 서의 의미일 것이다. 타인과 나 사이의 가까움의 의미, 무의미의 근거인 '있음'에 의해 요청된 의미, 하지만 궁극적으로 그 무의미로서의 '있음' 에 저항하는 궁극적 의미. 고독한 인간 존재의 한계를 알리는 '있음' 가 운데, 고독한 자에게 결정적인 결섭을 알리는 '있음' 가운데 빛나는, 모 든 의미들의 전제로서의 타자의 얼굴의 의미, 결국 나와 타자 사이의 의 미, 그것을 보존하는 것만이 관건일 것이다.

　타인을 위한 대속 가운데 전제될 수 있는 어떠한 형태의 주체도 없다. 거기에는 다만 감수성의 동요로 표현되는 타인에게로 넘어가 는 외존의 행위만이 있을 뿐이다. 그 행위를 담아낼 수 있는 그릇 또는 그 행위를 조절할 수 있는 축으로서의 주체는 존재하지 않는다. 타인 을 향해 나아감, 접근함은, 외존의 행위는 어떠한 주체의 확인도 아니 고 다만 자기 바깥에 섬être hors de soi의 하나의 양태일 뿐이다. 그 행위 는 주체가 설정할 수 있는 모든 틀을 깨뜨리고 주체가 그릴 수 있는 모 든 한계를 초월한다. 그 행위는 '나'에 대해 초월적이다. 따라서 그 행위 에서 '나'와 타인의 구분지어진 모든 경계가 철폐되는 지점이 있다. 또 한 근본적으로 본다면 레비나스가 강조하는 '나'와 타인 사이의 비대칭 성은 의미가 없으며, 따라서 그가 감동적으로 증언한 절대 타자라는 것 도 의미가 없다. 또한 이렇게 말할 수 있다. 타인을 책임지는 자는 '내' 가 아니다. 다만 어느 누구의 것일 수도 있는 외존의 행위가 타자의 얼 굴을 받아들이기 위해 전개될 뿐이다. '나'에게, '주체'에게 주어질 수 있는 영광—가령 "타인을 위해 죽어감의 영광"—도 없을 것이다.

　레비나스를 쉽게, 간단히 읽을 수 있는가? 레비나스가 말한 것 에 대해 자신 있게 그렇다고 대답할 수 있는가? 어디에선가 그것에 대해 "이 지겹게 고민하게 만드는 말, 과연 내가 그것을 실천할 수 있을까"라고 고백하는 글을 읽은 적이 있다. 아마 거기에 레비나스를 읽는 정직한 태도가 있을 것이다. 우리는 아마도 레비나스가 제출한, 네 목숨을 바쳐 타자를 위하고 환대하라는, 타자를 위해 죽어가라는 극단적 명제들에 대해 그렇다고도 옳다고도 말할 수 없을 것이다. 왜냐하면 그것들에 대해 옳다, 그렇다고 말함에 따라, 우리는 '나'의 의식에 대해 초월적인 것, '나'의 의식에 동일화될 수 없는, 의식을 초과하는 지고한 것을 의식에 가두게 되는 오류를 범하게 될 것이기 때문이다. '나'에게 고유한 것, '나'의 것이 아닌 것을 '나'의 것처럼 여기는 위선적 허위에 떨어지게 될 것이기 때문이다. (그럴 것이다. 타자를 위하고 대속하는 나의 움직임은, 레비나스가 본 바와는 반대로, 타자를 책임지는 '유일한unique' 나의 것이, 주체의 것이 아닐 것이다.) 또 하나의 사실에 대해 말해보자. 레비나스 역시 타자에 대한 절대적 환대 또는 '나'와 타자 사이의 절대적 비대칭성에 대해 독자들에게 '가르칠' 수 없다. 왜냐하면, 만일 그가 그것을 '가르치게' 된다면, 타자를 위해 죽어가는 어떤 영혼을 '볼모로 잡고', 그 영혼 위에서, 그 영혼을 딛고, 자신의 진리를 주장하게 될 것이기 때문이다. 하지만, 사실, 레비나스는 '가르치지' 않았다. 그의 마지막 주저 『존재와는 다른 또는 본질 너머의Autrement qu'être ou au-delà de l'essence』의 가장 극적이고 중요한 대목은 후반부에 그가 자신이 말한 모든 명제(말하여진 것, le Dit)들에 괄호를 치는 장면에 있다. 그에 따라 레비나스는 자신이 말한 담론 전체를 붕괴시킨다.[12] 환원

---

12   "그러나 모든 담론들이 진술되고 있는 이 마지막 담론을 그것을 듣고 있는 자에게,
이 담론이 말한 말하여진 것과 포착할 수 있는 모든 것 바깥에 위치한 자에게
말하면서 여기서 다시 중단시킨다. 이것이 내가 지금 이 순간 붙잡고 있는 담론에서의
진실이다(Ce qui est vrai du discours que je suis en train de tenir en ce moment même)"(E.
Levinas, *Autrement qu'être ou au-delà de l'essence*, Nijhoff, 1974, pp. 216~217).

réduction 또는 전언취소le dédire. 그에 따라 그가 제출한 명제들은 '삼각형
의 내각의 합은 180도이다', 또는 '해는 동쪽에서 뜬다'와 같은 자명한
진리들이 아님이 분명하게 된다. 결국 옳기 때문에 타자를 환대하는 것
이, 타자의 얼굴에 응답하는 것이 아니다. 환원에 따라 레비나스의 글
쓰기에서 궁극적으로 남게 되는 것은 다만 레비나스나 특정 한 사람의
것이 아니라, 레비나스가 말한 의미에서의 주체의 것이 아니라 어느 누
구의 것일 수도 있는, 타자로 향해가는 영혼의 움직임, 타자와 함께하
는 영혼의 숨결이 남기는 충격뿐이다. 사실 그 충격이 레비나스의 글쓰
기 전체를 하나의 시詩로 만들고 있다. 그러나 어떤 것은 시로서만 표현
될 수 있다. 어떤 시는 또한 도래할 시간에 우리의 행동을 기다리는 것
이다.

2 죽음 앞에서의 열림

『신, 죽음 그리고 시간』[1]은 레비나스가 소르본대학에서 은퇴하기 전 마지막으로 했던 두 강의(1975~1976년)를 그의 제자인 자크 롤랑이 편집해 출간한 책이다. 레비나스의 주요 철학적 저작들은 기본적으로는 철학사 연구에 근거해 있지 않으며, 다른 사상가들을 많이 참고하지 않은 채 넓은 의미에서의 '현상학적 기술'을 통해 씌어졌다. 그러나 『신, 죽음 그리고 시간』에서 그는 자신의 사상을 철학사에, 여러 역사적 사상가(플라톤·데카르트·베르그송·후설·블로흐 그리고 그 누구보다 마르틴 하이데거) 사이에 위치시켜놓고 명료하게 해명해주고 있는데, 바로 거기에 강의록인 이 텍스트에 주목할 이유가 있다고 하겠다. 이 책을 읽으면서 우리는 현대 철학자들 가운데 누구보다도 더 독창적인 이 타자의 철학의 창시자가 제시하는 독자적인 길이 다른 길들과 교차하고 갈라지는 지점들을 볼 수 있게 될 것이며, 그 길이 궁극적으로 나아갔던 방향과 지점을 그의 다른 저작들에서보다 더 선명하게 확인할 수 있게 될 것이다.

　여기서 이 책의 모든 주제들을 검토하기는 불가능한데, 다만 저자가 하이데거가 남겨놓은 시간의 문제를 자신이 고유한 관점에서 제기한 죽음의 문제와 결부시키는, 우리가 보기에는 결론에 해당하는 장면

1　엠마누엘 레비나스, 『신, 죽음 그리고 시간』, 김도형·문성원·손영창 옮김, 그린비, 2013.

에 주목하고자 한다.

하이데거 이후로 '시계의 시간'이라는 수로 측정 가능한 양적 시간과 다른 어떤 것이 된 시간은, 설사 공간적인 경험들과 무관하지는 않더라도 공간에 어떠한 일대일의 상관항도 갖지 않는 정감성(affectiv-ité, 여기서 옮긴이들 김도형·문성원·손영창의 훌륭한 번역어인 '정감성'을 원용한다)을 가리키며, 그러한 시간은 어떠한 표상과도 일치하지 않는 어떤 내적 동요나 충격의 경험의, 나의 존재나 비존재의 한계를 설정하는 근원적이거나 전-근원적인 경험의 중심을 주재한다. 그것은 내 안에 침투해 들어오지만, 나 스스로 인식의 힘에 의존해 동일화하거나 대상화할 수 없기에 나 자신의 바깥으로, 무한한 미래로 멀어져간다. 하이데거가 '죽음을 향한 존재'나 '죽음으로 미리 달려가 봄'을 말한다면, 이는 미끄러져 멀어져가는 미래를 향해 현재(죽음으로 향해 가는 그 순간)로부터 끊임없이 다가가는 (나의 현존재의) 존재 양태('어떻게' 존재할 것인가?)가 나의 과거를 포함한 모든 시간의 회복과 더불어 나의 본래적 실존(실존, 현존재의 존재, 즉 현존재의 자기에 대한 관계—하이데거는 『시간의 개념』에서 "현존재는 본래 그 자신에 대한 관계이다"라고 썼다)의 회복을 가능하게 한다고 말하기 위해서이다. 여기서 다음과 같은 사실을 강조할 필요가 있다. 그러한 본래성의 회복의 전제는 무(無, 세계의 무 또는 무화, 즉 나와 공간의 관계의 불가능성)일 것이며, 그 징표는 나의 나 자신에 대한, 정감의 차원에서의 일종의 공명(일종의 자기-감응auto-affection, 내가, 나 아닌 것이 아닌 바로 나 자신과 반향함)일 것이다.

그러나 여기서 레비나스는 하이데거에게 이렇게 응답한다. "그러나 죽음이 확실함일 수 있다는 것은 확실하지 않으며, 또 죽음이 무화의 의미를 가진다는 것도 확실하지 않다. [……] 현존보다 더 영향을 미치는 파열, 선험성보다 더 선험적인 선험성. 죽을 수밖에 없음. 이것은 예측으로 환원할 수 없는 시간의 양상이며, 비록 수동적이지만 경험으로, 무의 이해로 환원될 수 없는 시간의 양상이다"(『신, 죽음 그리고 시간』, 21~22쪽). 이 문장들에서 레비나스가 말하고자 하는 바는, 인간이 죽음 앞에서 무 안에 닫혀 안착할 수 없을뿐더러, 어디론가 무차별적으로 열려 있을 수밖에 없다는 것(그것을 『지각의 현상학』 서문에서 메를로-퐁티는 다른 관점에서, 즉 하이데거가 아닌 후설에 대한 어느 정도 비판적인 관점에서 "완전한 [현상학적] 환원의 불가능성"을 주장하면서 암시했다), 그렇기에 죽음으로 다가가면서 인간은 오직 자기와만 관계할 수 있는 고유의 본래적 영역을 결코 확보할 수 없다는 것이다. 말하자면 죽음 앞에서조차 나는 나에게만 고유한 확고한 시간을 전유할 수 없으며, 따라서 어떠한 본래적 실존도 확보하지 못한 채 '찢긴' 자로 남아 있을 수밖에 없다는 것. 간단히 죽음은 절대 타자라는 것, 삶과 죽음의 접촉점은 삶 가운데 결코 확실하게 찍히지 않는다는 것, 죽음은 어떠한 확실한 것도 전해주지 않고 무를 답으로 전해주지도 않으며, 다만 답(대답) 없음이며 무로 귀결될 수 없는, 부정할 수 없을 뿐만 아니라 긍정할 수도 없는, 어떠한 부정의 구도에도 어떠한 긍정의 구도에도 들어오지 않는 무규정성 자체라는 것, 죽음은 나 자신이 처한 방향에 따라 손쉽게 부정으로도 긍정으로도 귀결되지 않는 영원한 물음일 뿐이라는 것, 유신론적인 영원한 존재에 대한 단순한 믿음을 승인하지 않는 죽음은 마찬가지로 무 안으로의 안착에 대한 무신론적이지만 똑같이 단순한 확신도 허락하지 않는다는 것, 한마디로 레비나스가, 자신의 죽음에 대한 사유로부터 크게 영향받은 모리스 블랑쇼와 함께 하이데거에게 반대해서 부각시키기를 주저하지 않았던 '죽음의 불가능성'("죽음은 모든 가능성의 불가능성이다"), 그로부터 레비나스의 최후의 물음인 타자에 대한 물음이 비롯된다.

내가 죽음 앞에서 필연적으로 어디론가 열려 있을 수밖에 없다면, 그 '어디'는 어디인가? 사물들이 놓여 있는 공간인 세계일 수 없는 그곳은, 레비나스에 의하면, 어떠한 사물과도 다른 존재자, 즉 타자이다.

"그렇기 때문에 고통을 통해 자신의 고독 가운데 오그라들고, 죽음과 관계할 수 있는 존재만이 타자와의 관계가 가능한 영역에 자신을 세울 수 있다"(『시간과 타자』). "주체가 어떠한 가능성도 거머쥘 수 없는 죽음의 상황으로부터 타자와 함께하는 실존이라는 또 다른 특성을 끌어낼 가능성이 있다. [⋯⋯] 미래는 손에 거머쥘 수 없는 것이며, 우리에게로 떨어져서 우리를 엄습하고 사로잡는 것이다. 미래, 그것은 타자이다. 미래와의 관계, 그것은 타자와의 관계 그 자체이다. 오로지 홀로 있는 주체 안에서 시간을 이야기한다는 것, 순수하게 개인적인 지속에 관해서 이야기한다는 것은 우리에게 불가능해 보인다"(같은 책).

죽음으로 다가간다는 것, 그것은, 하이데거가 본 바와는 다르게, 무 속에 자신을 닫아두고 내가 자기에게로 무한히 다가가는 미래의 시간(본래적 실존이 완성에 이를 시간)을 거머쥔다는 것이 아니다. 오히려 어쩔 수 없이 자기 아닌 어디론가 열려 있을 수밖에 없다는 것, 또한 미래로 향한 채 미래를 끊임없이 감당하면서 동시에 타자에게로 열려 타자에 의한, 타자를 위한 시간을, 관계에서의 시간을 인내하고 지속할 수밖에 없다는 것이다. "무한과의 관계, 포함할 수 없는 것과의 관계, 다른 것le Différent과의 관계로서의 시간의 지속"(『신, 죽음 그리고 시간』, 35쪽), 거기에 나의 미래가 있다. 무한히 다가오며 그 끝을 결코 경험할 수 없는 죽음의 미결정성은 레비나스에게서 나의 미래의 미결정성과 다르지 않으며, 죽음과 연관된 모든 문제에서 관건은, 미결정성의 그 죽음이라는 미래를 타자의 시간으로 대치하는 데에, 타자를 위해 참으면서 지속의 시간을 견디어내는 데에, 나의 시간이 타자의 시간으로 연결되는 무한의 지점 또는 시점을 기다리는 데에 있다.

그렇다면 이는 나의 죽음의, 미래의 미결정성을, '중성적인 것le neutre'을 '인간화'하는 것이 아닌가? 여기서 인간화란 자아에 근거하고 자아를 위한, 자아의 존재를 유지하고자 하는 인간화(본래적 실존, 하이데거적 그 실존은 어쨌든 자아가 자기 존재를 유지하고자 하는 한 형태임이 분명하다)가 아니라, 자기를 비움으로써 자아 바깥에서 가능하게 될지도 모를 '우리'에 의거한 인간화일 것이다. 내가 주도할 수는 없지만 기다리는, 정확히 말해 관계가 기다리는 인간화, 나의 시간과 타자의 시간의 이어짐, 지속 또는 무한으로의 접근, 유한한 내가 무한으로 열림, 오직 내가 유한하기 때문에만 열리는 무한. 그렇다면 문제는 여전히 '존재', 나의 존재가 아닌 '우리'의 '존재'가 아닌가? '우리'의 보존이 아닌가? "타인은 내가 그에 대해 지는 책임 속에서 나를 개체로 만든다"(같은 책, 25쪽)라는 레비나스의 말, 또한 타자를 환대하고 책임지는, 타자에 의해 지정된, 대격의 '유일한' 주체로서의 나라는 그의 반복되는 표명, 과연 그러한가? 또한 타자는 그가 거듭 강조했던 대로 '절대' 타자인가? 아마 레비나스는 타자와 내가 인식·사유·관념의 어떠한 차원에서도 매개되거나 종합될 수 없다는 점을 강조하기 위해 '절대' 타자를 부각시켰던 것이리라. 그러나 여전히 하나의 의문이 남는다. 타자와 나 사이에는 어떠한 공동 영역도 없는가? 타자의 타자성에 대해 우리는 의식의 어떠한 공통성으로도 환원될 수 없는 공동의 영역을, '우리'의 존재가 기입되어 있는 공동의 시간, 지속될 무한의 시간을 전제해야만 말할 수 있는 것이다.

3 장-뤽 낭시, 공동-내-존재

반형이상학적 접촉

여기에 잘 알려져 있지 않은 장-뤽 낭시에 대해 무엇을 먼저 말해야 하는가? 그의 사상의 특성이라고 여겨질 수 있는 것을 밝혀봄으로써 논의를 시작해보기로 하자. 낭시의 사유의 핵심에 정치적인 것이 놓여 있으며, 그의 사상은 시종일관 정치적이다. 하지만 여기서 '정치적인 것'이라는 말이 의미하는 바는 일반적인 관점으로만 이해되어서는 안 된다. 많은 다른 정치 사상가의 경우에 그러하듯, 장-뤽 낭시는 물론 정치적 사건들(동구권의 해체, 걸프전), 정치적 변화(세계화, 서양 중심주의의 한계), 정체政體들·이데올로기들(민주주의, 공산주의, 나치주의)에 대해 구체적 분석을 시도한다. 그러나 그의 그러한 분석은 현실에 대한 비판적 개입일 뿐이고 구체적인 정치적 판단으로 이어질 뿐이며, 모든 경제·문화·사회현상을 총체적으로 설명 가능하게 하는 어떤 초월적 원리를 배경에 깔고 있지 않다. 말하자면 낭시의 정치철학은 이른바 '형이상학적'이 아니다. 그것은 어떤 관점에서 보면 매우 급진적이라고 볼 수 있는데, 왜냐하면 모든 종류의 정치가 가능하기 위한 전제 또는 조건으로서의 정치적인 것을 문제 삼고 있기 때문이다. 그 정치적인 것이란 이미 공동 존재(함께-있음, être-avec)에, 인간들 사이의 소통에 기입되어 있으며, 어떤 '우리'의 존재의 수행(실현, 표현)이다. '우리'의 존재는 '나'의 존재도 타자의 존재도 아닌, 모든 단일성, 동일성(정체성), 내재성 바깥의 존재이며, 개체의 고정된 어떤 속성들에 따라 규정되는 존재가 아닌, '나'와 타인 사이의 보이지 않는 관계 내의 존재, 관계에만 정초될 수 있는 존재이다. 그것은 '나' 자신의 존재에 대한 확인으로 귀결되는 자기의식의 반대편에 놓이는 존재이며, 또한 어떤 명제에 고정되어 동일화된, '내'가 구성한 타인의 존재와는 다른 존재이다. 정치적인 것인 '우리'의 존재의 수행이란 '우리'의 서로에게로 향함·나타남, 관계 내의 서로를 향한 실존들의 만남, 접촉touche이다. ('접촉'은 낭시가 자주 쓰는 말이지만, 그 중요성을 부각시킨 사람은 자크 데리다Jacques Derrida이다. 낭시에 대한 데리다의 저서 참조.[1])

공동-내-존재

낭시는 보이지 않는 관계('나'와 타인은 보이지만 그 관계는 보이지 않는다)의 존재, 공동-내-존재être-en-commun를 조명하며, 거기에 그의 정치적 사유의 핵심이 있다. 그러나 '나'와 타인―또는 타인들―의 관계를 정치에까지 연결시키는 것은 무리이거나 과장이 아닌가? 분명 '나'와 타인 사이의 관계의 존재(관계로서의 존재), 공동-내-존재 그 자체는 정치가 아니다. 그러나 공동-내-존재는 '나'와 타인 사이의 모든 종류의 만남의 근거에 있는 분유分有, partage의, 어떤 '무엇'을 나누어 갖는 것이 아닌 '우리'의 실존('우리'의 있음 자체)의 분유의 전前-근원적(전-의식적) 양태를 지정한다. 공동-내-존재는 인간들 사이의 모든 종류의 관계와 소통의 발원점·지향점 그리고 중심점을 가리킨다. 공동-내-존재가 가리키는 이 모든 지점은 초월적인 신, 법 또는 경제적이거나 종교적이거나 윤리적인 어떠한 원리 가운데에도 놓여 있지 않으며, 관계의 한 항(나 또는 타인)에 의해 지배되지도 않고, 어쨌든 어떠한 명사

---

1   J. Derrida, *Le Toucher, Jean-Luc Nancy*, Galilée, 2000.

적인 '것'도 아니다. 그 모든 지점은 관계의 항들이 그 자체로 정립되기 위해 전제되어야 하는 동사적 움직임에 따라, 접촉과 분유와 편위偏位, clinamen(자기 아닌 것으로, 자기 바깥으로 기울어져 있음)에 따라 찍히는 보이지도 않고 소유할 수 없는 장소들이다. 우리가 명사적인 어떤 '것'을 공유하는 이유는 바로 우리 자체를, 우리 자체의 그 공동의 장소들에 함께 놓여 있기 위해서이다. 또는 적어도 이렇게 말할 수 있다. 만약 우리가 그 공동의 영역들에 완전히 닫혀 있는 채 어떤 '것'을 절대화한다면, 필연적으로 우리 자체는 왜곡되거나 파괴될 것이다.

공동-내-존재는 나아가 현실의 정치적 결정과 행동에서도 결코 간과될 수 없는 것이다. 그러한 의미에서 그것은 '정치적'이다. 그것은 모든 종류의 정치의 근원, 정확히 말해, 근원 없는 근원이다. 그것이 정치의 근원이라면 모든 종류의 정치가 되돌아 갈 수밖에 없는, 어디로도 다시 환원되지 않는 중심('환원 불가능한 것')이기 때문이며, 그것이 근원 없는 근원이라면 그것이 하나의 보이고 쥘 수 있는 것으로서 고정될 수 없는 중심이기 때문이다. 공동-내-존재는 간과할 수도 없지만 붙잡아 전유專有할 수도 없는 것, 정치에 있어서 비어 있는 중심이다.

하이데거가 존재 망각에 대해 강조했다면, 낭시는 공동-내-존재가 지금까지 한 번도 제대로 사유된 적이 없이 망각 가운데 묻혀버렸다고 말할 것이다. 이제까지 공동체라는 정치적 문제에서 '무엇'을 나눔과 '무엇'에 기초한, '무엇'을 위한 공동체만이 부각되었을 것이다. 예를 들어, 20세기에 소비에트를 중심으로 세계 전역에 걸쳐 진행된 공산주의 실험에서 가장 중요한 문제는, 적어도 가장 중요한 문제들 가운데 하나가 되었던 것은 하나의 '무엇', 즉 재산의 공유共有였다. 나치는 열광적인 정치 공동체를 이루었지만, 그것은 공동의 이념적 '무엇'(반유대주의와 게르만 민족의 우월주의)의 기초를 바탕으로 가능한 일이었다. 어떤 공동체가 확인될 수 있고 포착될 수 있는 가시적 '무엇'(물질·국적·인종·종교·이데올로기)의 공유를 최고의 절대적 가치로 삼을 때, 그 공동체는 필연적으로 왜곡될 수밖에 없다. 말하자면 보이는, 쥘 수 있는 어떤 동일성이 지배할 수밖에 없고, 공동-내-존재는, 그 '무엇'이 목적일 수 없는 실존의 분유는, 함께 있음 자체는 망각될 수밖에 없다. 하이데거는 우리가 존재자에 대한 이해와 소유라는 관심에 사로잡혀 존재 망각에 이르렀다고 주장했다. 낭시는 우리가 보이는 '무엇'에 대한 공유 바깥의 분유를 보지 못했기 때문에, 보이지 않는 관계에 기입되는 공동-내-존재를 망각했다고 말할 것이다. 거기에 낭시의 급진적이고 근본적인 정치적 물음이 있다. '우리'가 함께 있는, 함께 있어야 하는 이유는 궁극적으로 '무엇' 때문이 아니며, '무엇'을 나누기 위해서도 아니다(가령 우리는 재산과 물질을 공유하기 위해 함께 있는 것이 아니다—이 말은 재산과 물질을 나누어 갖는다는 문제가 중요하지 않다는 것을 뜻하지 않는다). '우리'가 함께 있는 이유와 목적은 다만 함께 있다는 데에 있다. 함께 있음의 이유와 목적은 함께 있음 그 자체이다. 다만 함께 있기 위해 함께 있음, 즉 공동-내-존재를 위한 함께 있음, '무엇'을 나누는 것이 아니라 함께 있음 자체를 분유함, 다시 말해 '나'와 타인의 실존들 자체가 서로에게 부름과 응답이 됨, '우리'의 실존들의 접촉.

유한성의 경험

공동-내-존재, 거기서 문제가 되는 것은 가시적인 어떤 것의 공유가 아니라, 타인이 '나'를 향해 다가옴, '내'가 그 다가옴에 응답함, 즉 '내'가 타인을 향해 건너감, 타인을 향한 외존外存, 즉 관계 내에 존재함, 어떠한 경우라도 비가시적·동사적 움직임들의 부딪힘, 접촉이다. 유한한 자들의 만남. 장-뤽 낭시는 현대 철학에서 많이 언급되고, 그 중요성이 강조된 '유한성有限性, finitude(엔틀리히카이트, Endlichkeit)'이라는 말에 새로운 의미를 부여한 사상가이다. 인간의, 인간들의, '우리'의 유한성, 여기서 유한성은 첫째로 완전한 내재성內在性의 불가능성이다. 완벽히 자기 자신에게 갇혀 있을 수 있는, 그 스스로에 정초된,—그 스스로가 자신의 존재를 결정할 수 있는—완전한 자율성을 가진 개인이란 없다. 인간은 항상 자기 아닌 자에게 열려 있을 수밖에 없다. 그에게로 향함, 그에게 노출되어 있음, 그를 향한 외존, 관계 내에 존재함, 그것이 '나'의 존재의 조건이다. 인간은 자유의 존재가 아니라, 그가 향해 있는 타인에 의해 제약된 존재, 하지만 그 제약으로 인해 비로소 의의sens에 이를 수 있는 유한한 존재이다. 유한성 가운데에서의 존재란 먼저 외존 가운데에서의 관계 내에서의 존재, 폐쇄성과 내재성 바깥의 존재를 의미한다.

두 번째로 유한성은 만남의 유한성을 가리킨다. '우리'의 실존들의 접촉은 영원한 것도 아니고 지속될 수 있는 것도 아니다. 그 접촉은 불규칙적·단속적 시간에, 즉 시간성 내에서 전개된다. 왜냐하면 그것은 의식을 통해 확인하고, 표상할 수 있는 '무엇'에 정초되어 있지 않고, '무엇' 바깥의 타인의 나타남에 응답하는 시간적인 정념情念을 요구하기 때문이다. 접촉, '무엇'에 의하지 않는, '무엇' 때문이 아닌 급진적인 만남, 그것에 정념만이 단수성單數性, singularité(타인의 나타남의 단수성)을 긍정하면서 응답할 수 있다. 정념은 만져지지도 보이지도 않는 것에 대한, '무엇'에 따라 고정될 수 없는 관계 자체에 대한 접촉과 감지의 표식일 것이다. 그러나 만남의 유한성은 물론 인간들의 관계가 지속될 수 없다는 것을, 나아가 지속될 필요가 없다는 것을 정당화하지 않는다. 다만 그 유한성은 '내'가 관계의 주인이 아니며 관계를 '내'가 지배할 수 없다는 것을, 즉 타인을 '나'의 의식이 설정한 어떠한 동일성 내에도 동일화할 수 없다는 것을, 타인도 관계도 '내'가 '지속적으로' 회수할 수 있는 어떠한 표상에도 안착될 수 없다는 것을 말한다. 그에 따라 그것은, 만일 의식에 고착된 어떤 '무엇'이 관계를 지배할 때, 그러한 지배(예를 들어 물질의 지배, 정치적 이념의 지배, 인종과 국적의 동

일성의 지배)에 저항할 수 있게 하는, 근거·이유·목적도 없는 만남 또
는 그 자체가 이유와 목적인 만남, 즉 실존들의 접촉과 그 순수성을 정
당화한다.

세 번째로 낭시가 말하는 유한성은, 그 가장 일반적인 의미에서,
한계상황(죽음, 병, 고독)에 놓여 있는 인간의 존재 양태를 표현한다.
하지만 어떠한 경우라도 낭시에게 유한성은 공동-내-존재와 무관하지
않다. 하이데거는 죽음으로의 접근이 '나'로 하여금 일상적이고 평균적
인 존재 양태인 '그 누구Man'의 지배에서 벗어나 본래적 실존으로 눈을
돌리게 한다고 강조했다. 그에 반해 낭시는 죽음으로의 접근의 경험이
'나'로 하여금 본래적 실존에로 돌아가게 한다기보다는, 오히려 외존(타
인을 향해 존재함, 타인과의 관계 내에 존재함)을 통해 급진적인 공동-
내-존재를 부르게 한다고 본다. 죽음으로의 접근의 경험은 '나'와 자신
의 본래적 관계의 회복(하이데거)을 요청한다기보다는, 죽음이라는 절
대 타자 앞에서 '나'의 동일성이, 그것이 어떠한 것이든, 한계에 이르렀
다는 사실을 지적한다. 그것은 '나'와 자신의 관계의 파기의 경험이며,
나의 본래성Eigentlichkeit으로 향해 가는 경험이라기보다는, 타자가 놓여 있
는 공동 영역으로 들어가는 경험(이 점에 대해 낭시와 사상적으로 가까
운 모리스 블랑쇼의 죽음에 대한 분석을 살펴볼 필요가 있다[2])이며, 공
동-내-존재로 열리는 경험이다. 다시 말해 죽음으로 접근하는 경험은
내가 규정할 수 있는 모든 것이 무효화되고 공동의 실존으로 되돌아가
는 경험이며, 그 공동의 실존을 감당하는 자가 '내'가 아니라 '우리'라
고 본다면, '우리'를 향해 가는, '우리'를 부르는 외존의 경험이다. "죽음
은 공동체와 분리해서 생각할 수 없는데, 왜냐하면 공동체가 스스로를

---

2   모리스 블랑쇼, 「작품과 죽음의 공간」, 『문학의 공간』, 이달승 옮김, 그린비, 2010.

드러내는 것은 죽음을 통해서이기 때문이다―그 역도 마찬가지이다."³
(죽음과 외존, 공동-내-존재, 공동체―공동체는 낭시에게 원칙적으로
어떤 가시적 공동체, 기반과 조직을 가진 공동체가 아니라 타인과의 급
진적인 소통의 체험이다―의 연관성, 그것에 대한 낭시의 사유는 자신
의 특별한 체험에 의해 심화되었다고 볼 수 있다. 그는 이유를 알 수 없
는 산소 결핍증 때문에 장기이식수술을 받았으며, 더구나 완전한 회복
을 기대할 수 없는 항구적인 '환자'이다. 왜냐하면 산소 결핍증은 재발
할 위험이 있으며, 재발의 경우 생명을 건 재이식수술이 불가피하기 때
문이다. 그러나 여기서 낭시 개인의 경험이 한 개인의 것일 수만은 없
다. 문제가 되는 것은 어쩔 수 없는 한계상황 가운데 죽음과 병이라는
'침입자intrus'와 더불어 살아야 하는, 공동의 것일 수도 있는 유한성의
경험이다. 그 경험에 대해 낭시는 같은 단어를 제목으로 단 저작⁴에서
자신의 투병 생활을 기술하면서 성찰해보고 있다.)

문학과 공동-내-존재

장-뤽 낭시에게 문학과 문학작품의 경험이라는 문제는 자신의 사유
의 중심에 자리 잡고 있다(낭시의 예술에 대한 관심은 문학에만 머무
르지 않고, 미술·영화·무용에까지 이르지만, 여기서는 그의 문학에 대
한 성찰만을 살펴볼 것이다). 그의 문학에 대한 사유 방식과 경향은 낭
만주의 이후에 속한다. 그 사실을 그는 사상적으로 그와 매우 가까운
동료인 필립 라쿠-라바르트Philippe Lacoue-Labarthe와 함께 독일 낭만주의
자들(슐레겔 형제·노발리스·슐라이어마허 등)의 동인지 『아테네움

3   J.-L. Nancy, *La Communauté désœuvrée*, Christian Bourgois, 1986, 1990, p. 39.
4   J.-L. Nancy, *L'Intrus*, Galilée, 2000.

Athenäum』에 실린 텍스트들을 공동 편역[5]하면서 명백히 드러냈다. 낭시의 사유가, 문학의 여러 문제와 결부될 때, 독일 낭만주의로 연결되어 있다는 것은 분명하다. 하지만 그러한 사실은 보다 다양한 관점에서 해명될 필요가 있다. 독일 낭만주의에서 최고의 형이상학적 절대(주객 합일의 절대, 주체와 세계의 합일의 절대)의 표현에 이르는 통로는 철학적·언어적 개념이 아니라, 시예술Dichtkunst이 드러내는 어떤 감각적 현현顯現, 즉 인간 주체의 형상화이다. 또한 낭시의 입장에서 본다면, 그가 말하는 더할 나위 없는, 전유할 수 없는 외재성으로써 '의의의 의의sens du sens'란 어떤 개념에 포착되는 의미가 아니라,―낭만주의에서 강조된 형상화에 유비될 수 있는―개념 이전 또는 바깥의 의의, 개념을 초과하는 것, 즉 이미지의 현시現示, présentation이다. 그러나 낭시는 문학이 인간의 세계와의 어떤 절대적 합일을 보여준다는 독일 낭만주의자들의 형이상학적 입장을 의문시하며, 나아가 그들의 주체의 최고주권에 대한 강조, 즉 그들에게 남아 있는 독일 관념론(피히테)의 잔재를 거부한다. 독일 낭만주의에 근대의 산물인, 주체의 위치에 대한 과장된 평가가 있을 것이다. 낭시가 말하는 '의의의 의의'는, 낭만주의적 주체가 아닌 유한성의 인간의, 어느 누구일 수도 있는 유한한 자의 현시 가운데 기입된다. 문학작품이, 독일 낭만주의들이 강조하듯, 철학적 개념의 전개라기보다는 인간성의 형상화라고 본다면, 그 인간성은, 그들의 주장과는 달리, 세계와의 합일에 이른 '고유한' 주체에 육화되어 표현되지 않는다. 낭시에 의하면, 문학이 그려내는 인간성은 특정 주체의 것이 아니며, 유한성에 한계지어진 무명씨의 것이다. (무명씨의 인간성이 무엇인

---

5   Ph. Lacoue-Labarthe / J.-L. Nancy, *Absolu littéraire*, Seuil, 1978. 그들이 쓴 서문이 우리나라 말로 번역되었다. 필립 라쿠-라바르트 / 장-뤽 낭시, 「지금 우리에게 낭만주의란 무엇인가」, 박성창 옮김, 『세계의 문학』 106호, 2002년 가을호.

가는 낭시가 자신의 『사유의 무게Le Poids d'une pensée』에 끼워 넣은, 조르주Georges라 불리는 한 남루한 부랑자의 사진 이미지에 더할 나위 없이 명료하게 드러난다. 그 이미지에 대해 낭시는 다음과 같이 덧붙였다. "이 사진은 필사적으로 현실과, 그 불안정함, 은총, 덧없음을 보여준다. 어떤 곳에서, 한 순간, 어떤 것 또는 어느 누구가 나타났다. 사진은 그것이 일어났다는 것을, 그리고 그것이 우리의 의심, 우리의 망각, 우리의 해석에 맞서 대립된다는 것을 보여준다. 그 사진은 그러한 명백성을 우리에게 진해준다."6)

유한성이 말하게 하기. 내재성·폐쇄성의 불가능성으로서의 유한성(타인에게로 외존할 수밖에 없다는 유한성), 만남의 유한성(순간의 단수성에 기입되는 타인의 현전이 갖는 유한성), 한계상황과 죽음이 요구하는 유한성(사라짐의 필연성), 그러한 유한성을 '그리는' 동시에 긍정하기, 거기에 문학의 과제가 있다. 문학은 그러한 유한성을 현시해야만 한다. 그에 따라 문학은 공동-내-존재를 성취할 수 있을 것이다. 왜냐하면 유한성의 현시 가운데 독자가 읽을 수―볼 수―있는 것은, 그 '무엇' 바깥의―또는 그 '무엇'에 의해서도 지배당하지 않는―한계에서의 인간 존재 자체 그리고 개인의 모든 특수한 속성으로부터 벗어난 인간의 현전이기 때문이다. 이상적·본질적 인간(또는 인간성)의 모델이라 불리는 모든 것을 거부해야, 그것에 저항해야 하며, 거기에 공동-내-존재, 즉 정치적인 것을 향한 첫걸음이 있다. 독일 낭만주의는 문학의 과제가 철학적 의미의 전달이 아니라 인간성의 형상화에 있다고 보았다. 그러나 독일 낭만주의가 어떤 형태의 '고귀한'―어떤 절대와 함께하는―낭만적·예술가적 주체를 고양시킨 것은 정치적 관점

6   J.-L. Nancy, *Le poids d'une pensée*, Le Griffon d'agile / Presses Universitaires de Grenoble, 1991, p. 113.

에서 하나의 오류를 가져왔다고 볼 수 있다. 하나의 인간의 모델을 세웠기 때문이다—그 모델로부터 바그너에서 니체까지 자유롭지 못했을 것이다. 말하자면 열정 속에서 세계와의 합일을 꿈꾸며, 자신의 파멸조차 두려워하지 않는 비극적 영웅, 하지만 아무나 될 수 없는 영웅. 그러나 '우리'의 열정과 비극은 다른 곳에 있다. '우리'의 열정은 힘의 고양을 향해 나아가지 않으며, 한계에, 유한성에 처한 '우리'의 목소리를 들으려는 열정, 소통에의 열정이다. '우리'의 비극은 단순히 '우리'가 사라져갈 것이라는 데에 있다. 그러나 그 '비극'은 허무주의와 상관없다. 왜냐하면 사라져감, 죽음을 통해서만 소통의 무한성을, 공동-내-존재의 무한성을 성취할 수 있기 때문이다("공동체가 스스로를 드러내는 것은 죽음을 통해서이다"). 문학은 공동-내-존재를 가동시킨다. 그에 따라 문학은 정치적인 것에 개입한다. 그러한 사실은 그러나 문학이 정치에 봉사해야 한다는 것을 뜻하지 않으며, 오히려 문학 가운데 정치적인 것의 전-근원적인 것(전-의식적인 것)이 그려진다는 것을 의미한다.

4 공동체의 무위^{無爲}

장-뤽 낭시가 제기한 문제들이 현대 철학에, 특히 정치철학에 남긴 중요성과 영향력을 두고 볼 때, 그의 사상은 국내에서 지나치게 소홀히 여겨져 왔다. 아마 그는 '사유의 무게le poids d'une pensée'[1]에 비해 여기에 가장 소개가 되지 않은 현대 철학자들 중 한 사람일 것이다. 게다가 그는 몇 년 전 타계한 필립 라쿠-라바르트와 함께, 자주 자크 데리다가 말하는 '해체déconstruction'의 테두리 내에서 논의되어왔다. 물론 낭시의 철학에 해체의 요소가 없지 않으며, 데리다의 해체가 그에게 준 큰 영향에 대해서는 이론의 여지가 없겠지만, 문제는 한 철학자가 움직여온 영역의 넓이를 제대로 가늠함으로써 그의 사상을 바라볼 수 있는 적합한 위치에 서는 데에 있을 뿐이다. 사실 낭시의 사유의 출발점은 해체에 있는 것이 아니라, 계몽주의와 함께 근대의 문을 연 낭만주의에, 정확히 말해 그가 라쿠-라바르트와 함께 탐색했던, 슐레겔 형제(프리드리히 슐레겔Friedrich Schlegel · 아우구스트 슐레겔August Schlegel)로 대변되는 초기 독일 낭만주의의 어떤 지점에 놓여 있다. 또는 보다 더 정확히 이렇게 말할 수 있다. 그 출발점은 해체로부터 거슬러 올라갈 수 있는 낭만주의의 핵심 가운데 하나에, 또는 그것으로부터 이어질 수 있는 해체

1　'사유의 무게'는 낭시의 한 저서의 제목이다: J.-L. Nancy, *Le Poids d'une pensée*, Le Griffon d'argile, 1991.

에 있다. 낭시와 라쿠-라바르트는『문학적 절대』에서 말 가운데 진정
으로 '말하는 것'은 무엇인가라는 물음이 독일 낭만주의의 핵심적 문제
들 중 하나였다고 보고, 그것이 훔볼트와 하이데거를 거쳐 데리다의 대
표적인 주제들("글쓰기, 흔적, 글쓰기의 산종^{散種}")에 간섭하고 있다고
본다.[2] 또는 보다 더 정확히 이렇게 말할 수 있다. 낭시는 데리다의 언
어에 대한 사유에서 낭만주의의 한 현대적 표현을 읽으면서, 그에 따라
형성된 언어적·정치적·미학적 주제들을 특히 여러 독일철학과 독일의
예술적 사유에 비추어 전개해나갔다.

반낭만적 외존

계몽주의와 마찬가지로 낭만주의는 한 철학자나 몇몇 철학자의 이론
적 입장을 대변하는 하나의 학설이 아닐뿐더러, 철학사에서 일정한 시
간을 두고 해석과 재해석이 이어져왔던 하나의 '주의^{主義}'도 아니고, 역
사에서 우리의 일상과 실제의 삶에 직접적으로 영향을 주어왔고 나아
가 그것을 구성해온 '현실'이다. 한마디로 우리 근현대인은 스스로 선
택하지 않더라도, 또한 스스로 자임할 필요도 없이, 적어도 어느 정도
까지는 계몽주의자이며 낭만주의자이다. 계몽주의가 근현대인의 공
적·정치적 삶의 토대를 놓은 사상이라면, 낭만주의는 근현대인의 사
적·개인적 삶을 규정하고 있는 범주이다. 다시 말해 우리는—얼마나
많은 봉건적 잔재 아래에 여전히 놓여 있는가라는 물음을 차치하고—
이미 봉건제를 넘어서 공화제 내에 들어와 있으며, —얼마나 우리의 삶
이 제도들과 체제 내에서 규정되고 있는가라는 물음을 차치하고—이
미 그 사회적 제도들과 체제에 반항하는 '영혼'의 순수성의 의미를 이

2   Ph. Lacoue-Labarthe / J.-L. Nancy, *L'Absolu littéraire*, Seuil, 1978, p. 422.

해하고 있으며, 거기에 '진정성'이라는 가치를 부여하고 있다.

흔히 낭만주의는 민족주의로 기울어진 우파 부르주아들의 안온한 정치적 안식처로, 현실과 정치에 무관심하고 예술의 자율성과 순수성을 신봉하는 예술가들의 고립된 성으로, 기껏해야 객관적 사회 질서를 모르고 무시하는 철없고 반항적인 젊음의 광란의 도가니로 여겨져 왔다. 낭시의 첫 번째 행보는 『아테네움』에 실린 초기 독일 낭만주의자들의 주요 텍스트들을 번역하고 해석하면서, 그러한 낭만주의에 대한 피상적 견해를 교정하는 동시에 원래의 낭만주의적 정신을 복원해내는 데에 있었다. 거기에는 어떤 정치적 의도가 내재해 있었다. 질 들뢰즈와 미셸 푸코Michel Foucault가 니체를 좌파적 관점에서 재해석했듯이, 낭시는 낭만주의(하지만 민족주의로 기울어진 후기 독일 낭만주의가 아니라 세계시민주의를 내세웠던 초기 독일 낭만주의)를 현재와 미래의 정치적인 것을 위해 되돌려보고자 하며, 동시에 낭만주의를 참조하여 역사에서 무시되거나 의심스러운 것으로 여겨져 왔던 정치적 지향점을 다시 조명하고자 한다. (역사와 정치적 지평에서, 역사·정치의 영역에서 배제되어왔던 한 사상을 다시 되돌려보려는 시도는 어떠한 의미를 가질 수 있는가?) 말하자면 계몽주의에서뿐만 아니라 현실 공산주의를 포함한 근대의 모든 정치에서 간과되어 왔거나 부차적인 것으로 여겨져 왔거나 의혹의 대상이었던 어떤 움직임을, 즉 인간의 내면에 감추어진 내밀하지만 급진적인 소통에 대한 욕망을 낭만주의를 통해—또한 그 욕망을 이어받은 낭만주의 이후의, 그러나 낭만주의자로 결코 분류될 수 없는 몇몇 사상가와 작가, 가령 니체, 조르주 바타유, 모리스 블랑쇼 등을 통해—다시 탐색해보는 것이 문제로 대두된다.

낭만주의의 핵심에 현실을 넘어선 어떤 초월적 세계에 대한 염원이 아니라, 사회의 형식적인 법·기준들과 관념들·이론들에 포섭되지 않는 삶의 실재에 대한, '존재'에 대한 모색이 있다. 그러나 낭시는 그러한 낭만주의자들의 '존재'에 대한 탐색이, 형이상학적 담론으로서의 신화에 대한 새로운 구성과 예술가적·천재적 주관성에 대한 추구와 찬양으로 귀착되었던 것에 대해 단호히 비판했고,[3] 유일무이한 초월적·예술가적 영혼으로부터 공동의 영혼(영혼의 공산주의)으로, 소통의 단일한 중심점으로부터 소통의 복수적 분산점들로 나아가는 길을 탐색한다.

낭만주의에 대한 낭시의 참조가 암시적이고 부분적인 반면, 그의 사유를 정향하는 명시적이자 기본적인 전략은 하이데거를 전유하거나 변형시킴으로써 공동의 영혼이라는 문제를 재정식화하고 심화시키는 데에 있다(그 과정에서, 「무위의 공동체」에서 재해석된 조르주 바타유가 중요한 좌표 가운데 하나로 등장한다). 하이데거가 우리의 모든 경험의 근거가 주체(주관)라는 항이나 대상 세계(객관)라는 항 가운데 어느 한 편에 있지 않고 그 두 항을 오히려 구축하는 공동 영역인 동사적 움직임(존재 사건)에 있다는 사실을 밝혔다면, 낭시는 인간들의 '사이'와 인간 자체에 대한 경험의 중심에 '나'(주체)나 '너'나 어떤 특정 인간이라는 항이 있지 않고 이미 공동의 지점을 가리키고 있는 외존外存이 전개되고 있다는 사실을 부각시킨다. 외존은 하나의 실체가 아니고, 관념에 규정되고 고정되는 하나의 대상도 아니며, '누구에게로 향해 있음'이라는, 모든 구체적 행동 이전의 행위, 모든 '우리'와 모든 소통의 전제가 되는, "동일자가 타자로, 동일자가 타자로 인해, 또는 동일자가 타자에게 향해 있거나 기울어져" 있는 움직임(편위, 偏位)이다(낭시는 『무위의 공동체』에서 그 움직임을 가장 집요하게 추적했던 사람 가운데 하나로 바타유를 들고 있지만, 바타유가 결국에는 "정념의 분출"을 찬양하는 주관적 자유에 묶이고 말았다는 점에서 그를 비판하고 있

---

3   그 비판에서 모리스 블랑쇼가 준거점으로 나타난다: J.-L. Nancy, "À propos de Blanchot", *L'Œil de Bœuf* 14/15, mai 1998.

다). 그 움직임은 개인의 어떠한 관념 내에도 포섭되지 않기 때문에 집단적 규정의 대상이 아니며, 따라서 모든 사회의 테두리 내에 묶여 있지 않다. 바로 그 내밀한 움직임을 아마 초기 독일 낭만주의자들이 최초로 감지했을 것이지만(그들은 공동체에 대한 열망을 최초로 표명한 근대인들이다), 그들은 그것을 예외적이거나 특별한 예술가적 주체에 종속시켰고, 그에 따라 세계에 대립하고 세계를 부정하는 반사회성과 겹쳐지는 초월성을 내세우기에 이른다. 그러나 외존은 사회와 반사회의 이항대립 이전의 인간 존재의 조건이며, 사회의 토대(토대 없는 토대)이자 사회의 변혁 그리고 혁명의 계기이다. 결국 문제는 저 너머의 어떤 초월적 세계로의 상승이 아니라 바로 (이) 세계의 창조에 있다. 외존은 세계의 창조(세계의 탄생)와 더불어 모든 상황 또한 타인(들)이라는 상황에 개입하는 구체적인 움직임이자, 또한 상황에 맞서는 실질적인 침투의 흐름이다.

우리 바깥의 '우리'

모리스 메를로-퐁티는 1940년대 스탈린주의가 이미 득세하고 있던 시점에서 공산주의에 대해 이렇게 말한 적이 있다. "공산주의가 그 이름을 받을 자격이 있으려면, 공산주의(서로 다른 단어들과 마찬가지로 파시즘에 의해 왜곡되었지만, 어쨌든 그 단어의 최상의 의미에서)가 위계제가 아니라 공동체와 소통을 향해서 나아가야 할 것이다."[4] 『휴머니즘과 폭력』에서 메를로-퐁티는 스탈린주의에 대해 결정적 입장을 아직 표명하지 않으면서 스스로를 애매한 위치에 가져다놓고 있지만, 공산

---

4 모리스 메를로-퐁티, 『휴머니즘과 폭력』, 박현모·유영산·이병택 옮김, 문학과지성사, 2004, 178쪽.

주의와 마르크스에 대해 적어도 하나의 분명한 관점을 견지하고 있다. 마르크스의 새로움은 "철학의 문제와 인간의 문제를 경제문제로 환원하는 데에 있는 것이 아니라, 경제문제 속에서 철학적이고 인간적인 문제의 정확한 등가물과 가시적 형상물을 찾는 데에 있"으며, 만일 우리가 "인간 사이의 근본적 관계"에 대한 기술記述을 찾지 못한다면 "마르크스주의 정치의 전체적 의미를 파악할 수 없다"라는 것이다.[5] 나아가 분명 우리는 공산주의의 출발점과 지향점도 찾을 수 없게 될 것이다. '우리'의 관계, 간단히 '우리'는 정치의 지평에서 단순히 부가적이거나 부차적인 존재인 원자(개인)들의 집합, 어떤 관념·이념·이데올로기에 의해 그 본성이 미리 결정되어 있는 공동체가 아니며, 경제의 지평에서 생산과 부에 봉사하게 되어 있는 단위가 아니다. 우리의 관계가 분명 경제의 차원에서 표현되어야 하고, 그 관계의 변혁이 거기에 반영되어야 하지만, 경제가 '정치적인 것'의 차원에서 새로운 '우리'의 창조라는 지점으로 수렴되어야 한다는 것도 필연이다. 즉 정치와 경제의 지평에서 '우리'로의 환원은 필연적이자 구체적인 요청이다. 그러나 결코 그 환원은 단순히 인권이나 휴머니즘이나 우애와 사랑을 강조하고 인식하고 주지시키는 데에 있지 않다. 인간들 사이의 따뜻한 관계라는 것도 문제의 핵심은 아니다. 낭시의 새로움은 다음과 같은 요구에 있다. 현실이나 미래에 실현되어야 한다고 가정되는 모든 경제적이거나 경제적 지평을 넘어서는 계획·기획·프로그램의, 관념으로 동일화될 수 있는 모든 구도의 바깥에서 보이지 않는 '우리'의 근거가 드러난다는 것이며, 그 근거와 마주하기 위해서는 이미 결정된 사회나 결정되어야 할 사회로부터 돌아서는, '위험하고 급진적인' 박탈과 비움의 움직임이, 즉 무위의 움직임이 반드시 요청된다는 것이다. 그 움직임은 어떤 '급

---

5   같은 책, 139쪽.

진적인' 정치적 프로그램이나 정치철학을 제출하는 데에도, 정의와 사랑을 외치는 데에도, 권력에 대한 저항을 주장하는 데에도, 영웅적 투사의 몸짓을 보여주는 데에도, 사회의 양심을 대변하는 자나 가난한 자들을 대변하는 자라고 자임하는 데에도, 어떠한 형태로든 정치적·경제적·사회적·윤리적 힘 속에 뿌리박는 데에 있지 않으며, 반대로 그 모든 힘으로부터 뿌리가 뽑히는 데에, 즉 사회적으로 인가된 모든 가치를 포기할 위험을 감수하고라도 우리 각자가 우리 바깥의 '우리'로 향하는 데에 있다. 그 움직임이 본래적 의미에서의 '자연적 태도'로부터의 전환인 '환원réduction'(생각하는 '나'로의 환원이 아닌 서로 겹쳐지는 '우리'로의 환원)일 것이며, 또한 외존일 것이고, '무위의 공동체' 또는 '공동체(로)의 무위'는 바로 그 환원을 대변하는 이름일 것이다.

공동체(로)의 무위

『무위無爲의 공동체』에서 '무위désœuvrement'는 과제·작품œuvre과 대립되는 의미에서 쓰이지만, 또한 과제·작품의 한계를 지시하기도 한다. 그러나 '데죄브르망désœuvrement'을 '무위'로 옮기는 것이 과연 합당한가? 왜냐하면 이 '무위'는 우리를 어쩔 수 없이, 즉각적으로, 저자가 분명 염두에 두지도 참조하지도 않은 노장사상老莊思想의 맥락에 가져다놓기 때문이다. 물론 낭시가 자신의 사유의 한 측면을 표현하기 위해 동양 사상을 배경으로 끌어들인 적도 있고,[6] 자크 데리다와 함께 나눈 대담에서 "과녁을 겨냥하지 않고 맞히는 예술, 그러한 비지향적이고 비현상학적인, 우리가 서양 내부에서 아마 한 번도 만들어내지 못했던 패러다

6　J.-L. Nancy, *Corpus*, Métailié, 1992.

임"[7]에 대해 언급하면서 서양 철학과의 비교 하에 동양 사상의 한 흐름의 특성을 부각시킨 적도 있지만, 그 모든 경우 그의 동양에 대한 성찰은 심화된 것이 아니었고 특별히 노장적이지도 않았다.

그럼에도 불구하고 우리는 '데죄브르망'을 '무위'로 옮겼다(우리와 동양의 사상적 전통을 공유하고 있는 일본에서도 같은 선택에 이르렀다). 그렇게 옮긴 이유들 가운데 하나는, 그의 사유의 몸짓과 빛깔이 어느 정도 동양적이라고 수긍한 데에 있다. 낭시의 사유에 동양적인 요소가 있다면, 그것이 동양의 특정 한 사상에 직접적으로 맞닿아 있기 때문이 아니라, 많은 사람이 지적하고 있듯이 '동양적인' 하이데거의 사유(불교적이거나 노장적인 하이데거의 존재 사유, 존재의 비가시성·비규정성·관계성·탈주체성·탈개인성·탈관념성 그리고 선언어적·선명제적·선인식적 존재, 그러나 여기서 왜 하이데거의 사유가 불교적이거나 노장적인지 구체적으로 깊이 있게 설명할 능력이 우리에게는 없다)가 그 근간에 깔려 있기 때문이다. 물론 사유가 하이데거를 거쳐 가면서 동양적 음조를 띠게 되는 경우는 낭시뿐만이 아니며, 또한 우리가 방금 언급한 존재의 양태들을 받아들이고 있는 여러 사상가(가령 모리스 메를로-퐁티, 모리스 블랑쇼, 자크 데리다)이다.

주목해보아야 할 점이 하나 있다. 낭시는 무위를 말하면서 그것과 대칭을 이루는 과제·작품을 단순히 무시하지 않는다. 무위는 무엇보다 공동체의 무위일 것이다. 우리는 공동체의 무위라는 말을 들으면서, 또한 그 말과 낭시의 공동체에 대한 사유 전반을 표피적으로 단순하게 받아들이면서, 이제 어떠한 집단도 정당도 의회도—더 나아가 어떠한 학회도—조직하지 말고, 또한 정치적이거나 비정치적인 차원에

---

7   J. Derrida / J.-L. Nancy, "Responsabilité-du sens à venir", *Sens en tous sens-autour des travaux de Jean-Luc Nancy*, Galilée, 2004, p. 172.

서 집단적으로 추구하는 모든 구체적 목적·과제를 거부해야 한다고 믿을 수 있다. 이는 물론 난센스이다. 낭시는 무위와 대칭을 이루는 과제·작품을 단순히 무시하지 않는다. 무위는 과제·작품과 전적으로 대립하지 않으며, 어떤 점에서는 그것을 전제한다. "본질적으로 공동체는 블랑쇼가 무위無爲라고 명명한 것에 자리 잡는다. 과제 내에서 또는 과제 너머에서, 과제로부터 빠져나오는 것."[8] 또한 "탈자태는 필연적으로 (문학적·정치적 등등) 과제들을 전제하지만, 기입되는 것, 기입되면서 한계를 거쳐 가고 외존되면서 [······] 소통되는 것, 분유되는 것, 그것은 과제들의 무위이다".[9] 낭시가 무위를 강조하는 이유는 과제들을 무시하기 위해서가 아니며, 나아가 과제들(과업들)에 짓눌려 있었던 과거 공산주의 사회에서 떠받들었지만 분명 왜곡시켰던 마르크스주의를 폐기시키기 위해서도 아니다. 무위는 마르크스가 자신이 꿈꾸었던 공동체를 경제 공동체로 귀속시키기를 거부했을 때 스스로 이미 가정해놓았던 것이다. 낭시는 마르크스를 인용하면서 이렇게 말한다. "'그 자체가 목적인, 즉 자유가 진정으로 군림하는 것인, 인간적 역능의 개화가 시작되는' 곳에서, '엄밀한 의미에서의 물질적 생산의 영역 저 너머에' 위치하는 어떤 공동체."[10]

또한 우리는 공동체의 무위라는 말을 들으면서, 타인들과의 관계에 소극적이어야 하고 타인들과 함께한다는 것의 가능성을 크게 생각하지 말아야 한다고 이해할 수도 있다. 그러나 그러한 이해(오해?)가

---

8 장-뤽 낭시, 『무위無爲의 공동체』, 박준상 옮김, 인간사랑, 2010, 78~79쪽.

9 같은 책, 97~98쪽. 또한 낭시는 바타유를 예로 들어 순수하고 완전한 무위는 없다고 분명히 말한다. "물론 바타유는 목적에 이르지 말 것을 요구려 노력했으며, 그로부터 공동체에 대한 사유와 분명하게 연관된, 계획에 대한 거부가 따라 나왔다. 그러나 그 자신이 순수한 무계획은 있을 수 없다는 것을 알고 있었다"(같은 책, 59쪽).

10 같은 책, 172쪽.

더 먼 곳에까지 이르게 되면, 분명 우리는 자유주의적·개인주의적 함정에 빠지게 될 것이다. 정치적 관점에서는 원자론('우리는 모나드들일 뿐이다')에 귀착될 수밖에 없을 것이다.

다음과 같은 말을 들어보자. "그러나 공동체의 부재는 반대로 공동체가 완성되지 못하게 하는 것을, 또는, 공동체가 완성되지 않고 한 새로운 개인과 더불어 발생하지 않는다면, 공동체 자체를 재현한다. 그러한 의미에서 '모든 가능한 공동체가 내가 공동체의 부재라고 부르는 것에 [……] 속해 있다는 사실이, 모든 가능한 공동체의 토대이어야 한다.' 공동체의 부재 속에서, 공동체의 과제는, 과제로서의 공동체는, 공산주의는 완성되지 않지만, 공동체로 향해 있는 정념은 무위 가운데, 모든 한계와 개인의 형태를 고정시키는 모든 완성을 넘어서기를 요구하고 호소하면서 전파된다. 따라서 이는 어떤 부재가 아니다. 이는 어떤 움직임이다. 이는 단수적 '능동성^{activité}' 속에서의 무위이다. 이는 어떤 전파이다. 다시 말해 이는 전파, 나아가 전염, 또는 전파되거나 자신의 단절 자체를 통해 그 전염을 전달하는, 공동체 자체의 소통이다."[11] 또한 다음과 같은 말. "따라서 공동체라는 단일체도 그 실체도 없다. 왜냐하면 그 분유가, 그 이행이 완성될 수 없는 것이기 때문이다. 미완성이 그 '원리'이다—미완성을 불충분성이나 결핍이 아니라, 분유의 역동성을, 또는 단수적 균열들에 따라 끊이지 않는 이행의 역학을 가리키는 역동적 표현으로 받아들여야만 한다는 의미에서 그렇다. 분유의 역동성, 다시 말해 무위의 역동성, 무위로 이끄는 역동성."[12]

공동체의 무위는 공동체를 위해 아무것도 하지 말자는 것도 아니고, '우리'를 생성하는 데에 소극적이어야 한다는 것도 아니다. 공동

---

11   같은 책, 138쪽.
12   같은 책, 85~86쪽.

체의 부재는 문자 그대로 어떠한 집단도, 어떠한 '우리'도 존재해서는 안 되거나 존재하는 것을 막아야 한다는 것이 아니다. 낭시가 공동체와 관련해 그러한 소극적이거나 부정적인 입장을 견지하고 있는 것이 결코 아니다. 다만 그에게, 우리에게, 철학적 입장에서 보았을 때는 어떤 관념적 틀을, 정치적 입장에서 보았을 때는 어떤 제도적이거나 사회적·집단적 틀(법·이데올로기, 민족과 국가라는 범주)을 고정되고 완성된 것으로, 절대적인 것으로 승격시키지 않는 것이 관건이 된다. 보다 정확히 말해 개인(들)과 집단을 동일화하는, 하나의 동일성 내에 묶는, 상호 호환적인 그 두 틀에 균열을 내는 능동적 움직임에, 즉 "공동체로 향해 있는 정념"에 주목하는 것이 관건이 된다. 낭시가 주장하는 바는, 관념적으로 명확히 표상되지 않는—아직 정확한 이름을 부여받지 못한(관념·표상과 언어의 동근원성)—동시에 사회적·제도적으로 아직 정당성을 부여받지 못한 어떤 '우리'가, 또한 그 '우리'를 추진하는 "공동체로 향해 있는 정념"이 이미 정립되어 있는 사회·집단과 사회적·집단적 틀을 변형시키거나 나아가 와해시키고 무화시키려는 움직임이 언제나 있어왔으며 있어야 한다는 것이다. 그 움직임은 '해체'로 나아가기에 부정적이지만, 바로 '우리'와 진정한 의미에서의 '공동체'로 향해 있기에 적극적·능동적이다. 따라서 공동체의 무위 또는 무위의 공동체는 '우리'에 대해 소극적이지 않으며 반대로 더할 나위 없이 급진적으로 '우리'로 편위되어 있다.

그러나 이러한 사유는 낭시나 '밝힐 수 없는 공동체'를 말하는 블랑쇼가 독자적으로 창안해낸 것이 아니다. 단순히 그것은 낭시가 자신의 사유의 현실적·역사적 준거점으로 삼았던 동구권의 몰락 이후에 비로소 요청된 것도 아니다. 그것은, 낭시 스스로가 밝힌 대로, 민주주의가 결정된 형태를 갖고 있지 않다는 사실이 최초로 표명된 그리스의 한복판으로 거슬러 올라가며("아테네 민주주의의 역사는 애초부터 늘 민주주의 자체가 스스로를 걱정해야 했고, 스스로를 재발명해야 했음을 보여준다"[13]), 사회 그 이전이자 사회가 끊임없이 환원되어야 할 정치적 중심으로서의 자연 상태와 자연적 평등을 설파하면서 "민주주의의 토대 없음을 자각"했던 장-자크 루소로 이어지고,[14] 프랑스 대혁명 이후로 기존의 집단과 제도에 도전했던, 세계 곳곳에서의 저항과 반란과 혁명의 움직임의 한 단면을 반영한다. 그렇게 본다면 우리가 앞에서 동양적 요소를 갖고 있다고 말했던 무위가 근본적으로는 '정치적 무위'이며, 그 기원은 서양에 놓여 있는 셈이다. 그러나 이는 그 무위의 역사적 근거에 대한 단순한 판단일 뿐이며, 물론 우리에게 그것이 서양적이냐 동양적이냐는 물음은 전혀 중요하지 않다.

---

13   장-뤽 낭시, 「유한하고도 무한한 민주주의」, 『민주주의는 죽었는가?』, 난장, 2010, 110쪽.
14   같은 책, 111쪽.

5 (정치적) 행위:

장-뤽 낭시를 중심으로

물음

이 텍스트를 구상하면서, 아니 그 이전에도 장-뤽 낭시의 공동체에 대한 성찰을 되돌려보면서 지속적으로 드는 의문이 있었다. 도대체 그가 내놓은 '무위의 공동체' '공동체 없는 공동체'—또한 그로부터 영감 받아 모리스 블랑쇼가 내세운 '밝힐 수 없는 공동체'—와 같은 주장은 결국 무엇을 말하고자 하는가? 더 솔직히 묻는다면, 그것이 무슨 소용인가? 그것이 단순히 하나의 이론적·사변적 담론을 포장하는 모토로 남기를 원하지 않고 하나의 진정한 정치적 사유를 대변하는 것이 되기를 원한다면, 정치의 지평에서 어떤 실질적인 문제를 요약하는 표현이 되어야 하지 않는? 무위의 공동체에 대한 낭시의 논의가 실제로 어떤 정치적 실천이나 행동을 촉발시켜야 한다는 것이 아니다(다시 살펴보겠지만, 논의와 행동·실천은 서로 관계가 없지는 않을지라도 근본적으로는 서로 다른 차원들에 놓여 있으며, 사실 어떠한 논의도 정치의 현장에서 솟아나는 힘과 추진력의 도움을 받지 못한다면 실천으로 이어질 수 없다). 그 논의가 우리가 위치하고 있는 실제의 정치적 맥락에 들어가 있어야 하며, 실질적으로 문젯거리가 될 수 있는 문제들을 제시해야 하고, 그것들과 관련된 우리의 관심과 사유를 촉발시켜야 한다는 것이다.

낭시는 공동체에 대해 이렇게 말했을 것이다. '우리'를 떠받치고 있는 것은 조직·기관·이념에 기초한, 현실의 어떠한 '밝힐 수 있는' 공

동체도 아니고 바로 '이름 없는 공동체'이며, 그 무명無名의 공동체는
사실 어떠한 공동체도 아니고 바로 우리 사이의 급진적이지만 시간적
인―시간에 따라 명멸하는, 지속되지 않는, 불연속적인―소통의 경험
이다. 그러한 경험이 가시화되었던 장소의 예들로서 우리는 바타유가
조직했던―아마 초기 독일 낭만주의들의 아테네움 그룹이나 그 프랑
스판인 초현실주의 그룹의 분파分派인 것처럼 보이기도 하는―여러 예
술가·문인·학자 공동체, 68혁명의 움직임 그리고 연인들의 공동체 등
을 떠올려볼 수 있을 것이다. 그러나 다시 한 번 솔직히 물을 수밖에 없
다. 매혹적일 수도 있지만 어쩔 수 없이 '감상적'이거나 '낭만적'으로 보
이지 않을 수 없는 그 공동체들이, 전형적으로 '낭만적인' 혁명이라고
간주될 수도 있는 그 혁명이 이 시대에 과연 무슨 소용인가? 모두가 부
자만 되고자 하고, 모두가 아름답고 멋있게 보이려하며, 모두가 나르시
스적이고,[1] 모두가 자유를 추구하지만, 개인들 각자가 '각개전투'를 통
해 움켜쥐려는 그 '자유'가, 전 지구적으로 현실화된 시장과 무역의 자
유(자유 시장, 자유무역, 사적 소유의 자유, 자유 송금)로의, 자본의 완
전하고 전면적인 자유로의 '예속'을 가리키는 이름이 되어버린 냉혹한
'신자유주의'의 시대에. 제국과 초국가적인 기업들이 지배 권력이 되
어 주도하고 있는 이 거대한 '신자유주의'의 물결은 어차피 어쩔 수 없
으니, 자본으로부터 상대적으로 자유로운 상태에 있는 예술가들·문인
들·학자들이나 모여서 '고상한' 인문적 자유와 '심오하고 복고적인' 낭

---

1   이 사실을 뒷받침하는 논변을 찾기 위해 영향력 있는 유명한 철학자들에게 의뢰할
필요는 없다. 2012년 연극실험실 혜화동1번지에서 열렸던 연극 페스티벌의 타이틀은
'나는 나르시스트다'인데, 그 팸플릿을 보면 이러한 문장들을 찾을 수 있다. "지금 한국
사회는 자기중심적인 사고가 팽배하며, 타인에 대해서는 무관심한 태도를 보이고 있다.
그렇기에 우리는 동시대를 설명할 수 있는 가장 큰 키워드는 '개인의 만족'이 최고의
가치라는 점이다. 이번 페스티벌에서는 나르키소스라는 신화적 메타포를 통해 이러한
내용을 확장시키려고 한다."

만과 '진정한' 우정을 나누자는 것인가? 필자는 낭시가 제시한 정치적 사유와 특히 그의 공동체라는 주제(그것은 불가피하게 블랑쇼와 연결되어 있다)를 이해하려고 노력하면서 그러한 의문이 제기될 수 있다고 생각했다. 그러나 그 의문에 낭시가 어떠한 곳에서도 명확하게 대답을 주고 있지 않은 것으로 보였다. 이어질 논의는 그것에 나름대로 대답해 보려는 하나의 시도에 지나지 않는다.

공동체와 이론적 초과

분명한 사실이 하나 있다. 낭시의 철학이 수신 지역으로 설정해놓고 있는 장소는—그가 원했든 아니든—방금 우리가 언급했던 학자들·예술가들·문인들의 공동체, 간단히, 지식인 집단이라는 것이다. 분명 그의 공동체론은 적어도 일차적으로는 노동자들이 읽으라고 씌어지지 않았으며, 그의 메시지는 근본적으로는 지식인들에게로 향해 있다. 이를 두고 그의 철학이 부르주아적이라고 비판할 수는 없을 것이다. 다만 우리는 그가 생산해낸 것은 다름 아닌 하나의 담론이고, 그것이 '소비'되는 집단은 일차적으로는 지식인 집단이라는 분명한 사실을 다시 한 번 확인할 뿐이다. 또한 거의 모든 철학과 거의 모든 정치 철학이 수신되는 장소는 먼저 지식인들이다(마르크스도 『자본』을 일반인들이나 노동자들이 읽으라고 쓰지는 않았다). 그러나 이와 관련해 낭시의 정치적 사유를 두드러지게 만드는 점이 하나 있다면, 그 중요한 전략 가운데 하나가 지식인들의 정치와 정치철학에 대한 관점을 교정하는 데에 있다는 것이다. 20세기에 적지 않은 경우 지식인들은 역사나 계급이나 민족의 확고한 이념들을 제시하기 위해, 또한 이데올로기들과 독트린들을 정립하는 데에 필수적으로 요구되는 인간상(인간 모델)들을 구축하기 위해 철학이나 사상을 원용했다(스탈린주의, 현실 공산주의, 파시즘, 나치즘, 여러 우파 민족주의의 경우). 그와 동시에 그들은 단순히 사회적이거나 정치적 관점을 넘어서 총체적인 관점에서 인간의 삶 전체를 규정할 수 있는 도덕적 원리들을 세우고자 했다. 그러한 총체성의 담론을 구성하려는 그들의 시도를 낭시는 비판한다. 그가 비판하는 총체성의 담론이 놓여 있는 가장 기본적인 전제는 공동체(사회)와 인간 실존의 공간의 동일성이다. 말하자면 좌파적이든 우파적이든 20세기의 모든 총체성의 담론은 이상적理想的인 공동체의 어떤 형상과 프로그램에 따라 실존의 공간을 규제하고 나아가 통제할 수 있는 하나의 인간 본성(가령 프롤레타리아, 노동하는 인간, 자율적 자기의식의 인간, 고귀한 한 민족의 인간 또는 민중……)을 추상화해냈고, 동시에 역으로 어떤 이상적 인간 본성을 규정하는 데에 따라 그것에 부합하는 공동체의 궁극적 형태를 제시했다. 모든 경우 관건은 이상적 인간형과 이상적 공동체가 서로가 서로의 토대가 되고 서로가 서로를 규정한다는 사실을 입증하고 공표하는 데에 있었다. 그 사실을 확증해주고 공고히 하는 것, 그것은 바로 담론으로 공동체를 장악하려는 것이고, 공동체와 그 구성원들에게 공동체의 답을 제시하려는 것이다. 낭시가 문제 삼는 것은 바로 공동체를 대상화시키면서 공동체의 구성과 완성을 위한 어떤 '입법적' 기준을 공동체에 도입하려는 모든 시도이다. "내가 혼자 공동체에 대한 새로운 담론을 만들어 내겠다고 장담하는 것이 아니다. 담론도, 고립되는 것도 관건이 아니다. 그러나 나는 한계에서 어떤 경험을 가리켜 보여주고자 한다. 그 경험은 아마 우리가 하는 경험이 아닐 것이고, 우리를 존재하게 하는 경험이다. 공동체가 한 번도 사유된 적이 없다고 말하는 것은, 공동체가 우리의 사유의 하나의 대상이 아니고, 오히려 우리의 사유를 시험한다고 말하는 것이다. 아마 공동체는 그러한 대상이 될 수 없을 것이다."[2]

2　　장-뤽 낭시, 『무위無爲의 공동체』, 69쪽.

말하자면 낭시가 거부하는 것은 공동체를 구축하거나 유지시키거나 완성시키기 위해 표명되는, 정치적·사회적 나아가 도덕적 차원에서의 모든 '입법적' 담론들(법칙들이나 원리들을 제시하는 담론들)이다. 또는 공동체를 위한, 공동체에 대한 어떤 이론을 '답'으로 제시하고, 그 '답' 속에 안주하려는 모든 시도이다. 분명 낭시에게 '반이론反理論'을 지향하는 어떤 몸짓이 있다. 우리에게 어떠한 이론도 필요 없다는 억지스러운 주장을 하고자 하는 것이 아니다. 물론 정치적 사건들이나 정치적 변화들에 대한 해석과 분석과 의미 규정이 물론 필요하며, 문제가 되는 정치적 사안들에 대해 판단하고 해결 방안을 제시하는 것도 물론 요구되고, 당면한 시대와 현실과 현 사회에 대해 진단하고 그것들에 비판적으로 개입하는 것도 중요하고, 도덕의 근거에 대해 물으면서 도덕의 폐해나 부재에 대해 문제 제기하는 것도 요청된다. 그 모든 경우 이론이 필요하다. 낭시의 경우 그가 '반이론'을 견지하는 측면이 있다는 것은, 그가 처음부터 이론을 거부한다는 것이 아니라, 그가 마지막으로 이르게 되는 지점이 이론 그 너머 또는 그 이하라는 것이다. 그가 궁극적으로 주목하는 것은, 공동체에 대한 대상화를 전제하고 이루어지는 공동체에 대한 담론과는 질적으로 다른, "공동체의 또 다른 유형의 실천을 강요할 이론적 초과(보다 정확히, 이론적인 것의 한계의 초과)"이다. "아마 사실상 말할 아무것도 없을 것이다. 아마 단어도 개념도 찾을 필요가 없을 것이며, 다만, 공동체의 사유에서, 우리에게 담론과 공동체의 또 다른 유형의 실천을 강요할 이론적 초과(보다 정확히, 이론적인 것의 한계의 초과)를 알아볼 수 있어야 한다."[3]

---

3   같은 책, 68쪽.

이론의 유한성

그 점에 대해 다시 생각해보기 위해 먼저 여기서 이론과 실천의 구분에
대한 마르틴 하이데거의 견해를 살펴보도록 하자. 하이데거에 의하면,
인간(현존재)에게 가능성(가능태)의 영역과 현실성(현실태)의 영역이
서로 구분되어 있다. 철학을 포함하는 모든 이론은 전자에, 그리고 행
동(실천)은 후자에 귀속된다. 그 두 영역이 근본적으로 서로 다른 차원
들에 놓여 있는 것과 마찬가지로, 인간에게 이론과 행동 사이에는 건널
수 없는 벽이 있다. 간단히 말해 우리가 무엇을 아는 것과 무엇을 행동
으로 실천에 옮기는 것 사이에는 질적 차이가 있으며, 무한할 수도 있
는 거리가 가로막고 있다. 그러나 둘 사이에 너무나 희미한, 너무나 미
세한 선이 하나 연결되어 있는데, 그것은 '순간'이다. "물음던짐이 우리
를 가능성의 가장자리에 데려다준다는 것, 즉 현존재에게 현실성을 다
시 내줄, 다시 말해서 현존재의 실존을 다시 내줄 그러한 가능성의 가
장자리에 우리를 데려다준다는 것이다. 그러나 현존재의 가능성과 현
실성의 이러한 양 극단적인 가장자리 사이에는 물론 가느다란 한 줄의
선이 나 있다. 이 선은 사람들이 결코 미끄럼을 타고 넘을 수 없는 선이
다. 그러나 그 선은 인간이 자신의 현존재를 홱 밀치기만 하면 뛰어넘
을 수도 있는 선이다. 가능적인 것의 이러한 가장자리로부터 현실성으
로 홱 밀치도록 이끄는 것은 오직 개별적인 행동 자체일 뿐이다—순간
일 뿐이다."[4] 하이데거의 이러한 말은 아마 그가 에드문트 후설만큼이
나 크게 영향받은 키에르케고르의 '도약'(이 표현은 블랑쇼도 『밝힐 수
없는 공동체』에서 빌려온 적이 있다)을 연상시키며, 어쨌든 이 실존주
의의 창시자가 강조했던 선택과 결단을 다시 해명해주고 있는 것처럼
보인다. 인간에게 이론을 추구하고 배운다는 것, 또한 생각한다는 것

4　마르틴 하이데거, 『형이상학의 근본 개념들』, 이기상·강태성 옮김, 까치, 2001, 292쪽.

자체는 결코 답이 될 수 없으며, 답은 행동에, 실천에 있다는 것이다. 그 행동이 반드시 역사에 남을 만한 위대한 것이나 정치적으로 결정적인 것이 되어야 할 필요는 없을지라도, 설사 매우 사소한 것일지라도 말이다.

다시 말해 하이데거에 의하면 이론과 생각의 본질적 특성은 '귀결-없음In-Konsequenz'이며, 그 '귀결-없음'이 바로 인간의 유한성에 속해 있다. 또한 그 유한성이 이론적 차원의 변증법을 완성에 이르지 못하게 막을 뿐만 아니라 불구로 만들어놓는다. "유한성에는 '귀결-없음'이— 결함으로서가 아니라, 그리고 당혹스러움으로서가 아니라 오히려 영향력으로서—속한다. 유한성은 변증법을 불가능하게 만들며, 변증법을 외양에 지나지 않는 것으로 증명한다."[5]

하이데거가 말하는 '존재론적 차이', 즉 존재와 존재자의 차이는, 아주 간단히 말하면, '내'가 아닌 것들과 '나' 자신이 함께 들어가 있을 수밖에 없는 상황 가운데에서의 삶 그리고 모든 관념적·의식적 작용·규정 사이의 차이이다. 그 차이는 동질적인 것들 사이의 다름이 아니라 어떤 질적인 차이이다. 그 차이는, 공동체의 문제를 부각시킨 낭시에게서, 외존外存(타인에게로 향해 있음, 타인이라는 '바깥'과 함께 있음)과 타인에 대한 관념적 이해 사이의 차이로 이어진다. 타자에 대한 '이해'와 타자를 이해하려는 (의식적인, 의지적인) 노력이 중요하지 않다는 것이 아니다. 그러한 이해·노력 그리고 타자와의 관계로 열리고 거기로 들어간다는 사건 사이에 명백한 차이가 있다는 것이다. 타자에 대한, 타자를 위한 모든 의식적이고 의지적인 것이 우리가 타자와 '만나

---

5 같은 책, 344~345쪽. 번역 약간 수정. 특히 'In-Konsequenz'를 '앞뒤가 안 맞음'이 아니라 '귀결-없음'으로 옮겼다. M. Heidegger, *Grundbegriffe der Metaphysik*, Vittorio Klostermann, 1983, p. 306 참조.

는' 사건에 이르기 위해 결코 충분하지 않다는 것이다. 또한 다른 관점
에서 우리는 이러한 사실을 인정해야만 한다. 의심의 여지없이 다른 모
든 이의 언어들과 마찬가지로 낭시의 언어도 하나의 언어인 한에서 그
자체로 '실천'이나 '행동'이라고 부를 수 있을 어떤 것으로 결코 승격될
수 없다. 다만 낭시의 언어가 갖는 고유한 점이 하나 있다. 그것도 그에
게만 고유한 점은 아닌데, 그의 언어가 타자 또는 공동체에 대한 어떤
답(그것이 어떠한 종류의 것이든 상관없다)을 주기는커녕 타자나 공
동체를 끊임없이 물음으로 만들면서 그에 따라 열린 지평을 열린 채로
견지하는 데에로 향해 있다는 것이다. 낭시가 말한 대로 타자나 공동
체는 "우리의 사유의 하나의 대상이 아니고, 오히려 우리의 사유를 시
험"할 것이다. 높은 곳에서 '답'을 주거나 판결하지 않고 타자 그리고
공동체와 함께, 타자와 공동체 앞에서 시험의 무대에 '나' 자신을 맡기
는 것, 즉 외존하는 것, 거기에 진정한 의미에서의 정치적 행동이 있다.
'답'을 확인하는 장소와는 질적으로 다른 시험 또는 시련의 무대, 그것
이 진정한 의미에서의 정치적 상황이다.

이론으로부터 실존으로

우리가 하나의 이론에서 공동체 구성의 원리·근거와 공동체의 목적을
제시한다고 여겨지는 공동체의 답을 찾으려 하거나 제시하려는 것, 드
러난 객관적인 정치적·경제적 현실과 인간의 내적 삶의 장소의 동일성
을, 즉 공동체와 그 구성원들의 내면의 동일성을 전제하고 그들을 공
동체로 통합시키기 위해 그들에게 내면화될 수 있는 어떤 원리나 가치
를 유포하는 것(그것은 과거 여러 사회나 나치 독일에서만 가능했던
것은 아니고, 현재의 신자유주의 사회에서도 '경제 제일주의'라는 기치
아래 실행되고 있다고 보아야 한다), 나아가 하나의 이론에서 총체적
이자 결정적인(이상적이자 현실적인) 어떤 정치적 프로그램을 제시하

려 하거나 찾으려 하는 것, 거기에 이미 관념적 영역인 의식의 공간이 어떤 사건이나 상황에 선재先在하고 그것을 남김없이 포섭하고 장악할 수 있다는 전제(설사 우리가 플라톤을 거부한다 할지라도 암암리에 따라갈 수밖에 없게 되는 플라톤적인 신념으로부터 비롯된 전제)가 깔려 있다. 거기에 이미 관념과 사건·상황(우리가 위에서 하이데거와 더불어 제시했던 표현들로 바꾸면 '가능성'과 '현실성')을 맹목적으로 동일시하는 믿음이, 더 나쁘게 말하면 '환상'이 지배하고 있다. 결국 관념과 사건·상황 사이에 관념적으로, 즉 사고에 의존해서 건너갈 수 없는 거리가 엄존한다고 결론 내려야만 한다. 그 거리를 건너가기 위해서 우리는 어떤 시점에서—그 시점이 양적 시간으로 가늠할 수 없는 매우 짧은 순간이라 할지라도—반드시 모든 이론을 버려야만 하고 모든 사고를 멈추어야만 한다. 다시 말해 모든 이론이나 사고를 단순히 부정해야만 한다는 것이 아니라, 그것들과는 다른 차원인 실존의 차원에서 어떤 사건·상황 내로 우리 자신을 엄밀하게 위치시켜야만 한다. 사고의 한계 또는 인식의 한계가 문제가 아니고, 불가지론不可知論이 문제인 것은 더더욱 아니다. 관념·사고·인식의 차원과 실존의 차원이 완전히 동일할 수 없다는 사실 자체가 문제이다. 관념·사고·인식이 모두 필요 없다거나 폐기되어야 한다는 난센스를 여기서 주장하고자 하려는 것이 전혀 아니고, 그것들 모두가 드러난 공개적이고 확인 가능한 어떤 행동으로 연결되기 위해서는 드러나지 않는 눈에 보이지 않는 내밀內密한 실존으로 수렴되어야 한다는 것을 지적하고자 할 뿐이다. 답이자 결론인 행동이 이루어지기 위해서는 관념·사고·인식의 차원에 머물러서는 안 되고, 실존이 어떤 사건·상황을 가로질러가는 행위가, 사건·상황이 필연적으로 포함하고 있을 수밖에 없는, 그 관념적 차원의 외부를 통감痛感하고 받아들이고 마주하는 정념의 실존의 행위가, 행동 이전의, 행동의 진정한 조건인 실존의 움직임이 반드시 요청된다는 것이다.

지금 우리는 이론과 행동의 차이에 대해, 너무나 많이 의심과 비

판의 대상으로 지적되어온 그 간격에 대해 다시 한 번 강조하려는 것이
아니고, 따라서 이론적 작업에 몰두하면서 행동하지 않는 적지 않은 지
식인들의 '허위'를 다시 한 번 문제 삼고자 하는 것도 아니다. 그렇다고
그것과 관련해 지식인들에게 '면죄부'를 주고자 하는 것도 아니다. 우
리는, 적어도 필자는 그들의 이론과 행동 사이의 불일치를 비판하고 그
반대인 일치를 촉구할 수 있거나 아니면 그들에게 '면죄부'를 줄 수 있
는 '높은' 위치에 있지 않다. 여기서 우리의 물음은 단순히 이러한 것이
다. 특히 정치적 차원에서―어떠한 이론, 어떠한 담론이어야 하는가?
하나의 이론은 어떻게 이론의 영역에만 머무르지 않고 그 바깥을 향해
나아갈 수 있는가? 이러한 물음은 어떤 점에서는 니체가『삶에 대한 역
사의 공과』에서 "나의 활동을 증가시키거나 직접 활기를 불어넣지도
않으면서 가르치려고만 드는 모든 것을 나는 싫어한다"[6]라는 괴테의
말을 자신의 모토로 삼은 근거에 대해 다시 묻고 있다.

　　나는 생각한다, 나는 말한다: 나는 말한다, 우리는 존재한다
우리는 방금 위에서 관념과 사건·상황 사이에 명백한 거리가 엄존한다
고 밝혔다. 그러나 담론을 제시하는 자와 그것을 수용하는 자 양자 모
두에게 많은 경우 그 거리는 망각되거나 무화된다. 그들이 관념과 상
황·사건 사이의 차이점과 불일치를 전혀 보지 못한다는 말이 아니다.
근본적으로 보아 그들에게서 존재론적이자 가치론적인 측면에서 어떤
관념이 그것과 관계있을 수도 있는 사건·상황보다 앞서는 것으로 또
는 그 토대가 되는 것으로 여겨진다는 것이다. 설사 이러저런 반플라
톤주의적 주제들을 내세운다 할지라도 그들이 암암리에 플라톤적 원

6　　니체,『삶에 대한 역사의 공과』,『전집』2, 이진우 옮김, 책세상, 2005, 287쪽.

형을 믿고 있다는 것이다. 어떤 관념이 그들에게서 어떠한 사건이 닥쳐도, 어떠한 이질적인 경험적 요소들이 그들 앞을 가로막아도 근거이자 목적이자 답이 되는 흔들리지 않는 플라톤적 원형으로서 군림한다는 것이다.

다시 말해 우리는 오직 언어를 통해서만 모든 담론이 제시되고 유통될 수 있다는 사실을 망각한 채 하나의 관념(가령 우리의 문제의 관점에서 본다면 신성한 노동, 자기의식의 자아, 고귀한 민족, 절대적 민중……)이 그 자체로서 '너'와 '나' 그 위에서 '너'와 '나'에게, '우리'에게 주어져 있다고 믿는 것이다. 간단히, '나'에게 확실하고 참(진리)이라고 여겨지는 지배적인 관념을 믿을 뿐만 아니라 그것이 익명적인 '우리'에게도 타당하다고 믿는 것이다. 지금 여기서 '나'에게 옳은 모든 관념들을 믿지 말아야 한다는 '억지스러운' 주장을 주장하고 있는 것이 아니다. 다만 그것들이 제시되고 전달되는 필연적 조건인 언어에 대해 다시한 번 묻고자 할 뿐이다. 언어는 어떻게 '나'에게 진리라고 여겨지는 어떤 관념을 '너'에게, '우리'에게도 보편타당한 것으로 승격시키는가?

그러나 철학사를 돌이켜 보면 우리로 하여금 우리 자신에게 타당한 모든 것을 '억지로' 믿지 말라고 권유한 철학자가 있다. 물론 방법적 회의를 주창한 르네 데카르트인데, 잘 알려진 바대로 그는 모든 것을 우리가 의심하고 거짓이라고 생각할 수 있지만, 그렇게 생각할 때라도 의심할 여지없이 확실한 진리는 생각하는 '나'의 존재라고 결론적으로 밝혔다. 이 에고 숨(ego sum, 나는 존재한다)이라는 역사적 진리를 장-뤽 낭시가 그 명제를 제목으로 단 자신의 저서[7]에서 검토할 때 전제로 삼는 것은, 모든 관념의 타당성을 보장해주는, 실체로서의 '나'의 존재의 확실성이라는 토대조차 오직 언어에 의해서만 제시되고 우리 일반

---

7   J.-L. Nancy, *Ego sum*, Aubier Flammarion, 1979.

에게 공유될 수 있다는 사실이다. 그 사실을 입증하기 위해 낭시는 『에고 숨』 맨 앞에 제사題詞로 두 번째 『성찰Méditation』의 한 문장을 선택했다. "나는 존재한다, 나는 실존한다Je suis, j'existe라는 이 발언prononcement은, 이 발언된 것ce prononcé, 이 진술된 것cet énoncé은 내가 그것을 입 밖에 내고 제안하고 발언하거나 나의 정신 안에서 생각하는 모든 때에 필연적으로 참이다."[8]

낭시가 인용한, 에고 숨, 에고 엑지스토(ego existo, 나는 실존한다)에 대한 데카르트의 이 문장은 첫째 나의 존재가 사유(나는 생각한다는 사실)와 관계하는 것이 아니라—또는 사유와 관계하기 이전에, 관계하기 위해—먼저 언어의 표명('나는 존재한다'라는 발언)에 의존한다는 사실을 밝혀준다.[9] 그 문장은 둘째 나의 존재가 생각에 의해서가 아니라 바로 '나는 존재한다'라는 발언에 의해 보장된다면, 나의 존재는

---

8   같은 책, p. 7. 여기서 낭시는 데카르트의 이 문장을 『성찰』의 라틴어본을 바탕으로 직접 번역했다. 데카르트가 살아 있을 때 출간된 프랑스어 판본(1647년)에서 그것은 보다 간략한 형태로 제시되었다. "나는 존재한다, 나는 실존한다라는 이 명제는 내가 그것을 발언하거나 나의 정신 안에서 생각하는 모든 때에 필연적으로 참이라고 결국 결론 내리고 변함없이 확실한 것으로 간주해야만 한다"(R. Descartes, *Méditations, Œuvres et lettres*, Gallimard, 1953, p. 275).

9   데카르트가 에고 숨이라고 발언하고 나서 약 3세기 후 그의 에고의 철학에 대한 가장 강력한 비판자들 가운데 하나로 등장한 마르틴 하이데거도 역설적으로 현존재Dasein가 오직 그 자신이 그때그때마다 언명할 수 있는 '나는 존재한다(Ich bin)'라는 진술에 의해서만 보장된다고 말한다. "이 존재자[현존재]는 자신의 존재의 그때그때마다의 일회성Jeweiligkeit 가운데 있다. 이 존재자는 그때마다 존재하는 존재의 일회성 가운데서 존재하는 존재자이다. 이 존재자는 우리들 각자 자신이며, 우리 각자가 '나는 존재한다(Ich bin)'라는 근원적 진술에서 마주하게 되는 그런 존재자이다. '나는 존재한다'라는 진술은 인간 현존재의 성격을 가진 존재에 대한 본래적인 진술이다"(마르틴 하이데거, 『시간의 개념』, 서동은 옮김, 누멘, 2005, 16쪽—약간 번역을 수정했는데, 옮긴이가 '일회성'이라고 옮긴 '예바일리히카이트Jeweiligkeit'는 '그때그때마다'라는 뜻을, 즉 '그때그때마다 항상 그러함'이라는 의미를 내포하고 있다). '나'의 존재와 관련해 데카르트와 하이데거가 보여준 유사성은 우리의 주목을 끌고 중요해 보이지만, 그것에 대해 우리로서는 지금 이 자리에서 더 물을 수는 없을 것이다.

'르네 데카르트'라고 불렸던 한 개인의 자아를 포함하는 익명적이자 보편적인 인간 존재(우리의 존재, 우리라는 존재)로 승격되기 위해, 대자적對自的, pour soi인(자기와 마주하는) 자기에 대한 사유 안에 머물러서는 안 되고, 대타적對他的, pour l'autre으로, 즉 타인과 마주해서 타인에게로 나아가면서 실존(보다 정확히 말해 탈-존, 즉 나를 나 밖에 놓아둠)해야만 한다는 사실을 밝혀준다. 에고 숨은 결국 에고 엑지스토일 수밖에 없고 다른 어떠한 것일 수 없다. 나의 존재가 일반적인 존재로 승인되고 상승될 수 있는 이유는, 나의 존재에 대한 선험적이거나 실체적인 관념을 모두가 생각 속에서 이미 나누어 갖고 있기 때문이 아니다. 그 존재를 표명하는 자가 말하거나 쓰면서 우리 각자에게 그 존재를, 보다 정확히 말해 단수적單數的인 자기를 내맡기면서 호소할 수 있기 때문이다. 한마디로 탈-존할 수 있기 때문이다. 그 점에 대해 낭시는 이렇게 말한다. "[……] 에고 숨의 명백성은 데카르트의 독자들 각자가 에고 숨을 받아들일 수 있다는 구성적이자 원래 공동적인 가능성으로 귀착된다. 또한 바로 정확히 그 가능성 덕분에 명백성으로서의 그 명백성은 자체의 힘과 진리 내용을 확보할 수 있다. 에고 숨=에고 쿰."[10]

모든 진리의 전제이자 진리인 '나'는 사유하는 주체 또는 실체가 아니라,—데카르트가 분명하게 밝히지는 않았지만 암시했고, 데카르트를 따라가면서 낭시가 강조한 바대로—말하는, 언어를 사용하는 데에 따라 탈-존하는, 즉 타인(들)에게로 외존外存하는 움직임으로 귀착된다면, 어떠한 진리도 나의 사유나 의식 속에 고정되어 있을 수 없고, 모든 진리는 언제나 이미 우리 사이에 놓여 있을 수밖에 없다. 하나의 진리가 진리이려면, 그것은 신의 소유도 아니고(그러나 데카르트가 에고 숨의 진리를 보장받기 위해 자신을 신에게 의탁했다는 사실을 여기서 되

10   J.-L. Nancy, *Être singulier pluriel*, Galilée, 1996, p. 51.

돌려보아야 한다), 우리라는 공동 내에 기입될 수밖에 없다.

이론의 초과: '우리'로의 환원

데카르트의 에고 숨을 사유의 차원이 아니라 언어의 차원에 가져다 놓음으로써 낭시는 인간이 언어를 사용해서 말하고 쓰는 자인 이상 순수한 대자對自 또는 순수한 자기 관계는 있을 수 없고, 대자에 이미 대타對他가 겹쳐져 있을 수밖에 없다는 사실을 부각시킨다. "다만 내가 '우리'라고 말할 경우에만 나는 '나'이다(나는 실존한다). (이는 마찬가지로 데카르트적 에고에서도 타당한데, 그 에고의 확실성은 데카르트 자신에게도 어떤 공유된 확실성, 가장 공유된 확실성이며, 우리는 다만 그 에고를 매순간 하나의 타자로 나누는 것이다……) 이는 내가 타자들의 실존과, 다른 실존들과 또한 실존의 타자성과 관계-내에-(없이) 있는 한에서 실존한다는 것을 말한다."[11] 따라서 데카르트로 하여금 '나는 존재한다'라고 말하지 않을 수 없게끔 한 자기 관계 내에서의 자기-감응auto-affection도 사실은 순수한—순수하게 내면적인, 또는 순수하게 내재적인, 순수하게 자율적인—것일 수 없고, 이미 타자(들)에게 자기를 노출시켜 내맡기는 탈존(실존)의 움직임(그것을 우리는 여기서 '행위'라고 부른다)에 따라 나오는 정념과 겹쳐질 수밖에 없다. 정확히 말해 데카르트에게서 그 자기-감응과—어떠한 명제로도 규정될 수 없고 모든 명제에 선행한다는 의미에서—침묵의 그 정념은 분리될 수 없다.

낭시는 어떠한 명제로도 표현되지 않는, 즉 침묵하는 그 외존의 정념이 공동체의—중심 아닌—중심에 놓여 있다고 본다. 그렇기에 그

---

11   장-뤽 낭시, 『무위無爲의 공동체』, 232~233쪽.

는 우리 인간이 말하는 존재인 한에서 역설적으로 공동체에 대해 말할 아무것도 원칙적으로는 없다고, 사실상 말할 필요도 없다고 썼던 것이다. "아마 사실상 말할 아무것도 없을 것이다. 아마 단어도 개념도 찾을 필요가 없을 것이며, 다만, 공동체의 사유에서, 우리에게 담론과 공동체의 또 다른 유형의 실천을 강요할 이론적 초과(보다 정확히, 이론적인 것의 한계의 초과)를 알아볼 수 있어야 한다."

물론 공동체에 대한, 공동체를 위한 어떠한 이론도 필요 없고, 어떠한 담론도 제시해서는 안 된다는 말이 아니다. (만일 그러한 말이라면, 낭시는 왜 많은 자신의 저서에서 그렇게 많은 말을 했는가?) 하나의 이론에 매몰됨으로써 우리가 모든 정치적 상황과 모든 정치적 문제의 핵심에 놓여 있는 동시에 모든 정치적 가능성(방향, 지향점 또는 출구)의 중심을 가리키는, 타자(들)와 마주하는 어떤 사건을 정면으로 마주하지 못한 채 왜곡시키거나 간과할 수 있다는 것이다. 또한 담론 자체가 이론적인 상태에 머물러서는 안 되고, 그 자체가 말해지기 위해서, 그 자체가 자체의 한계를 인정하기 위해서, 그에 따라 보다 더 진정하고 보다 더 완전해지기 위해서 그 자체 내에서 생각하는 '나'가 아닌 말하는 '우리'로의 침묵의 환원(담론 자체의 행위)이 실행되어야 한다는 것이다. 여기서 분명히 해야 할 또 하나가 있다. 침묵으로의 그 환원은 어떤 명제(나아가 이데올로기적 명제)를 강요하고 지배적인 것으로, 나아가 절대적인 것으로 만들기 위해 열광을 이용하는 전체주의의 반대편에서 그것에 저항한다. 전체주의적 열광에, 어떤 강력하고 지배적인 이데올로기적 언어에 종속되는 데로부터 따라 나오는 도취의 열광에 저항하는 절도의 침묵, 언어 이전의 '우리'를 긍정하는, '우리'의 침묵이 저항하는 동시에 스스로를 긍정한다.

하나의 이론을 답으로 간주하고 그 이론을 적용하는 것이 정치적 행동이 아니다. 그것을 우리는 20세기에 흔히 정치적 행동이라고 간주했지만, 우리는 우리 자신도 모르게 공동체를 대상화시키면서 공동체

와 더불어 우리의 실존을 규격화시키고 화석화시켰다. 왜냐하면 하나
의 이론을 정치적 답으로 간주하게 되면서 우리는 관념들에 예속된 채
공동체와 우리의 실존 그 위의 높은 곳에 스스로를 위치시켰기 때문이
다. 그랬기 때문에, 낭시의 지적에 의하면, "철학이 도달한, 피할 수 없
는 코미디 같은 결과가 유래한다. 말하자면 철학은 자신이 문제 삼았
던 것으로부터 가장 멀리 떨어져서 애를 쓰고 있으며, 확실하게 실존의
실재를 놓쳐버렸다".[12]

결국 '우리'로의 환원이 관건이다. 어떠한 명제로도, 어떠한 담론
으로도 규정될 수 없는 바로 그 환원이, 우리로 하여금 이미 정립된 이
러저런 사회적 기준들로부터 벗어나게 하는 시련을 우리에게 요구하면
서 우리를 구체적인 어떤 정치적 상황에 엄밀히 위치시킬 뿐만 아니라,
우리를 관습적이지 않고 주체적인 정치적 행동으로 이끈다. 그러나 다
시 한 번 강조하면 낭시의 언어를 포함해서 어떠한 언어도 그 자체로
정치적 행동으로 승격될 수 없다.

행동과는 다른 행위

분명 정치적인 지평에서도 인간의 가능성(관념, 이론, 생각)과 인간의
현실성(행동, 실천) 사이에는 뛰어넘을 수 없는 벽이 놓여 있다. 낭시
의 언어를 포함해 어느 누구의 언어도 결국은 그 자체로 현실성의 실
현일 수 없으며, 모든 담론은 결국 인간의 가능성의 영역에만 머문다.
그러나 문제가 된 타자(또는 공동체)를 규정하여 대상화하지 않고 열
린 물음으로서 끝까지 견지하고, 타자를 물음으로 단순히 놔두는 것이
아니라, 타자가 물음 또는 문제로서 언어 가운데 현전하게 하는 것, 그

---

12   같은 책, 196쪽.

것은 바로 인간의 가능성의 끄트머리로 나아가는, —'현실성' 내에서가 아닌—'가능성' 내에서의 행위acte이다. '가능성'의 맨 끝으로부터 '현실성'의 문턱 바로 앞까지 나아가는 행위, 낭시의 글쓰기에서 고유한 점은, 그것이 당연히 그 자체로 어떤 정치적으로 실천적인 행동일 수는 없지만(물론 어떠한 글쓰기도 그러한 행동이라고 자신할 수 없고, 그렇게 자신한다는 것은 난센스에 불과하다), —우리가 말한 의미에서의—행위로 나아가고 있거나 행위이기를 시도한다는 데에 있다. 그 행위를 추진시키는 깃은, "우리에게 담론과 공동체의 또 나른 유형의 실천을 강요할 이론적 초과", 즉 이론과는 다른, 이론을 넘어서는—문학, 나아가 이론과 철학을 포함한 모든 담론에서 담론을 뚫고 솟아날 수 있는—문학소文學素일 것이다. 어떤 정념의 현전일 것이다. 추상적인 관념을 제공하는 것이 아니라 다만 우리로 하여금 공동체(타자)와 접촉하게 하면서 우리를 공동체와의 관계(어떤 상황 내에서의 구체적 관계)에 정확히 또한 엄밀히 위치시키는 (침묵의, 언제나 오직 침묵의) 정념의 움직임일 것이다. 여기서 철학이 문제라면, 철학은 이미 주어져 있는 진리를 단순히 반영하는 것이 아니라, 예술 또는 글쓰기와 마찬가지로 어떤 진리를 궁극적 불확실성 가운데 행위하는 것이어야 한다. 진리를 정립하거나 반복하는 거나 재현하는 것이 아니라 진리를 행위하는 것…….

타자(또는 공동체)가 현전하는, 말하는, 담론의 영역에서의 열린 공간이 현실성의 성취인 행동이 여는 열린 공간과 겹쳐질 수 있다. 현실과 상황에 대한 어떠한 이론적·철학적 분석도 판단도 필요 없다는 것이 아니다. 분명한 것은, 우리 지식인들이 현실적 상황 밖에서, 더 나쁘게는 '위에서' 어떤 결론을 미리 내리고 어떤 궁극적 답을 줄 수 있는 위치에 놓여 있지 않다는 것이다. 그와 동시에 정치적인 것은 궁극적으로 어떠한 관념적인 내면화에도 있지 않고, 바로 '바깥'으로 튀어나가는 가능성 내에서의 행위 그리고 현실성 내에서의 행동에 있다는 것이

다. 그 외부로 나감, 즉 외존에는 어쨌든 불확실성과 마주하는 주체성
의 움직임(그것을 블랑쇼는 '비움abandon'이라고 불렀을 것이다)이 있다.
외존은 상황과 무관하게, 감정 내키는 대로 자신의 어떤 고유성·주관
성 나아가 자의성을 '의지하는' 데에 있지 않으며, 정반대로 상황 가운
데로, 그 상황의 핵核으로 정확하게 자기를 가져다 두는 데에, 위치시키
는 데에 있다.

　　우리가 흔히 말하는 '행동하지 않는 것'을 여기서 문제 삼고자 하
는 것이 아니다. 여기서 언제나 문제는 행동 이전의 '행위'이다. '행위'는
행동 이전에 언어·지식, 담론과 관계하는 방식이며, 또한 글쓰기가 그
자체 내에서 유도할 수 있는 것이다. 또한 '행위'는 어떤 정치적 상황
한복판 내에로 들어가는 것이자, 그 한복판에서 타자와의 관계에 엄밀
히 놓이는 것이기도 하다. 행동 이전에 상황의 한복판을 온몸으로 느끼
는 행위(단순한 지식의 습득이나 그 안에 안주하는 것과는 다른 움직
임, 이행, 移行이자 履行, 느낄 줄 아는 행위)가 관건이며, 그 행위가 부
재한다는 것에, 즉 상황만이 내줄 수 있는 주체성을 망각한다는 것에,
언어와 지식이 가져오는 모든 병폐(병적인 것)의 근거가 있다. 그 실존
적 주체성, 어떠한 '주체'나 '자아'의 주체성도 아닌, 이미 타자가 개입
되어 있는 '함께'로서의 주체성에 바로 주어진 답을 그대로 따라가는
것과는 질적으로 다른, 행동의 디딤돌이 있다. 그러한 주체성이 없다면
이미 주어진 사회 그 안이나 위가 아니라 그 밖이나 아래에서 터져 나
올, 진정한 의미에서의 정치적 행동은, 즉 미래에 자신을 내맡기는, 현
재가 아니라 미래가 '재판'에 회부할 행동은 존재할 수 없다. 정치에서,
또한 정치적 실천이 요구되는 곳에서조차 지금까지 지식인들에게서 이
론이 지나치게 중요하고 무거운 저리를 차지해왔던 것은 아닌가라는
물음을 던질 필요가 있다. 어떤 '실존주의'가 정치의 영역에서 처음부
터 완전하고 단순하게 망각되어버리지 않았는지 물을 필요가 있다. 사
회과학이 줄 수 있는 것처럼 보였고 그렇게 보이는 확실성이나 실증성

이나 이념적 총체성에 사로잡혀 어떤 '실존주의'를 처음부터 정치적인 것과 무관한 것으로 여기면서 그냥 어둠에 묻어버린 것은 아닌지 물을 필요가 있다.